Michael Schräder

Mein Erwachen

Mein Erwachen
© 2020 Michael Schräder

1. Auflage

Bibliografische Information der Deutschen Nationalbibliothek: Die Deutsche Nationalbibliothek verzeichnet diese Publikation in der Deutschen Nationalbibliografie; detaillierte bibliografische Daten sind im Internet über dnb.dnb.de abrufbar.

„Herstellung und Verlag: BoD – Books on Demand, Norderstedt".

ISBN 978-3-750-43356-4

Das Buch

Dieses Buch entstand, weil eine geistige Wesenheit in meinen Träumen und viele Menschen in meiner Praxis, in meinen Seminaren und Workshops mich darum baten, meine erlebte Geschichte aufzuschreiben. Sie soll auch dir Mut geben, deinen neuen Weg zu gehen, wenn du den inneren Ruf nach Veränderung spürst.

Stell dir einmal vor: Ohne dass du danach strebst bzw. jemals darüber bewusst nachgedacht hast, wirst du wie von Geisterhand gesund. Krankheiten und Symptome verschwinden oder werden so stark gelindert, dass das, was noch zurückbleibt, dich kaum noch stört. Du bist ängstlich und neugierig zugleich, willst wissen, wie so etwas möglich ist, wenn die Medizin doch sagte, da können wir nicht helfen.

Fast zeitgleich beginnen seltsame Träume, in denen du längst vergangenes und verlorenes Wissen von alten Meisterinnen und Meistern gelehrt bekommst. Du bist manchmal mutig, probierst Dinge aus. Probleme im realen Leben verändern sich plötzlich, weil du dich selbst veränderst. Einige lösen sich in Leichtigkeit auf, andere kommen zwar hinzu, führen dich jedoch schnell in Freiheit, Freude und Glück.

Ich machte diese Erfahrung, obwohl ich mich zuerst mit aller Macht dagegen wehrte. Mein Buch besteht aus vielen Erinnerungen, die ich in fantastischen und lehrreichen Träumen und den daraus entstandenen realen Erfahrungen erlebte. Ich berichte von vielen Wundern, bei denen ich die Ehre hatte, zugegen sein zu dürfen, und von dem für mich größten Wunder überhaupt: meiner Veränderung vom angstbesetzten Manager zum Heiler und Coach. Zu einem Menschen, der es liebt, Menschen zu helfen.

Für

Beate Schräder

die immer an mich glaubt und mich in jedem Moment
unserer gemeinsamen Zeit unterstützt,
und das auch noch, wenn sie von ihrer Kraft und ihren Krankheitssymptomen dazu eigentlich nicht in der Lage ist.
Die mich ermutigte, trotz allem, was dagegensprach,
Entscheidungen großer verändernder Tragweite zu treffen.
Die mir in meinen schwachen Momenten zur Seite stand und mir
half, meine Angst und meinen Mangel
zu erkennen und in Vertrauen zu verändern.
Die mich so nimmt, wie ich bin, und die mir in manchen Situationen eine so starke Liebe schenkt,
in denen andere mich vielleicht verlassen hätten.

Ohne sie wäre ich sicher nicht der, der ich heute bin.
Sie ist und bleibt für mich der erste real lebende Engel,
den ich in meinem Leben bewusst traf.

Inhalt

Träume

Alles begann, als ich 16 Jahre alt war. Eine Gruppe Erwachsener unserer katholischen Pfarrgemeinde St. Ludgerus in Rheine fuhr in den Sommerferien für drei Wochen auf eine »biblische Reise« nach Israel. Ich wollte unbedingt mit und kämpfte dafür. Endlich mal mit dem Flugzeug fliegen, endlich mal ins Ausland. Ich kannte zu diesem Zeitpunkt nur Holland. Meine Eltern zu überzeugen war noch einfach, meinen Lehrherren in meinem Ausbildungsbetrieb zu überzeugen war schon schwieriger, denn leider hatte der ganze Betrieb zu einer anderen Zeit Betriebsferien. Ich benötigte somit mehr Urlaub, als mir im ganzen Jahr zur Verfügung stand. Mehrfach wurde ich bei ihm vorstellig und versuchte mit allen Mitteln, ihn zu überzeugen, indem ich anbot, Überstunden zu machen und im nächsten Jahr auf Urlaub zu verzichten. Er lehnte immer ab.

Als es schon fast zu spät war, lenkte er doch noch ein. »Ok, du scheinst da wirklich hinzumüssen.«

Auch das Finanzielle war ein Problem, aber ich sparte eisern und konnte mir zum Glück nebenbei etwas dazuverdienen. Ich kann kaum beschreiben, wie mein Herz hüpfte, als ich die Gangway zum Flugzeug hochkletterte und endlich auf große Reise ging. Dass ich das jüngste Mitglied der Reisegruppe war, machte mir überhaupt nichts aus.

In Israel machte ich dann eine für mich seinerzeit unerklärliche Erfahrung in der Grabeskirche von Jerusalem. In dieser Kirche gibt es einen Ort in einer inneren Kapelle, die dem Grab Jesu gewidmet ist. Hier liegt eine Marmorplatte, auf der Jesus gelegen haben soll. Als ich diese enge Kapelle betrat, durchströmte mich eine Energie, die meine Haare merklich aufrichten ließ. Erst hatte ich das Gefühl, auf einer Metallplatte zu laufen, durch die Strom in meinen Körper floss. Ich konnte es nicht begreifen, denn ich stand auf Steinfliesen. Dann spürte ich, dass die Energie wie in Wellen von überall her in mich strömte. Das löste eine tiefe Berührung in mir aus, die mir die Tränen in die Augen trieb. Weil ich mich dafür schämte, verließ ich schnell die Kirche.

Bis zu diesem Erlebnis konnte ich mich nur sehr selten an meine Träume erinnern und meistens hatte ich sie spätestens nach dem Zähneputzen wieder vergessen. Das, was damals in Israel begann, hatte eine ganz andere Qualität ... Seit dieser Erfahrung in der Kapelle träumte ich viel intensiver, meine Träume gewannen zunehmend an Schärfe und Klarheit und ich konnte mich immer besser an sie erinnern.

Meine nächtlichen Träume handelten oft von meinen sehnlichsten Wünschen, die ich darin sehr real erlebte. Ich verstand das zuerst überhaupt nicht. Ich sah in diesen Träumen Dinge und machte Erfahrungen, die ich mir so nie zugetraut hätte.

Schon von klein auf wollte ich Tischler werden, weil dies auch mein Großvater mütterlicherseits gewesen war. Mit ihm verbrachte ich ganz viel Zeit in meinen jüngsten Jahren bis zur Einschulung. Ich schaute ihm oft zu, durfte manchmal auch mithelfen, wenn er an der Werkbank arbeitete. Nachdem meine Träume begannen – ich war ja noch in der Ausbildung –, änderten sich meine weiteren beruflichen Wünsche. Ich sah mich des Öfteren in meinen Träumen an anderer Stelle arbeiten. Außerdem hatte ich mittlerweile mitbekommen, dass man als Tischlergeselle eher wenig verdiente. Die ausgelernten Gesellen unterhielten sich oft darüber, dass sie in diesem Beruf viel zu schlecht bezahlt würden und sich niemals einen neuen PKW leisten könnten.

Als meine Lehre zu Ende war, konnte ich ohnehin in unserem eher kleinen Betrieb nicht bleiben. Der Sohn des Inhabers kam genau zu dieser Zeit nach seiner Ausbildung, die er in einer anderen Werkstatt absolviert hatte, in den elterlichen Betrieb zurück. Ich wurde arbeitslos.

Ich hatte den Wunsch, mehr zu lernen, mehr zu verdienen und überlegte, mich aufs Comenius Kolleg in Mettingen einzuschreiben, was letztlich daran scheiterte, dass ich zu wenig Unterstützung und Geld hatte, um das verlässlich zu bewerkstelligen. Mein Vater meinte, ich solle mir lieber schnell eine Stelle als Tischler suchen, um in Arbeit zu kommen. Das klappte auch deshalb nicht, weil ich überhaupt nicht dahinterstand. Als mein Vater dies bemerkte, gerieten wir richtig aneinander und stritten uns heftig, weil er mir vorwarf, dass ich nur faul rumliege. Wie hätte ich ihm erklären sollen, dass ich damals schon etwas anderes in meinen Träumen sah? – Ich war ordentlich gekleidet und beriet Menschen und verkaufte etwas.

Letztendlich half mir der Vater meiner damaligen Freundin, meiner späteren Frau Christel. Er erzählte mir, dass in unserem hiesigen Holzhandel Mitarbeiter gesucht wurden. Mit einer gehörigen Portion Vitamin B meines Cousins Clemens, der dort schon lange arbeitete, bekam ich einen Job im Holzzuschnitt. Doch es war leider überhaupt nicht das, was ich geträumt hatte. Es war dort kalt und dreckig und noch deutlich schlechter bezahlt, als wenn ich als Tischler arbeiten würde.

Voller Wehmut schaute ich immer in den riesigen Verkaufsraum, in dem zwei Kollegen das machten, was ich in meinen Träumen sah: Sie waren ordentlich gekleidet und verkauften. Ich litt und wurde körperlich immer kränker. Ein Hexenschuss jagte den anderen. Als ich endlich begriff, dass ich selbst etwas tun musste, um hier herauszukommen, ging alles sehr schnell. Extrem fleißig nutzte ich jede Chance, aus dem Holzzuschnitt in den Verkauf zu kommen. Kein Kunde musste auf Beratung warten, denn ich stand zur Stelle. Dabei war ich zudem noch sehr erfolgreich, was verständlich war, denn es ist leicht, erfolgreich zu sein, wenn man etwas gerne tut. Das wurde natürlich auch vom Marktleiter bemerkt, der mich bald darauf ganz in den Verkauf versetzte. Innerhalb weniger Monate arbeitete ich mich hoch, und als ich die Erlaubnis bekam, unsere ganze Abteilung nach meinen Ideen und Plänen neu zu strukturieren und zu organisieren, wurde mir die Leitung gleich mehrerer Abteilungen übertragen.

Ich genoss diese Zeit und auch die Verantwortung, die mir übertragen wurde. Als ich jedoch mitbekam, dass in unserem Unternehmen die Lohngestaltung und die Arbeitszeitverteilung ungerecht war und die Einführung eines Betriebsrates zu scheitern drohte, weil der hierfür geplante Kollege kalte Füße bekommen hatte, entschied ich, mich trotz meiner Führungsposition in die erste Betriebsratsposition wählen zu lassen. Ich folgte auch hier den Informationen aus meinen Träumen und handelte für viele Mitarbeiter gerechtere Gehälter und für alle bessere und gerechtere Arbeitszeiten aus. Ich stand in dieser neuen Position zwischen den Stühlen, konnte jedoch viel lernen. Auch wenn ich immer mehr Angst bekam, je mehr Verantwortung ich übernahm, wünschte ich mir schon bald, irgendwann auf der Seite der Unternehmer zu stehen.

Aufgrund meiner Träume bewarb ich mich im Spätsommer 1989 bei einem internationalen Unternehmen auf eine Position, für die perfekte Englisch- und Französisch-Kenntnisse gefordert wurden. Eigentlich war meine Bewerbung ziemlich aussichtslos, denn ich sprach nur wenig Englisch und gar kein Französisch, und doch bekam ich den Job im Vertrieb. Ich hatte den Personalchef mit einem Satz in meinem Bewerbungsschreiben überzeugt, in dem ich angab, kurzfristig die Sprachen zu lernen. Genau so hatte ich das geträumt. Und so wurde ich Mitarbeiter im Vertrieb der Firma, in der ich Jahre später Geschäftsführer werden sollte.

Später träumte ich, dass ich einen Firmenwagen bekommen würde, was realistisch gesehen als Innendienstmitarbeiter aussichtslos war. Doch die Vorstellung, wie geil es wäre, meinen ersten Firmenwagen zu besitzen, gefiel mir so gut, dass ich an diesem Gedanken festhielt, und zwar jeden Morgen unter der Dusche. Dort war ich allein und konnte in Ruhe meine Selbstgespräche führen, ohne dass mich jemand für seltsam oder etwas krank im Kopf halten würde.

Während ich es genoss, das warme Wasser auf meiner Haut zu spüren, schweiften meine Gedanken ab und ich stellte mir vor, wie ich aus der Dusche steige, einen Anzug anziehe, eine Krawatte umbinde und dann in meinen tollen neuen Firmenwagen einsteige. Ich sah es nicht nur, ich konnte es richtig fühlen, in diesem Auto zu sitzen. Und das war total geil!

Dann kam natürlich jedes Mal der ernüchternde Moment, wenn ich das Wasser abdrehte. Ich stieg aus der Dusche, trocknete mich ab und zog auch Anzug und Krawatte an. Doch dann setzte ich mich auf mein Fahrrad, radelte zum Bahnhof, um mit dem Zug zur Arbeit zu fahren.

Ich hatte ja gar keinen Firmenwagen …

Doch je mehr ich mich mit diesem Wunsch beschäftigte, je mehr ich meiner Fantasie freien Lauf ließ – morgens unter der Dusche, im Zug auf dem Weg zur Arbeit oder wo immer ich Momente hatte, in denen ich meinen Gedanken nachhängen konnte –, je mehr ich mein Vertrauen in meine Gedanken und Vorstellungen hineingab, desto realer fühlte sich das alles an.

Und nach einiger Zeit hielt ich tatsächlich den Schlüssel für meinen neuen Firmenwagen in der Hand, den ich, obwohl ich im Innendienst arbeitete, bei einer Beförderung für mich ausgehandelt hatte.

* * *

Damals habe ich noch nicht hinterfragt, wie das alles zusammenhängt zwischen Gedanken und Gefühlen. Für mich waren es immer sehr kostbare Momente, wenn ich mit meinen Gedanken so schöne Gefühle freisetzen konnte. Ein toller Zeitvertreib und ich habe es einfach nur genossen.

So dauerte es ein paar Jahre, bis mir bewusst wurde, dass nicht das Augenscheinliche, sondern ein tieferer Sinn in diesen Träumen steckte. Nachdem viele Erlebnisse in meinem Leben sich genauso entwickelten, wie ich sie zuvor geträumt hatte, dachte ich anfangs, ich träume das, was später tatsächlich passieren würde. Aber ich merkte schnell, dem war nicht so, denn ich habe vieles geträumt, was niemals eintraf.

Letztlich haben die vielen Erfahrungen, die sich wie einzelne Perlen auf einer Perlenkette aneinanderreihen, mir ein Licht aufgehen lassen. Ich begriff, dass ich entscheide, ob mein Traum Realität wird oder nicht. Träume, denen ich keinerlei Beachtung schenkte, realisierten sich nicht. Andersrum wurden diejenigen Träume wahr, denen ich meine Energie gab durch meinen Enthusiasmus sowie durch meine Gedankenreisen und gedanklichen Vorstellungen bzw. Visionen. Wenn ich dadurch in ein positives Gefühl kam, dann verwirklichte sich meistens der Traum. Jetzt brauchte ich nur noch ins Tun zu kommen und zuzugreifen, um das Geschenk anzunehmen.

Es gibt Menschen, die träumen, dass das Haus nebenan abbrennt, und drei Tage später passiert es wirklich. Solche Hiobsbotschaften oder Warnungen habe ich nie erhalten. Meine Träume hatten immer mit mir zu tun. Sie zeigten mir Möglichkeiten einer positiven Zukunft in meinem Leben auf. Und das tun sie heute noch.

Ich bin mit dem Ganzen immer spielerisch umgegangen. Selbst ab dem Zeitpunkt, als mir bewusst wurde, welch machtvolles Instrument ich da besaß. Und dies war nicht begrenzt auf meine Träume. Ich entdeckte, dass es auch mit Wünschen klappte, die ich nicht träumte. Meistens ging es auch nicht um die exakte Verwirklichung meines Wunsches, sondern um die Gefühle, die ich durch das Erreichen meines Ziels erlebe.

So hatte ich mir die ganze Zeit einen VW Passat Kombi als Firmenwagen gewünscht, bekam jedoch einen Ford Mondeo Kombi. Letztendlich ging es um das Gefühl, einen Firmenwagen zu fahren, um die Flexibilität, nicht mehr mit der Bahn fahren zu müssen.

Als ich den Wagen hatte, merkte ich schnell, dass es ohne eigenen Parkplatz vor der Firma ganz schön anstrengend sein konnte. Die Parkplatzsituation war damals grausam. Also stellte ich mir lebhaft vor, einen Parkausweis für den Parkplatz der leitenden Angestellten zu bekommen. – Acht Wochen später hielt ich ihn in meinen Händen.

Trotz meiner Ängste entstand so eine nach außen hin gelebte Selbstsicherheit, die immer stärker wurde, weil ich fast jeden meiner Karriereschritte weit im Voraus träumte und damit schon vorher wusste, dass ich das Ziel auch erreichen konnte. Das brachte mich dazu, mich jeden Tag in meiner Fantasie mit meinen Wünschen zu beschäftigen. Ich hatte mir angewöhnt, mich schon auf das Erwünschte zu freuen, und stellte mir immer wieder vor, es sei bereits real.

Eines Nachts im Jahr 1992 träumte ich, dass ich eine Karrierechance sausen lassen sollte.

Kurze Zeit später wurde ich von meinem damaligen Chef zu einem Gespräch gebeten und es wurde mir tatsächlich eine Position als verantwortlicher Repräsentant und Außendienstmitarbeiter in Berlin angeboten. Direkt nach der Wende war das richtig genial. Es war das aufstrebende Land, in Berlin als neuer Bundeshauptstadt wurde gebaut bis zum Gehtnichtmehr – eine Goldgrube für ein Unternehmen der Baubranche, und damit auch für mich, denn es winkte eine riesige Gehaltssteigerung.

Jahrelang hatte ich mich auf so einen Posten beworben. Ich wollte immer in den Außendienst. Nun konnte ich mir diesen Wunsch erfüllen, dazu noch in dem besten Gebiet, das man sich vorstellen konnte. Und was machte ich? Ich habe dieses Angebot abgelehnt.

Warum? Weil mir in dem Traum auch prophezeit wurde, dass mir kurze Zeit später ein noch besserer Job angeboten würde.

Ich habe auf meine Träume, meine Intuition gehört ... Und ein halbes Jahr später wurde mir die »versprochene« Stelle als Verkaufsleiter in diesem Unternehmen angeboten. Ich wurde somit zum Vorgesetzten der Außendienstmitarbeiter – der Position, die ich vorher ausgeschlagen hatte.

Als ich immer mehr Erfahrungen im bewussten Erschaffen gesammelt hatte, erkannte ich noch etwas, nämlich dass ich manchmal im Bewusstsein – und sicher noch viel öfter im Unterbewusstsein – Zweifel gehabt hatte und sich auch deshalb manche Träume nicht realisieren ließen. Aber mein Vertrauen wuchs stetig. Und so konnte ich als Legastheniker mit einem mittelmäßigen Hauptschulabschluss und einer Tischlerlehre zum erfolgreichen Geschäftsführer eines internationalen Unternehmens mit hunderten Beschäftigten werden, und das, indem ich meine Gefühle auf das Gewünschte ausrichtete und bereit war, etwas dafür zu tun.

Mein Erwachen

Mein Erwachen und die Zeit der großen Veränderung begann im Frühjahr 2005. Ich war damals äußerst rational veranlagt, 41 Jahre alt und beruflich sehr erfolgreich. In der Firma wurde ich als Geschäftsführer zu dieser Zeit aufgrund meines sehr autoritären Verhaltens von den Mitarbeitern deutlich mehr gefürchtet als geschätzt. Ein Umstand, den ich billigend in Kauf nahm, denn schließlich glaubte ich, hierdurch höhere Leistungen erzielen zu können.

Ich selbst hatte von mir keine gute Meinung. Und jeden Tag ging ich zur Arbeit mit einer riesigen Angst, nicht gut genug zu sein. In meinem Gefühl war ich ein Hochstapler, der einen Posten besetzte, der ihm niemals zustand. Ich verlangte absoluten Einsatz von allen Mitarbeitern und auch von mir selbst. Doch dadurch war ich schnell gestresst, und mit der stetigen Angst im Nacken genügte oft der kleinste Anlass und ich brüllte los. Unbewusst hatte ich eine Strategie entwickelt, die mich glauben ließ, dass wenn ich den anderen mehr Angst mache, keiner meine eigene Angst bemerken würde.

Ich war damals für den Inhaber des Unternehmens das Musterbeispiel eines leistungsorientierten, kompromisslosen »Hardliners«. Nach außen hin verkörperte ich, dass nur derjenige erfolgreich ist, der bereit ist, uneingeschränkt Leistung zu bringen. Dabei ging ich oft rücksichtslos vor. In meinem Innersten wusste ich allerdings schon damals genau, dass ich meinen beruflichen Erfolg maßgeblich meinen Träumen verdankte, mit deren Hilfe ich mir meine berufliche Karriere erschaffen hatte.

Mein ausgeprägtes Ego genoss natürlich die Bewunderung, die meine Familie und Freunde mir – dem fast alles gelingt – entgegenbrachten. Hätten sie damals von meinen »besonderen« Träumen gewusst, hätten sie mir bestimmt nicht geglaubt, und meine Leistung wäre in ihren Augen sicher nicht mehr so wertvoll und beeindruckend gewesen. Das war meine damalige Überzeugung. Deshalb bewahrte ich diese »Gabe« als mein persönliches Geheimnis.

Nur meine Gesundheit passte überhaupt nicht zu dem Siegertypen, den ich für viele verkörperte. Ich war ständig krank. Mein Gewicht von über 150 Kilogramm verursachte sicherlich auch meine allgemein schlechte gesundheitliche Verfassung. Dazu machten mir mein ständiger Schnupfen, die dadurch hervorgerufene Schlaflosigkeit, extrem hoher Blutdruck, Herzrhythmusstörungen, die mich schon auf die Intensivstation gebracht hatten, und eine weitere lästige Krankheit schwer zu schaffen. Seit meiner Jugend hatte ich nämlich immer wieder Furunkel, die an den verschiedensten Stellen auftraten.

* * *

Der Abend, der in vielerlei Hinsicht eine Wende in meinem Leben bringen sollte, begann mit einem gemütlichen Essen …

Bernd hatte ich vor Jahren in einem Tauchverein kennengelernt. Damals verbrachten wir gemeinsam mit unseren Frauen viele schöne Abende mit gutem Essen und unterhaltsamen Gesprächen. Doch dann verloren wir uns aus den Augen, weil ich aufgrund meiner ewig verstopften Nase nicht mehr tauchen konnte und aus dem Verein austrat.

Fünf Jahre später, es war Frühjahr 2005, ging ich eines Abends in die öffentliche Sauna bei uns im Ort. Der Zufall – damals war ich noch davon überzeugt, dass es Zufälle gibt – wollte es, dass ich dort ganz überraschend Bernd wiedertraf. Wir unterhielten uns fast den ganzen Abend und verabredeten uns schließlich zu einem gemeinsamen Treffen mit unseren Frauen.

So besuchten uns Bernd und seine Frau Heike am Abend des 15. Mai 2005 bei uns zu Hause, um nach langer Zeit wieder schön zusammen zu kochen und zu essen.

Beim Essen bemerkte Heike meinen starken Schnupfen, worauf ich ihr etwas sarkastisch entgegnete:»Das ist mein Jahresdauerschnupfen. Nur durch die Einnahme von Unmengen an Nasenspray kann ich das überhaupt irgendwie aushalten.«

»Die Einnahme von Nasenspray über einen langen Zeitraum ist aber sehr schädlich!«, warnte sie.

Sie nahm dieses Thema als Anlass, uns von Reiki zu erzählen: »Die Weitergabe von ›göttlicher Energie‹ könnte vielleicht dein Problem lösen oder zumindest minimieren.«

Sie erzählte von ihrer Ausbildung und dass sie bereits den 2. Grad im Reiki erreicht habe. Sie versuchte mich beharrlich davon zu überzeugen, dass Reiki auch mir helfen könnte.

»Reiki« … damit wusste ich überhaupt nichts anzufangen. Heike erklärte mir, dass bei Reiki die Hände auf den Körper des Empfängers gelegt werden und dabei »universelle Lebensenergie« fließe. Das konnte ich nicht so recht begreifen. Auch als sie von Esoterik und Spiritualität im Allgemeinen berichtete, waren dies für mich nur »böhmische Dörfer«. Von Handauflegen hatte ich irgendwann, irgendwo schon einmal gehört. Es wurde oft in den Medien zerrissen, was das doch für ein Quatsch sei, und die Menschen, die so etwas machten, wollen doch nur die Leute abzocken und seien ja sowieso alles Scharlatane.

Ich sagte Heike also freundlich, aber ziemlich deutlich, dass ich an derartige Dinge nicht glaubte. Gelinde gesagt hielt ich das damals für Humbug und für eine Spinnerei von Leuten, die sich der Mystik und Esoterik verschrieben hatten.

»Wer sich mit so was beschäftigt, der hat sie nicht alle!«

Wegen meiner Beschwerden hatte ich in den letzten Jahren ein halbes Dutzend Ärzte aufgesucht: Allgemeinmediziner, Hals-Nasen-Ohrenärzte, zuletzt eine Hautärztin. Nachdem niemand mir helfen konnte, hatte letztlich die nette, aber hilflose Hautärztin knapp 80 verschiedene Allergien bei mir festgestellt und mir erklärt, dass diese durch Medikamente höchstens zu lindern, jedoch nicht zu heilen seien. Eine Immunisierung sei aufgrund der Menge an Allergien eher aussichtslos und sie riet mir damals, es von der psychologischen Seite anzugehen. ICH zum Psychodoktor? – Undenkbar!

So hatte ich mich also entschlossen, mich damit abzufinden und das Beste aus meiner Lage zu machen. Leider bedeutete »das Beste«, dass ich nachts nur sehr schlecht schlafen konnte und auch tagsüber immer unter einer verstopften Nase litt. Ich verbrachte mehrere Stunden in der Nacht vor dem Fernseher oder las am Küchentisch die Zeitung. Ich konnte zwei Jahre lang fast nur im Sitzen schlafen, denn wenn ich lag, bekam ich immer wieder Erstickungsanfälle.

Ich, der nach außen den starken und kämpferischen Typen gab, hatte gegenüber dieser Krankheit resigniert.

Die Diskussion mit Heike über meine Nase und diese Sache mit dem Handauflegen ließ mich immer bockiger werden. Schlaue Warnungen, wie abhängig Nasenspray macht, und schlaue Tipps, was mir helfen könnte, hatte ich schon mehr als genug in meinem Leben gehört. Doch Heike arbeitete beharrlich weiter daran, mich zu überzeugen. Mein Widerstand war aber so groß, dass ich ihr gegenüber langsam unhöflich wurde. Denn das, wovon sie mit Begeisterung und selbstsicher erzählte, stand völlig im Gegensatz zu den Dingen, die ich verkörperte und an die ich glauben wollte.

Ich war wirklich zu jedem Arzt gerannt, zu jeder Fakultät, die man sich vorstellen kann. Ich habe chirurgische Eingriffe machen lassen, alles Mögliche habe ich getan, aber keiner konnte mir helfen.

Und da kommt dann jemand daher und verkündet: »Ich habe den 2. Reiki-Grad und Reiki kann alles heilen!«

In meinen Augen war das alles einfach nur lächerlich.

Nach dem Essen änderte Heike plötzlich ihre Taktik und übernahm meine Argumente, um sie für ihre Überzeugungsarbeit einzusetzen: »Komm, Bernd und Christel räumen den Tisch ab und ich gebe dir etwas Erste Hilfe.«

Geschäftsmäßig fuhr sie fort: »Du vergibst dir ja nichts, du glaubst doch sowieso nicht daran. Ein paar Minuten kannst du dann ja wohl für die Bestätigung deiner Meinung investieren. Oder hast du etwa Angst?«

Damit hatte sie bei mir einen wunden Punkt getroffen. Ein Angsthase wollte ich natürlich nicht sein. Ich hatte nun nichts mehr entgegenzusetzen. Die Frau ließ einfach nicht locker und schlug mich mit meinen eigenen Argumenten. Ich war zwar immer noch der festen Überzeugung, dass Reiki nicht hilft und man da gar nichts fühlen kann, aber ich ließ es nun als fairer Verlierer über mich ergehen.

Wenige Minuten später lag ich auf unserem Billardtisch, der kurzerhand zur Behandlungsliege umfunktioniert wurde.

Heike gab mir Reiki, indem sie ihre Hände wenige Minuten mit 3 bis 4 cm Abstand über meinem Kopf und meiner Brust hielt. Ich hatte dabei die Augen geschlossen. Ich war ganz erstaunt, als ich schon nach wenigen Sekunden eine starke Wärme aus ihren Händen strömen spürte. Eine Wärme, die ich jedoch keinesfalls als unangenehm empfand. Kurz darauf nahm ich zusätzlich ein leichtes und wohliges Kribbeln wahr. Ich hatte nun Fragezeichen über Fragezeichen im Kopf. Aber Heike hatte mich eindringlich gebeten, während der Behandlung nicht zu sprechen. So blieb ich schweigend liegen und genoss diese neue Erfahrung.

Als Heike schließlich fertig war, setzte ich mich sofort auf und ergriff ihre Hände, um zu überprüfen, ob diese immer noch so heiß waren – aber ich wurde enttäuscht. Ihre Hände waren genauso warm wie meine. Nun war ich – der vorher sicher gewesen war, nichts zu spüren – eines Besseren belehrt worden.

Viel interessanter war jedoch, dass meine Nase, durch die ich vorher nicht atmen konnte, nach wenigen Minuten plötzlich frei war. Ich konnte so gut atmen wie schon seit Jahren nicht mehr! Die Sache hatte allerdings auch einen kleinen Haken: Je besser ich atmen konnte, desto heiserer wurde ich, bis ich schließlich keinen Ton mehr herausbringen konnte.

Ich war wie vom Donner gerührt.

Heike freute sich über die Veränderung und ließ es sich nicht nehmen, mit einem schelmischen Lächeln darauf hinzuweisen, dass ich anscheinend doch sehr gut auf Reiki reagieren würde. Meine Heiserkeit sah sie nur als Nebenwirkung, die bald vorübergehen sollte.

Der Abend ging nun recht schnell zu Ende, denn Konversation war mit mir nicht mehr möglich, da ich den Rest des Abends keine Stimme mehr hatte. Ich hatte tausend Fragen, was da passiert war, aber das musste warten.

Zum ersten Mal seit Jahren schlief ich wieder eine ganze Nacht durch. Am nächsten Morgen fühlte ich mich fit wie noch nie, meine Heiserkeit war komplett verschwunden und meine Nase war immer noch fast völlig frei! Glücklich genoss ich diesen Zustand, der aber leider nur noch bis zum nachfolgenden Tag anhielt. Von da an wurde es stündlich schlechter und am Abend war alles wieder beim Alten.

Dass es wieder rapide schlechter wurde, setzte mir sehr stark zu, und ich lief wie ein angeschossenes Tier durch mein Büro. Dazu quälte mich auch mein schlechtes Gewissen, denn ich hatte an dem Abend Heike deutlich strapaziert. Gleichzeitig überlegte ich managerhaft: »Wenn ich nach 15 Minuten Behandlung zwei Tage ohne Beschwerden bin, könnte ich dann nicht nach einer Stunde Reiki vielleicht eine ganze Woche beschwerdefrei sein?«

Irgendwann siegte mein Wunsch nach Heilung über das Gefühl, das wohl jeder Mensch kennt, der sich schon einmal aufmachen musste, um sich bei jemandem zu entschuldigen.

Ich rief Heike schließlich an und entschuldigte mich unbeholfen für die krasse Ablehnung, die ich an den Abend gelegt hatte. Aber anstatt mir böse zu sein, lächelte sie freundlich durchs Telefon: »Ich wusste doch, dass das bei dir reagiert.«

Wir sprachen über den Abend und dann präsentierte ich ihr meine Berechnungen.

»So funktioniert das nicht«, lachte sie. »Ich schlage vor, dass wir es zunächst mit vier Sitzungen vertiefen, die wir jeweils an vier aufeinanderfolgenden Tagen durchführen. Ich kann zwar nichts versprechen, vor allen Dingen keine Heilung, aber vielleicht hilft es dir ja doch langfristig.«

So stand ich am 6. Juni 2005 vor dem schmucken Holzhaus von Heike und Bernd. Ich war mit gemischten Gefühlen hierher gefahren und hatte vorsorglich, um nicht erkannt zu werden – ich ging zu einer Reiki-Frau! –, mein Auto in einer Seitenstraße geparkt. Denn trotz der schönen Erfahrungen ohne Nasenspray und mit ruhigem, erholsamem Schlaf hatte ich mittlerweile wieder einen Haufen Bedenken. Mein Kopf sagte mir immer wieder: »Das kann man nicht erklären, das kann doch eigentlich alles gar nicht möglich sein!«

Heike begrüßte mich herzlich, und nach einer gemeinsamen Tasse Tee begann sie die Behandlung.

Begleitet von meditativer Musik spürte ich schon bald wieder die wohlige Wärme, die aus ihren Händen strömte, und ich entspannte mich immer mehr. Ich hatte die Augen geschlossen und nahm zuerst nur die übliche Schwärze wahr. Doch schon nach kurzer Zeit überkam mich ein seltsames Gefühl. Es war, als würde ich unter Wasser mit dem Rücken auf dem Meeresboden liegen und den Wellen von unten zusehen, wie sich die leichten Wogen über meinem Gesicht brechen. Dies machte mir keinerlei Angst oder Unbehagen. Es hatte nichts von dem. Im Gegenteil: Es war sehr beruhigend für mich.

Kurze Zeit später, Heikes Hände lagen jetzt auf meinem Brustkorb, fing plötzlich mein rechtes Bein an zu zucken. So sehr ich es auch zu unterdrücken versuchte, ich konnte es nicht verhindern oder beeinflussen. Nun sah ich auch verschiedene Farben: erst Türkis, dann rote und gelbe Wolken, die ineinander übergingen. Das war einfach nur spannend und ich beobachtete interessiert, was da vor meinem inneren Auge ablief.

So ging es fast eine ganze Stunde. Nach Ende der Reiki-Spende berichtete ich Heike, was ich gesehen und gefühlt hatte. Sie erklärte mir, dass es eine linke und eine rechte Körperhälfte gibt, die für verschiedene Aspekte stehen. Vereinfacht gesagt ist die linke Körperhälfte die weibliche und steht für Gefühle, die rechte ist die männliche und steht für den Verstand. »Wenn du auf der rechten Seite so geballte Aggressionen hast, dann könnte das darauf hindeuten, dass es mit deiner männlichen Ahnenreihe zu tun hat«, schlussfolgerte Heike.

Ich gab mich vorerst damit zufrieden und fuhr mit guten Gefühlen nach Hause und – das sei hier schon gesagt – seit diesem Tag brauche ich noch maximal 10 % der Menge an Nasenspray! Auch schlafe ich seitdem in den allermeisten Nächten ruhig und entspannt.

Am nächsten Tag bekam ich meine zweite Reiki-Sitzung. Ich bestand dieses Mal darauf, mir ein zusammengerolltes Handtuch über die Augen zu legen, um sicherzugehen, nicht irgendeinen Sonnenstrahl oder Lichtreflexe zu sehen und diese irrtümlich für übernatürliche Dinge zu halten. Ich war nach wie vor misstrauisch.

Auch diese Behandlung war sehr entspannend. Ich sah wieder bunte lichtdurchflutete Wolken und die beruhigenden Wellen. Und so, wie am Tag zuvor mein rechtes Bein gezuckt hatte, tat es nun das linke mit gleicher Intensität. Ich hatte keine Chance, es ruhig zu halten. Zeitweise hatte ich sogar Angst, Heike zu verletzen, so stark bewegte sich mein Bein.

Und obwohl meine Augen geschlossen waren, nahm ich plötzlich rechts und links von meinem Kopf zwei Lichtquellen wahr. Der Lichtschein erhellte ein Stück der Dunkelheit nur für einen kurzen Augenblick und die leise Hintergrundmusik schien auf einmal sehr laut. Als das Licht erlosch, war alles wie vorher.

Für mich waren die Erlebnisse auch diesmal sehr beeindruckend, aber leider absolut unerklärlich. Selbst Heike war ratlos. Sie konnte mir die Bedeutung der Farben sagen, die ich wahrnahm, aber für meine merkwürdigen Abenteuer hatte auch sie keine Erklärung.

Der dritte Termin, auf den ich mich nun regelrecht freute, begann völlig anders als das bisher Erlebte. Obwohl ich mich stark konzentrierte, wollten sich weder Licht, Farben noch Wellen zeigen. Es passierte einfach nichts. Ich war enttäuscht.

Die Behandlung war schon fast zu Ende, ohne dass sich etwas Nennenswertes ereignet hatte, da tauchte plötzlich eine seltsame Vision in Form eines kurzen Filmausschnittes vor meinem inneren Auge auf.

Ich erlebte mich im Alter von 3 bis 4 Jahren, wie ich nachts wach auf der Couch im Wohnzimmer meiner Großeltern lag. Oma und Opa – die Eltern meines Vaters – schliefen im Zimmer nebenan.

Die beiden waren nicht gerade meine »Lieblingsgroßeltern« – mein Opa trank viel Alkohol und ich hätte nie freiwillig ihre Nähe gesucht ...

Das Faszinierende an dieser Vision war, dass ich die Gefühle und Gedanken des kleinen Michael wahrnahm. Ich spürte bei ihm eine kindliche Angst, denn er wusste, dass in dem kleinen Wohnzimmer, in dem er schlafen sollte, irgendwann eine Leiche aufgebahrt gelegen hatte. Er hatte diese Geschichte aus Erwachsenengesprächen aufgeschnappt.

Ich erinnere mich nicht bewusst an diese Situation von damals, doch in der Vision sah ich, dass die Angst siegte und mein kleines Ich letztlich zu den Großeltern ins Bett kroch.

Die Vision verschwand und ich sah wieder Dunkelheit. Und so lag ich da und versuchte vergeblich zu ergründen, was ich gerade erlebt hatte. Wenige Augenblicke später erschien vor meinem inneren Auge plötzlich das Gesicht eines Kindes. Es sah pergamentartig und leicht grünlich aus. Die Augen waren geschlossen und ich wusste, ich sah in das Antlitz eines toten Kindes. Alles dauerte nur wenige Sekunden, dann verschwammen die Konturen. Das Gesicht wurde erst gelb, dann rot und schließlich löste es sich ganz auf. Wieder umgab mich tiefe Dunkelheit.

Ich hatte keine Angst vor dem, was ich da gesehen hatte, ich war einfach total überrascht.

Nach der Behandlung, erzählte ich Heike, was ich gesehen hatte. Sie hatte nun erstmals einen gespannteren Gesichtsausdruck. »Vielleicht wäre es sinnvoll, wenn du mal eine Familienaufstellung machen würdest«, sagte sie nachdenklich.

Das war für mich nun wieder etwas völlig Unbekanntes und ich glaubte zuerst, sie forderte mich auf, mich mit meinem Familienstammbaum zu beschäftigen. Heike klärte mich dann über das Familienstellen auf und erzählte mir von Roland, bei dem sie diese Methode kennengelernt hatte.

»Es gibt einen Moderator oder eine Moderatorin, die die Aufstellungen anleitet. Die leitende Person ist so etwas wie der Therapeut.

Das Familienstellen kann man mit einem Theaterstück vergleichen, bei dem es jedoch kein Drehbuch gibt.

Auf der Bühne kommen ganz unterschiedliche Menschen zusammen, die bereit sind, in dem Schauspiel eine Rolle zu übernehmen. Diese Stellvertreterrolle kann die eines Vaters sein, einer Mutter, eines Kindes, aber auch die Rolle eines Berufes, einer Krankheit – im Grunde genommen kann man alles aufstellen.

Das Drehbuch schreibt sich nun wie von selbst, denn in dem Moment, in dem die Darsteller in dieser Inszenierung den ihnen zugedachten Part übernehmen, sind sie in der Lage, den Charakter und die Gefühle der jeweiligen Rolle widerzuspiegeln.

Es kann z. B. sein, dass jemand plötzlich Traurigkeit fühlt, obwohl es gar nicht seine eigene ist, und dass der Stellvertreter dabei selbst so ins Gefühl kommt, dass er dann anfängt zu weinen. Es kann passieren, dass jemand in dieser Aufstellung eine unerklärliche Abneigung gegen eine andere Person spürt, mit der er im realen Leben bestens befreundet ist. Oft werden vom Stellvertreter auch Dinge gesagt, die genau zu der Rolle oder zu dem vertretenden Menschen passen. Das ist vor allen Dingen deshalb so bemerkenswert, weil der Stellvertreter die Person, für die er in der Aufstellung steht, meistens gar nicht persönlich kennt.

Die ganze Darbietung zusammen ergibt dann oft ein Bild, das der Realität der aufgestellten Menschen entspricht. Die Leitung hat nun die Aufgabe, diese Gefühle und Informationen durch ›Hilfsmittel‹ zu verändern, damit Harmonie und Heilung entstehen.

Die Hilfsmittel können z. B. Stellvertreter sein, die für verschiedene Energien stehen, die die Qualität haben, Veränderungen zu bewirken. Oft ist es eine Rolle wie ›Vergebung‹ oder ›Frieden und Liebe‹, die die Situation von Grund auf verändern kann.

Und diese Veränderung, die in einer Aufstellung geschieht, überträgt sich dann oft einige Wochen später Schritt für Schritt in die Realität.«

Heike gab sich sehr viel Mühe, mir trotz meiner großen Zweifel alles ausführlich zu erklären.

Auf meine Frage, wie das alles zu erklären sei, antwortete sie: »Es wird vermutet, dass dieses Phänomen, Gefühle von anderen fühlen zu können, auftritt, weil wir alle durch ein morphogenetisches Feld miteinander verbunden sind. Man kann sich dieses Feld als ein kollektives Bewusstsein vorstellen, das es den Menschen, die sich hierfür öffnen, ermöglicht, Gefühle, Gedanken und sogar körperliche Symptome von völlig unbekannten Personen zu fühlen und in einer Aufstellung sichtbar zu machen.«

Obwohl sie oft aus Büchern zitierte und ich merkte, dass sie das nicht einfach so daherredete, sondern sehr belesen und erfahren war, blieb das von ihr Gesagte für mich zu dieser Zeit einfach schlichtweg unglaublich.

Aber es kam an diesem Abend noch härter.

Heike fragte mich beiläufig, wer denn eigentlich dieses tote Kind sei. Ich antwortete ohne Zögern, dass ich das nicht wisse. Doch im nächsten Moment hörte ich mich selber sagen: »Ich glaube, der heißt BERNI!«

Diese Worte flossen aus mir heraus, ohne dass ich sie bewusst aussprach. Gleichzeitig überkam mich eine derart starke Gänsehaut vom kleinen Zeh bis in die Haarwurzeln, die sicherlich über 20 Sekunden anhielt. Ich war so erschrocken, dass ich völlig neben mir stand.

Heike, die meine Reaktion natürlich mitbekam, blieb ganz gelassen und meinte nur: »Das hat dir gerade jemand geflüstert.«

Sie hatte auch gleich eine Erklärung parat: »Du brauchst keine Angst zu haben. Wahrscheinlich möchte jemand längst Verstorbenes, dass du die vor langer Zeit geschehenen Dinge aufarbeitest.«

Das ging mir jetzt entschieden zu weit, das hatte ja schon fast den Hauch von Geisterstunde!

Als sie mir vorschlug, meinen Vater zu den Dingen zu befragen, bekam ich erneut diese Gänsehaut am ganzen Körper. Und so beschloss ich, noch am selben Abend zu meinen Eltern zu fahren, um nach Antworten zu suchen.

Ich erzählte ihnen zunächst nichts von meinen Erlebnissen, sondern verwickelte sie in ein Gespräch über die alten Zeiten und ihre Kindheit und Jugend. Im Laufe der Unterhaltung wollte ich wissen, ob es früher üblich war, Tote zu Hause aufzubahren. Beide bejahten es.

Dann fasste ich mir ein Herz und fragte meinen Vater direkt, ob in dem kleinen Wohnzimmer meiner Oma auch einmal eine Leiche aufgebahrt gewesen sei.

Er musste eine Weile überlegen und antwortete dann: »Ja, das war mein jüngerer Bruder. Er starb mit einem halben Jahr als nicht lebensfähiger Säugling. An den Namen kann ich mich jetzt gar nicht erinnern. Das ist alles schon sehr lange her, damals war ich ja selber erst 2 oder 3 Jahre alt.«

Gemeinsam überlegten nun meine Eltern, wie denn der Name meines verstorbenen Onkels war.

»Ich glaube, er hieß Hermann«, eröffnete meine Mutter schließlich, die es irgendwann von ihrer Schwiegermutter, meiner Oma, erzählt bekommen hatte.

Mir fiel jedenfalls ein Stein vom Herzen, denn ich hatte ja zweifelsfrei einen anderen Namen gesagt. Das war für mich in dem Moment ganz wichtig, denn es half mir, mein Weltbild langsam wieder geradezurücken. Nur zu gerne wollte ich die Erlebnisse des Abends meiner Einbildung zuschreiben. Damit war für mich dieses Kapitel erst mal abgeschlossen.

Mein Vater erzählte mir dann zum ersten Mal von seinem Verhältnis zu seinem leiblichen Vater und dass dieser ein schlechter und rücksichtsloser Mensch gewesen sei. Er habe wegen eines Meineides auch zwei Jahre in einem Arbeitslager der Nazis zugebracht, weil er das besagte Kind verleugnet und die Geburtsurkunde aus dem Stammbuch gerissen habe. Mein Vater, der sonst eigentlich nie über seine Kindheit sprach, erzählte offen von den alten Zeiten und meinen Großeltern, die schon seit über 20 Jahren tot waren.

Ich war schon im Begriff, mich zu verabschieden, da wurde mein Vater noch einmal sehr nachdenklich.

»Warte mal«, sagte er unverhofft zu meiner Mutter gewandt, »der hieß gar nicht Hermann! Der hieß Bernhard und alle nannten ihn Berni!«

Das saß!
Ich musste mich schon fast am Tisch festkrallen, so heftig traf mich wieder diese bis ins Mark gehende Gänsehaut. Ich hatte das Gefühl, jede Nervenzelle zu spüren.

Als wäre das nicht schon genug gewesen, schreckte Inka, die Dackeldame meiner Eltern, zur selben Zeit, als meine Gänsehaut kam, aus ihrem Körbchen im Nebenzimmer auf und rannte laut bellend auf mich zu. Sie beruhigte sich erst, als sich mein Zustand wieder normalisierte. Vater und Mutter, die das ganze Schauspiel mitverfolgten, schauten mich verdutzt an.

Ich selbst war nur noch geschockt. Irgendwie geriet meine rationale Welt mehr und mehr aus den Fugen. Ich war ziemlich verwirrt und konnte das alles nicht begreifen.

Schließlich erzählte ich meinen Eltern, was vor Stunden bei Heike passiert war. Leider konnten sie mir auch nicht helfen. Wir alle hatten viele Fragen, jedoch keine Antworten.

»Es gibt Dinge auf dieser Welt, die man nicht erklären kann. Und trotzdem sind sie da«, sagte mein Vater, sichtlich um mich besorgt.

In dieser Nacht schlief ich sehr unruhig. Ich grübelte und lag lange wach. Am nächsten Abend fuhr ich mit gemischten Gefühlen zu dem letzten der vier Behandlungstermine. Auch dieses Mal legte ich mir ein Handtuch über die Augen, verlangte aber zusätzlich, dass wir das Fenster so weit wie möglich verdunkelten.

Im nun dämmerigen Raum behandelte mich Heike ansonsten genauso wie an den drei Abenden zuvor: Sie begann am Kopf und legte ihre Hände auf, wechselte die Positionen, bis sie bei meinen Füßen angekommen war. Dann drehte ich mich auf den Bauch und sie behandelte mich von den Füßen hoch bis zum Kopf. Im Hintergrund lief wieder eine sehr beruhigende Meditationsmusik, ansonsten sprachen wir kein Wort.

Ich versuchte meinen Kopf freizubekommen, doch je mehr ich es probierte, desto weniger klappte es. Mein Kopf war alles andere als frei. Ich gab schließlich auf und überlegte mir stattdessen, ob ich denn wirklich zu diesem Familienstellen gehen sollte. Allein die Vorstellung, in einer großen Runde mit vielen Menschen aus der Deckung zu gehen und irgendwelchen esoterischen Kram zu veranstalten, bereitete mir großes Unbehagen. Die Behandlungen bei Heike waren für mich schon ein großer Schritt gewesen, aber das …

Heike hatte in unseren Gesprächen so oft von Gott und vom Beten gesprochen – Ich dachte mir, es könnte ja nicht schaden, es einfach mal zu versuchen.

Ich hatte sehr lange Zeit nicht mehr gebetet, zuletzt in meiner Kindheit. Obwohl ich von meinen Eltern recht konservativ im katholischen Glauben erzogen worden war, war ich schon lange kein Kirchgänger mehr. Ich konnte mich auch nicht erinnern, dass Gott jemals eines meiner kindlichen Gebete erhört oder beantwortet hätte. Wenn es ihn wirklich gab, war er, wie es scheint, für mich nicht zu sprechen.

Trotzdem bat ich nun Gott, mir etwas Licht ins Dunkel zu schicken, einen Hinweis, welchen Weg ich gehen sollte.

Ich hatte den Gedanken kaum zu Ende gedacht, da geschah das Unerwartete. – Die Schwärze hinter meinen geschlossenen Augen wurde von einem hellen Licht verdrängt. Dieses Licht war wie eine aufgehende Sonne. Es wurde heller und heller und schließlich so grell, dass sogar meine Augen begannen zu schmerzen und es fast nicht mehr auszuhalten war. Da öffnete ich die Augen und nahm wieder den abgedunkelten Raum wahr, in dem ich auf der Behandlungsliege lag.

Völlige Stille und Ruhe umgaben mich und mir wurde bewusst, dass ich wortwörtlich die Antwort bekommen hatte, um die ich Gott gebetet hatte. Ein neues Abenteuer konnte also beginnen …

Mein erstes Familienstellen

Das systemische Familienstellen, zu dem Heike mich begleitete, fand bereits zwei Wochen später statt. Zwar hatten mich die Erlebnisse seit der ersten Reiki-Behandlung verunsichert und zugegebenermaßen auch geängstigt, doch zum Glück hielt das nie lange an. Dementsprechend hatte ich jetzt wieder Oberwasser und war gespannt und neugierig.

Könnte ich Gefühle anderer Menschen wahrnehmen? Könnte ich plötzlich traurig werden und weinen, nur weil ich in einer anderen Rolle bin, z. B. in der Rolle eines Vaters, der sein Kind verloren hat?

In der ersten Aufstellung wurde ich nicht in eine Rolle gebeten. So hatte ich Zeit, mir erst einmal alles anzuschauen. Meine Skepsis war groß und ich dachte, die spielen mir hier was vor in ihrem »Theaterstück«.

Eine Stunde später war ich an der Reihe, um mein Thema aufzustellen. Ich wollte die Sache mit Berni klären.

Ich hatte Roland, den Aufstellungsleiter, zuvor um ein Vier-Augen-Gespräch gebeten. Ich wollte natürlich nicht zu viel preisgeben und so verriet ich ihm nur, dass ich in einer Meditation ein Kindergesicht gesehen hatte und glaubte, sein Name sei Berni. Roland, ein autoritär wirkender, aber durchaus sympathischer Mann, akzeptierte meine Entscheidung, nichts weiter zu diesem Vorfall erzählen zu wollen. Er stellte mir noch ein paar Fragen zu meinen Eltern und Geschwistern und warnte mich vor: »Michael, wahrscheinlich handelt es sich um ein besonders schweres Thema. Du musst damit rechnen, dass du dich eventuell einige Tage psychisch angeschlagen fühlst, weil du einiges zu verarbeiten hast. Vielleicht kannst du auch einige Tage nicht arbeiten.«

Letzteres hielt ich für unmöglich. Ich, nicht arbeiten? Das kam gar nicht in Frage!

Nun ging es los. Im Unterschied zu den anderen Aufstellungen, wo alle Teilnehmer das Thema kannten, wussten nur Roland und ich, worum es geht. Roland suchte Stellvertreter für die Mitglieder meiner Herkunftsfamilie aus – meinen Vater, meine Mutter, meine beiden Brüder und natürlich mich. Berni sollte erst später dazukommen.

Da zu wenig Männer anwesend waren, übernahmen auch weibliche Personen eine männliche Rolle, wobei sie als Erkennungszeichen einen Schlips umgebunden bekamen.

Die Stellvertreter fühlten sich in ihre jeweilige Rolle ein. Mein Vater stand da und konnte sich kaum bewegen, meine Mutter rannte bis in die letzte Ecke des Raumes, sie wollte mit der ganzen Sache nichts zu tun haben. Mein älterer Bruder ist derjenige in der Familie, der immer versucht, uns alle zusammenzubringen – er zeigte genau dieses Verhalten.

Mein jüngerer Bruder ist schon immer seinen eigenen Weg gegangen und lebt nach der Maßgabe: »Macht ihr euer Ding, ich mach meins.« Sein Stellvertreter sagte treffend: »Wisst ihr was, ihr könnt hier euren ganzen Krempel machen, ich mach mein eigenes Ding.«

Es war wirklich faszinierend. Dafür, dass die anwesenden Menschen weder mich noch meine Familie kannten, wurden die Charaktere der aufgestellten Personen nahezu perfekt wiedergegeben.

An diesem Vormittag musste ich ein weiteres Mal feststellen, dass es Dinge zwischen Himmel und Erde gibt, die nicht so einfach zu erklären sind.

Meine Rolle hatte ein junger Student übernommen. Er stand in der Mitte des Raumes und fing nach kurzer Zeit hemmungslos an zu weinen. Ich hatte das Gefühl, er bricht gleich zusammen. Als müsse er einen Betonklotz schleppen, der schwer auf seinen Schultern liegt. Die Tränen spritzten förmlich aus seinen Augen. Ich habe bis zu diesem Moment noch nie einen Menschen so viel Tränen auf einmal weinen sehen. Seine Augen wurden rot und ganz verquollen. Er sah einfach nur elendig aus.

Das sollte ich sein? Ich war doch das genaue Gegenteil von dem, was der Student mir da zeigte. Ich war immer der Starke, Hans Dampf in allen Gassen, immer der Lauteste, der, der immer recht hat. Aber ich war nicht derjenige, der da stand und heulte!

Dann fragte Roland eine junge Frau, ob sie die Rolle von Berni übernehmen wolle. Sie stimmte zu und Roland bat die Schlipsträgerin, sich auf den Boden zu legen – das Zeichen für Verstorbene. Er wusste ja, dass Berni schon lange nicht mehr lebt.

Roland wies sie an, zu mir, also zu meinem Stellvertreter, zu sagen: »Ich nehme die Schuld zurück, die du für mich trägst.«

Nachdem sie diesen Satz ausgesprochen hatte, weinte der Student noch heftiger und brach endgültig zusammen. Die Aufstellung zeigte, dass ich tatsächlich eine Verbindung zu dem kleinen Berni zu haben schien.

Als Roland mich mit den Worten »Du musst nun sehr stark sein!« bat, in meine eigene Rolle zu gehen, wurde mir eine weitere Erfahrung zuteil, die ich niemals für möglich gehalten hätte.

Bisher hatte ich das ganze Geschehen lediglich als Beobachter wahrgenommen. Wie jemand, der emotionslos vor dem Fernseher sitzt. Ich spürte keinerlei Trauer in mir, ich hatte keine Tränen. Ich war nicht im Gefühl, ich war nur im Kopf.

Der Student hielt meine Hände fest und ›übergab‹ mir meine Rolle. Ohne dass ich mich dagegen wehren konnte, ergriff mich, kaum dass ich seine Hände losgelassen hatte, eine derart starke Trauer, dass ich 30 Sekunden später völlig in Tränen aufgelöst dastand. Ab diesem Moment passierte vieles in mir wie in Trance und ich nahm alles nur noch durch einen Schleier aus Tränen wahr. Zudem schwand meine Kraft und ich konnte mich kaum noch auf den Beinen halten. Nun spürte ich diese tonnenschwere Last, die ich vorher bei meinem Stellvertreter wahrgenommen hatte. Sie wurde von Sekunde zu Sekunde schwerer.

Die Frau, die in Bernis Rolle geschlüpft war, kam näher zu mir heran und wiederholte den Satz, den sie zuvor schon zu dem Studenten gesagt hatte: »Ich bin für die Schuld gestorben und ich nehme diese Schuld zurück, die du für mich trägst.«

Damit war plötzlich die schwere Last von meinen Schultern verschwunden.

Ich suchte Halt bei dem älteren Herrn, der meinen Vater darstellte. Er hielt mich im Arm und ich heulte nun vor Freude sein Hemd voll. Bis zu diesem Tag hatte ich mich meinem Vater noch nie so nah gefühlt.

In dieser Aufstellung ist noch sehr viel passiert. Es wurde z. B. geschaut, was das für eine Last war, die ich da getragen hatte. Es zeigte sich, dass sie etwas mit meinem Opa väterlicherseits und dem 3. Reich zu tun hatte.

Spätere Nachforschungen in meiner Familie bestätigten, dass mein Opa während der Zeit im Arbeitslager wohl unter Zwang an einem KZ als Bauarbeiter mitgearbeitet hatte, was ihm aber wohl erst nach Ende der Nazizeit 1945 klar wurde. Und diese Schuld hat mein Vater für ihn genauso getragen wie sein kleiner Bruder Berni, der letztendlich für die Schuld starb. Ich wiederum trug auch einen Teil für meinen Vater, um ihm zu helfen. Das passierte natürlich alles auf der unbewussten Ebene, wir wussten ja nichts von alledem. Berni hat mir mit Hilfe der Aufstellung diese Schuld abgenommen.

Im Laufe des Tages bekam ich auch in anderen Aufstellungen Stellvertreterrollen und konnte selbst spüren, wie es ist, in die Energie eines anderen Menschen einzutauchen. Es war sehr spannend.

In den Tagen danach traf das ein, was Roland angedeutet hatte – ich fühlte mich psychisch angeschlagen und sehr durcheinander.

Gefühle überwältigten mich und wechselten sich ständig ab. In manchen Momenten überkam mich Trauer und dann wieder extreme Freude, etwas Schreckliches losgelassen zu haben. Ich weinte viel, vor allen Dingen, wenn ich mit jemandem über das zuvor Erlebte sprach. Zur Arbeit gehen konnte ich aber trotzdem, und das war auch gut so.

Damals ahnte ich noch nicht, dass dieser Prozess der Beginn der für mich eindrucksvollsten Reise meines Lebens sein würde. Eine Reise, bei der alles ins Wanken geraten sollte, an das ich bisher geglaubt hatte. Eine Reise, die mich mit wundervollen Fähigkeiten verbinden sollte und die mein ganzes Leben von Grund auf verändern würde. Mein »Erwachen« hatte begonnen.

* * *

Meine wundersame Heilung hielt an und ich schlief die meisten Nächte völlig entspannt. Da ich aber Sorge hatte, dass sich die Wirkung ähnlich aufbrauchen könnte wie bei einem Medikament, ging ich weiterhin zu Heike, um mich regelmäßig mit Reiki versorgen zu lassen. Ich genoss es jedes Mal und nannte es »Energie tanken«.

Außerdem besuchte ich weitere Aufstellungstage bei Roland, denn mein Interesse war geweckt und ich hatte das Verlangen, nun auch zu verstehen, was da passiert bzw. vorgegangen war.

Einige der Menschen, die ich in diesen spirituellen Kreisen traf, entsprachen allerdings so gar nicht dem Typ, den ich ernst nehmen konnte. Ich hielt manche einfach nur für spirituell durchgeknallt, weil sie einerseits alles Spirituelle, scheinbar ohne zu hinterfragen, glorifizierten und andererseits überaus deutlich zeigten, dass sie im realen Leben oft unglücklich waren und offenbar vor allem an der materiellen Fülle scheiterten.

Nach einiger Zeit konnte ich immer wieder feststellen, dass manche Aufstellungen funktionierten und andere scheinbar nicht. Woran konnte das liegen?

In vielen Aufstellungen ging es um das Thema Missbrauch. Die Männer waren natürlich prädestiniert, die Rolle des Täters zu übernehmen, und so habe auch ich mehrmals in der Rolle des »Monsters« auf der Bühne gestanden. Ich kann nun wirklich sagen Bühne, denn das Ganze entwickelte sich nach meinem Gefühl oft zu einem Schauspiel. Anstatt sich wie ein blutrünstiges Monster zu fühlen, das gerne Kinder vernascht – denn das wurde oft von den anderen Teilnehmern von mir erwartet –, habe ich Liebe gefühlt zu dem Opfer. Ich sah mich ganz oft klein, verletzbar, ungeliebt und ich sehnte mich nach Liebe. Doch der Druck von außen wurde so groß, dass ich irgendwann aufgab und das zeigte, was sie sehen wollten: das blutrünstige Monster. Ich hatte oft nicht die Kraft, zu meinen wahren Gefühlen zu stehen, und fing an zu schauspielern. Leider konnte somit aber keine echte Lösung in der Aufstellung herbeigeführt werden.

All diese Erfahrungen haben mich später dazu geführt, verschiedene Ausbildungen im Aufstellen zu absolvieren, die mich manchmal faszinierten, aber auch leider oft abstießen. Manchmal fehlte mir die Mitmenschlichkeit, manchmal wurde die Rolle der Frau dermaßen niedergemacht, dass es mich regelrecht anwiderte. Dazu kam, dass ich immer öfter spürte, wann eine Aufstellung authentisch war und wann sie in ein Schauspiel abglitt. Je mehr ich mich dafür öffnete, desto mehr »fühlte« ich, ob hier wirklich eine Veränderung geschah.

Im Jahr 2008 absolvierte ich dann die Ausbildung zum Moderator für freie systemische Aufstellungen, die bei mir endlich ein Gefühl des Angekommenseins erzeugte. Hier wurde frei und verdeckt aufgestellt. Beim verdeckten Aufstellen wissen weder die Teilnehmer der ganzen Gruppe noch die Stellvertreter, um welches Thema es in der Aufstellung geht und welche Stellvertreterrollen vergeben werden. So sind Manipulationen weitgehend ausgeschlossen.

Nach der Ausbildung begann ich sofort, selbst Aufstellungen anzubieten, was ich auch heute noch regelmäßig mache. Ich entwickelte diese Art des Aufstellens für mich weiter und bilde mittlerweile jedes Jahr interessierte Menschen zu Moderatoren und Moderatorinnen für freie systemische Aufstellungen aus. Ich habe erkannt, dass durch diese Arbeit wundervolle Veränderungen in bedrückenden Lebenslagen und auch bei chronischen Erkrankungen erreicht werden können. Zu diesem Thema soll jedoch an anderer Stelle mehr geschrieben werden …

In mir erwachen heilerische Fähigkeiten

Es war Freitag, der 8. Juli 2005. Auf dem Nachhauseweg vom Büro fiel mir ein, dass ich schon seit gut zwei Wochen nicht mehr bei Heike zur Reiki-Behandlung gewesen war. Ich rief sie sofort an und überredete sie, mir noch am selben Abend einen Termin zu geben.

Meine damalige Frau Christel und ich organisierten seit Jahren von unserer katholischen Kirchengemeinde aus ein Ferienlager auf der niederländischen Insel Ameland. Die Sommerferien der Kinder hatten gerade begonnen und am Montag sollte es wieder für zwei Wochen mit 100 Kindern und 32 Betreuern auf die Reise gehen. Wegen einer anschließenden geschäftlichen Reise nach Kanada, die sich nahtlos an das Ferienlager anreihte, sah ich in den nächsten vier Wochen keine reale Chance für eine Reiki-Behandlung. Das Risiko war mir zu groß. Und so freute ich mich, als ich am Abend kurz vor 20 Uhr vor dem kleinen Holzhaus stand, dass es mit dem Termin bei Heike so kurzfristig geklappt hatte.

Die Behandlung begann wie immer – die gleiche Musik, die gleiche Prozedur. Ich lag auf dem Rücken und hatte ein gefaltetes Handtuch über meine Augen gelegt. Da es ein sehr warmer Tag war, blieb das Fenster leicht geöffnet und wir verdunkelten es dieses Mal nicht.

Heike begann mit der Reikigabe am Kopf und wanderte dann bis zu meinen Füßen. Schon bald tauchten vor meinen geschlossenen Augen Lichter in Form von Kerzenflammen auf, erst weit entfernt, dann immer näher kommend. Das war an sich nichts Ungewöhnliches. Lichterscheinungen oder Farben hatte ich während der Behandlung schon oft wahrgenommen.

Ganz verdeckt, kaum hörbar nahm ich zudem Stimmen wahr, die ich einem Gespräch auf irgendeiner Terrasse eines Nachbarhauses zuordnete. Ich versuchte zu verstehen, was da gesprochen wurde, und hatte plötzlich das Gefühl, man spräche mit mir. Ich verwarf den Gedanken sofort: »Absurd, wie soll da unten jemand mit mir sprechen wollen?«

Ich konnte fünf verschiedene Stimmen ausmachen, die zunehmend deutlicher und eindringlicher wurden, und ich merkte, dass ich sie nicht durch meine Ohren hörte – die hatte ich nämlich versuchsweise zugehalten –, die Stimmen waren in mir! Sie redeten mich mit meinem Namen an und forderten mich auf zu kommunizieren. Es blieb also kein Zweifel mehr – die meinten wirklich mich! Also übersprang ich meine innere Barriere und traute mich vorsichtig laut zu fragen: »Meint ihr mich?«

So begann ein Dialog, der erst laut und dann teilweise auf Gedankenebene geführt wurde. Sie antworteten bereits, wenn ich die Worte nur gedacht hatte.

Ihre Botschaft an mich war, ich solle endlich meine Lebensaufgabe annehmen. Als ich fragte, was denn meine Aufgabe sei, antworteten sie im Chor: »Menschen helfen, sich zu heilen.«

»Ihr spinnt doch wohl! Meine Lebensaufgabe ist es, Geschäftsführer einer Firma zu sein«, widersprach ich.

Sie entgegneten darauf: »Du wirst der glücklichste Mensch, wenn du deine von dir vor Anbeginn der Zeit selbst erwählte Aufgabe endlich annimmst.«

Meine Gedanken überschlugen sich und ich schüttelte heftig den Kopf. Ich malte mir aus, wie ich das anstellen sollte. Musste ich mein Abitur nachholen, um dann zu studieren und Arzt zu werden? Das konnte ich mir beim besten Willen nicht vorstellen, denn erstens hielt ich mich nicht für annähernd intelligent genug, um so etwas zu schaffen, und zweitens, wer sollte denn bitteschön in der Zwischenzeit meine Rechnungen bezahlen? Also, das konnte es ja wohl nicht sein!

Meine Meinung zu diesem Thema war deshalb absolut klar und so sagte ich es auch: »Das ist doch völlig bekloppt, das will ich nicht. Ich kann das auch gar nicht.«

Sie ließen jedoch nicht locker: »Das ist doch nicht wahr. Denk doch mal an deine Fähigkeiten, die du aus deinen Träumen ziehst. Die hast du bislang nur für dein Ego eingesetzt.«

Ja, ich hatte es vom Hauptschüler zum Prokuristen und später zum Geschäftsführer gebracht, ich hatte Karriere gemacht. Zu der Zeit glaubte ich, dass ich nur Dinge träume, die wirklich eintreffen.

Die Stimmen wiederholten immer wieder: »Du wirst absolut glücklich!«

»Es wäre doch wohl irrsinnig, meinen gut bezahlten Job aufzugeben, um so einen verrückten Weg zu gehen, auf dem ich unweigerlich scheitern muss.« Ich hatte es nur gedacht, als die Stimmen bereits darauf antworteten: »Du sollst deinen Beruf nicht aufgeben. Du kannst beide Wege gehen.«

Nachdem ich zum wiederholten Male eingeworfen hatte, dass ich das alles nicht wolle, ratterten meine Gedanken weiter. Ich blieb bei der Frage hängen, ob ich mich ernsthaft dazu in der Lage fühlte, kranke Menschen zu pflegen, so wie es Tausende Alten- und Krankenpfleger machen. Und ich stellte für mich fest, dass das gar nichts für mich wäre. Allein die Vorstellung, einen fremden Menschen zu berühren, verursachte bei mir Ablehnung.

Während ich so nachdachte, redeten die Stimmen permanent auf mich ein – ich solle meine Aufgabe annehmen – und die fünf Lichter, die ich sah, zeichneten förmlich Figuren vor meinem inneren Auge. Ich blieb bockig, sie ließen jedoch nicht locker.

Nachdem alle Argumente mehrfach ausgetauscht worden waren, eröffnete ich ihnen in Gedanken meine Erkenntnis: »Ich bin gar nicht stark genug für diese Aufgabe!« Ich hatte den Satz kaum zu Ende gedacht, da verschwanden die Lichter in der Tiefe des Raums und ich nahm sie nur noch als kleine helle Punkte wahr. Gleichzeitig setzte in meinem rechten Oberarm ein höllischer Schmerz ein, der immer stärker wurde. Mir schossen die Tränen in die Augen; es fühlte sich an, als würde mein Arm zerquetscht. Ich bettelte sogar um Gnade, aber nichts geschah. Der Schmerz blieb und die Stimmen waren weg.

Irgendwann hoffte ich nur noch, das Bewusstsein zu verlieren. Bloß raus aus diesem Schmerz! Aber ich wurde nicht ohnmächtig, ich hatte eher das Gefühl, alle meine Sinne würden geschärft. Gleichzeitig suchten meine Gedanken einen Ausweg aus dieser furchtbaren Situation.

Blitzartig schoss ein Gedanke durch meinen Kopf: »Hatte ich nicht gesagt, dass ich nicht stark bin? Die zeigen mir gerade meine Stärke, was solch ein kleines Stückchen Muskel wie ein Bizeps für eine Kraft hat. Sie zeigen es mir durch Schmerz. Wie komme ich da nur raus?«

Ich hatte gefleht, gebettelt, gejammert – ohne Erfolg. Ich erkannte, dass ich Fragen stellen musste. Dann mussten sie mir doch antworten! Mit letzter Kraft brachte ich laut hervor: »Wie soll das denn gehen?«

Der Schmerz war verschwunden – genauso plötzlich, wie er gekommen war. Ich rieb meinen Arm und merkte nun, dass meine linke Hand kribbelte. Ich öffnete die Augen, denn die Lichter, die wieder näher gekommen waren, wollte ich nicht mehr sehen. Ich überlegte nur noch, wie ich diesem Horrorhaus entfliehen konnte.

Für mich stand zu diesem Zeitpunkt fest, dass ich dieses Haus nie wieder betreten würde! Nie wieder eine Behandlung von Heike!

In diese Gedanken hinein spürte ich einen auflodernden Schmerz in meiner Brust. Es war, als hätte jemand direkt in meinem Herzen eine Flamme entzündet, die sich rasend schnell ausbreitete. Ich wollte um Hilfe rufen, doch mein Schrei erstickte in sich selbst, ich bekam keine Luft mehr und konnte weder schreien noch sprechen. Mein ganzer Körper verkrampfte sich und starr vor Schreck hielt ich mich mit beiden Händen an der Behandlungsliege fest.

Ich war mir sicher, dass ich einen Herzinfarkt hatte. Drei Jahre zuvor hatte ich bereits mit akuten Herzbeschwerden auf der Intensivstation gelegen und ich erinnerte mich in diesem Moment an die Warnungen des Arztes: »Machen Sie Sport und ernähren Sie sich gesund, nicht so viel Fett und Salz. Dann geht's auch leichter mit dem Abnehmen.« Nichts davon hatte ich ausdauernd gemacht …

Und Heike? »Die macht einfach weiter und kriegt nicht mal mit, dass ich sterbe«, dachte ich, der Verzweiflung nahe.

Dazu sei gesagt, dass Heike von Anfang an mit mir vereinbart hatte, während der Behandlungen nicht einzugreifen, wenn ich ins Gefühl komme. Sie erklärte, dass sie den Prozess nicht unterbrechen wolle und wir hinterher über alles reden könnten.

Mit Hilfe von ihrer Seite konnte ich also nicht rechnen. Damit war für mich die Messe gelesen und so verrannen die Sekunden und ich fragte mich, wie lange ich wohl ohne Luft aushalten würde …

Als ich wieder die Augen schloss, erwarteten mich schon die Lichter und ich vernahm eine deutliche und laute Stimme, die ganz ruhig und fast liebevoll zu mir sagte: »Du brauchst es nur zu tun. Es ist ganz einfach!«

Gleichzeitig wurde das Kribbeln in meiner linken Hand um ein Vielfaches stärker und mein Verstand zählte mit letztem Aufbäumen eins und eins zusammen. Mit allerletzter Kraft löste ich meine Hand von der Liege und drückte sie auf meine Brust. Es war wie im Film – ich konnte sofort wieder atmen und das Brennen verschwand so schnell, wie es zuvor gekommen war.

Die nun auftretenden Schmerzen in meinem linken Oberschenkel schob ich auf das Furunkel, das an diesem Morgen nach Tagen des Schmerzes endlich losgebrochen war. Der Schmerz, den ich jetzt spürte, war deutlich stärker als sonst und mir war sofort bewusst, was diese Lektion zu bedeuten hatte. Ich legte meine Hand auf das Furunkel und es fühlte sich umgehend wieder normal an. Anschließend spürte ich ebenfalls einen stärker werdenden Schmerz unter meiner linken Achsel. Hier hatte ich eine unangenehm wunde Stelle, die ich bereits seit einigen Tagen mit einer Salbe behandelte. Ich brauchte meine Hand bloß in die Nähe der Achsel zu bringen und der Schmerz ließ auch hier wieder nach.

Im nächsten Augenblick umgab mich vollendete Ruhe und ich fühlte unbeschreiblichen Frieden in mir.

»Da war aber eine Menge bei dir los … was ist denn gewesen? Mit wem hast du denn da gesprochen?«, fragte mich Heike neugierig, nachdem sie die Behandlung beendet hatte.

Ich war einfach nur fix und foxi und musste mich erst einmal hinsetzen. Dann begann ich zu berichten. Doch je mehr ich erzählte, desto mehr Angst bekam ich. Da waren so viele Eindrücke auf mich eingeprasselt und noch vor 20 Minuten war ich in Todesangst. Das war für den Moment einfach zu viel. Heike jedoch sah es wie immer überaus positiv und sie nahm mich in den Arm und beglückwünschte mich mit den Worten: »Michael, das kommt von Gott! Das ist was Gutes!!!«

Ich brauchte eine ganze Stunde, um mich wieder halbwegs zu sortieren. Unten im Wohnzimmer saß Bernd und ich erzählte ihm alles, nachdem Heike ihm freudig berichtet hatte, dass ich eine göttliche Botschaft empfangen hätte. Als ich dabei in seine Augen sah, las ich darin: »Junge, du brauchst Hilfe – da muss Psychiater an der Haustür stehen, wo du hinmusst!«

Leider war das auch mein Gefühl.

Es war mittlerweile spät am Abend, als ich nach Hause kam. Christel schlief bereits. Den Drang, sie zu wecken, unterdrückte ich schnell, denn ich wusste, dass ich nach dem Erlebten auf keinen Fall mehr die Verantwortung für 100 Kinder in einem Ferienlager übernehmen könnte. »Lass sie schlafen«, dachte ich, »dann ist morgen zumindest einer fit.«

Also legte ich mich leise ins Bett und versuchte einzuschlafen. Doch meine Gedanken kreisten unaufhörlich und meine Angst, jetzt vollkommen den Verstand zu verlieren, ließ mich nicht zur Ruhe kommen. Irgendwann siegte die Müdigkeit dann aber doch und ich fiel in einen unruhigen Schlaf.

Um 3 Uhr nachts wurde ich wieder wach. Im ersten Moment hoffte ich, dass alles nur ein böser Traum gewesen war. Ich setzte mich auf, um ganz wach zu werden, und langsam dämmerte mir, dass dieser Horror wirklich stattgefunden hatte.

Enttäuscht ließ ich mich in die Kissen zurückfallen. Ich versuchte wieder einzuschlafen, doch dieser Plan wurde jäh durchkreuzt, denn ich entdeckte eine Veränderung in meiner linken Hand, die nun meine ganze Aufmerksamkeit auf sich zog.

Legte ich meine Hand auf mein Bein mit dem Furunkel, fühlte es sich an, als würde stoßweise eine Flüssigkeit aus meiner Hand fließen. Zog ich sie weg, kribbelte es wie zuvor. Dieses Gefühl machte mir gehörig Angst, denn ich war mir mittlerweile nicht mal mehr sicher, ob ich nicht vielleicht schon so verrückt war, dass ich mir die Pulsadern aufgeschnitten hatte.

Nachdem ich mich vergewissert hatte, dass meine Arme unversehrt waren, versuchte ich, das Phänomen logisch und wissenschaftlich zu erklären. Dabei kam ich zu folgendem Schluss: Wahrscheinlich fühlte ich lediglich meinen Puls in der Vene, die das Bein mit Blut versorgte. Doch wie konnte ich das verlässlich überprüfen? Da ich mir sicher war, dass niemand den Puls durch die Luft fühlen kann, entschied ich mich, die Hand 2 cm über das Bein zu halten. Ich hatte es gedacht, da war es schon gemacht. Es stellte sich jedoch heraus, dass das Gefühl des stoßweisen Hinauslaufens einer Flüssigkeit wider Erwarten auch mit 2 oder 5 cm Abstand anhielt. Nur wenn ich die Hand ganz wegzog, veränderte es sich.

Erneut machte sich Ratlosigkeit in mir breit, und so beschloss ich, mich einfach meinen Gefühlen hinzugeben. Ich bemerkte, wie sich meine Sinne schärften. Die Dunkelheit und Ruhe im Haus verstärkten zusätzlich meine Wahrnehmung, so dass ich kleinste Veränderungen des Gefühls in meiner Hand fühlen konnte. Und je mehr ich die Angst losließ und mich auf diese Empfindung einließ, umso mehr wurde es für mich zu einem wunderbaren, herrlichen Gefühl. Mein Herz ging förmlich auf und es überkam mich ein tiefer Frieden.

Gegen 4:30 Uhr schaute ich noch einmal auf die Uhr und schlief dann seelenruhig ein.

Am nächsten Morgen musste ich sofort Christel von meinen Erlebnissen des gestrigen Abends erzählen. Während ich redete, wurde ich immer aufgebrachter über das, was mir da angetan wurde. Der Frieden der letzten Nacht war wie weggeblasen. Christel hörte mir schweigend zu und ich rechnete damit, in ihrem Gesicht Entrüstung und vielleicht Sorge um mich zu entdecken. Nachdem ich fertig war, sagte sie jedoch ganz trocken: »Wer nicht an Wunder glaubt, der kann auch nicht an Gott glauben.«

Nun war ich entrüstet: »Das ist alles, was du dazu sagst?«

In diesem Moment fiel mir mein Erlebnis der vergangenen Nacht ein und aufgeregt schilderte ich ihr auch dies.

Als ich dabei an mein Furunkel fasste, erschrak ich dermaßen, dass ich wie von der Tarantel gestochen gleichzeitig nach oben, seitwärts und nach hinten aus dem Bett sprang. Unglücklicherweise verhedderte ich mich dabei in dem Moskitonetz, das über dem Bett hing, und landete unsanft auf dem Bettvorleger.

Ich riss das Pflaster von der Stelle, wo noch gestern das aufgebrochene Furunkel saß, und tastete meinen inneren Oberschenkel ab. Nichts! Ich rannte ins Badezimmer, riss den Rasierspiegel von der Wand, um damit nach dem Furunkel zu suchen. Auch Christel schaute genau nach, schließlich hatte sie am Morgen zuvor das Pflaster angebracht. Es gab jedoch nichts falsch zu deuten. Das Pflaster, dessen Kleberänder sich deutlich auf der Haut abzeichneten, klebte auf einer völlig makellosen und gesunden Hautstelle. Es gab weder eine Narbe noch eine Wunde. Das Furunkel war einfach über Nacht verschwunden! Wie konnte das sein?

Die Raserei, die noch eben in mir gewütet hatte, wurde zur völligen Ruhe. Mir wurde augenblicklich klar, dass dies nicht logisch erklärbar war. Ich hatte seit meiner Jugend dutzende von Furunkeln an den verschiedensten Körperstellen gehabt und wusste, wie langwierig der Heilprozess ist. Ich war mir sicher, medizinisch gesehen war das, was da gerade passiert war, einfach unmöglich. Zumindest eine Narbe hätte vorhanden sein müssen.

Langsam begriff ich, ich brauchte keinen Psychiater, sondern eher einen Priester!

Beim morgendlichen Beladen des LKW für das Ferienlager ließ ich mir nicht anmerken, dass es in meinem Inneren gehörig brodelte. Ich hatte Angst, mir das alles nur einzubilden. Angst, verrückt zu werden. Ich wollte nicht den Boden unter den Füßen verlieren.

So verabredete ich mich am Sonntag noch mit einem befreundeten Paar, das ich durch das Familienstellen kennengelernt hatte. David, ehemals britischer Soldat und Schlachter, hatte vor einiger Zeit ebenfalls unerklärliche Dinge erlebt, die dazu geführt hatten, dass er sein Leben von Grund auf veränderte. Er fand seine Verbindung zu Gott und hängte daraufhin seinen Schlachterberuf an den Nagel. David erzählte mir von seinen Ängsten, die er damals ausgestanden hatte, und wie er es schaffte, seine innere Ruhe wiederzufinden und letztendlich seine Angst zu besiegen.
Allein zu wissen, dass ich mit meiner Geschichte nicht allein dastand, dass jemand anderes Ähnliches erlebt hatte, machte mir Mut. David hatte eine wunderbar liebevolle Art und er besaß die sehr schöne Fähigkeit, Menschen Ängste zu nehmen. Nach dieser Begegnung fühlte ich mich jedenfalls deutlich besser.

Meine Ausbildung durch die geistige Welt beginnt

Das Ferienlager begann wie in den Jahren zuvor. Ich spulte meine Aufgaben herunter und ließ mir nicht anmerken, dass mein Weltbild gerade ziemlich durcheinandergeraten war.

Nach der ersten Nacht auf Ameland wachte ich am Morgen mit starkem Kopfdruck und Kopfschmerzen auf. Mein Gesicht war ganz rot und ich hatte das Gefühl, mir platzt jeden Moment der Kopf.

Aber etwas anderes bereitete mir viel größere Sorgen: Wie mir schien, hatte ich über Nacht ein riesiges Wissen um die Weltreligionen erhalten. Urplötzlich kannte ich die Lehren des Buddhismus, die Gottheiten des Hinduismus, kannte mich mit den Suren des Koran aus, verstand die Lehren, Praktiken und Riten des Judentums und hatte Kenntnis über die Entstehung des christlichen Glaubens und seiner Glaubenssätze. Mein Wissen umfasste sogar die Aussagen und Praktiken von großen Sekten.

Ich brauchte jemanden, mit dem ich darüber reden konnte, denn es stellte sich immer mehr ein Gefühl ein, das ein Mensch empfindet, der missbraucht wird. Ja, ich fühlte mich missbraucht!

Die anderen Betreuer unserer Gruppe aber waren überfordert mit dem Thema und hielten mich wahrscheinlich für einen Spinner.

Gott sei Dank schickte mir das Universum Hilfe in Form von Bernd Winter, ein Priester und in seiner kirchlichen Funktion Offizialatsrat des Bistums Münster. Er war zu Besuch nach Ameland gekommen und bot mir in der für mich schwierigen Situation seine Hilfe an.

Gemeinsam machten wir einen sehr langen Spaziergang auf dem Deich. Unter Tränen erzählte ich ihm alles, was in den letzten Tagen passiert war. Von meinem Gefühl, von Gott missbraucht zu werden, von meiner Todesangst, von meinem Kribbeln in der Hand und von dem verschwundenen Furunkel. Auch von meinem neuen Wissen über die Religionen berichtete ich ihm.

Der Geistliche war sehr einfühlend und versicherte mir, dass von Gott keine Gefahr ausgehe. Er sagte: »Es gibt viele Menschen, die logisch nicht erklärbare Phänomene erleben. Du bist damit nicht allein und die Kirche wird dir in jedem Fall helfen.«

Ich spürte, er meinte es gut mit mir. Im Gegensatz zu mir strahlte er Ruhe und Klarheit aus, was mir half, mich zu beruhigen.

Er hörte nicht nur zu, sondern er stellte auch in völliger Sachlichkeit Fragen: »Hast du vielleicht eine Ahnung, warum gerade dir das passiert?«

Ich verneinte, aber im selben Moment nahm ein plötzlicher Gedanke, eine Idee einen riesigen und immer größer werdenden Raum in meinem Kopf ein. Die Antwort, die ich in meinem Inneren fühlte, bezog sich dabei allerdings nicht auf die Frage des Gottesmannes, sondern auf das Wissen über die verschiedenen Religionen.

Ich wusste jetzt, warum ich diese Informationen in Begleitung der Kopfschmerzen bekommen hatte. Ich spürte die göttliche Wahrheit, die darin verborgen war:

Alle Religionen beten den gleichen Schöpfer an, den gleichen Gott. Es gibt nur eine göttliche Quelle. Den Schöpfer von allem, was ist. Da es verschiedene Menschen mit unterschiedlichen Weltanschauungen gibt, haben sich verschiedene Religionen gebildet. Manche brauchen einen strafenden Gott, manche sogar einen rachsüchtigen Gott, andere wiederum einen gütigen Gott. Manche verstehen sich als einen Teil Gottes und dies gibt ihnen Sicherheit. Es gibt Hunderte von verschiedenen Glaubensrichtungen, genauso wie es Hunderte von verschiedenen Prägungen und Sichtweisen zum Thema Glauben bei den Menschen gibt.

Ich war mir nun absolut sicher, Religion ist etwas Gutes. Gott ist etwas Gutes. Religion ist eine Möglichkeit für Menschen, mit Gott zu kommunizieren. Sie ist Halt und Stütze, eine großartige Hilfe für diejenigen, die ansonsten aus sich heraus Schwierigkeiten haben, mit Gott in Kontakt zu kommen.

In unserem Gespräch kamen wir auch auf den Vatikan zu sprechen, einen Ort, den ich persönlich noch nie besucht hatte. Das Zentrum der katholischen Kirche. Ich merkte, dass mir das, ohne einen genauen Grund zu erkennen, gehörig Angst einjagte. Zusammen mit der Erkenntnis, dass ich mir wünschte, fortan für alle Menschen aus allen Religionen offen zu sein, führte mich dies zu einem Wunsch nach Veränderung. Zum allerersten Mal in meinem Leben dachte ich daran, aus der katholischen Kirche auszutreten ...

In den folgenden Nächten erhielt ich weiteres Wissen. Das, was in der zweiten Nacht geschah, bezeichne ich auch heute noch als das größte Geschenk. Ich erwachte am Morgen und wusste jetzt, wie man betet. »Das weiß ich auch«, war Christels Kommentar, als ich ihr davon erzählte. Schließlich war sie zu dieser Zeit Katechetin – sie bereitete junge Menschen auf das Sakrament der Kommunion vor – und im Gegensatz zu mir eine praktizierende Christin.

»Hat Gott dir schon mal geantwortet?«, fragte ich sie aufgeregt. »Ein Moment, wo du sicher warst, dass dies die Antwort Gottes ist?«

Sie überlegte einen Augenblick und verneinte dann. Ich berichtete ihr, was ich in dieser Nacht gelernt hatte:

Gebet ist ein Gespräch mit Gott. Dazu benötigt man keinen genauen Ort oder eine bestimmte Zeit. Ich kann überall und zu jeder Zeit beten. Ich kommuniziere dabei mit Hilfe meiner Gedanken und meines Bewusstseins mit dem Göttlichen in mir selbst. Ich kann es nur für mich denken oder aussprechen, so wie es für mich stimmig ist. Ich kann ihm alle Fragen stellen, alle Bitten vortragen. Gott beantwortet jedes Gebet. Er antwortet immer! Jedoch nicht – oder eher in der Regel nicht – mit der Sprache des jeweiligen Menschen. Dies liegt daran, dass die Sprachen der Welt oberflächlich und nicht genau genug sind; für seine Botschaften finden sich in unseren

Sprachen oft keine Worte. Gott antwortet daher durch Gedanken, Gefühle und Erfahrungen. Gott kann durch alles mit uns in Kontakt treten. Wer kennt das nicht – manche Musik erzeugt in uns wahre Explosionen an Gefühlen. Ähnlich ist es, wenn wir uns etwas im Fernsehen ansehen oder etwas lesen. Bei mir hatte er zwar in meiner Sprache durch wen auch immer mit mir gesprochen, dies allerdings nur im Zusammenspiel mit der Erfahrung der spontanen Heilung des Schmerzes in meinem Arm und in meiner Brust. Diese Erfahrung brachte mir die Erkenntnis.

Ich lernte in meinem Traum, was ich tun kann, um die Antwort Gottes zu vernehmen.

Ich achte auf meine eigenen Gedanken, beobachte meine Gefühle und Erfahrungen. Gott antwortet mir z. B. durch den Mitmenschen, der mir etwas sagt, und immer auch aus mir selbst heraus. Denn ich bin es, der das Äußere aufnimmt und es in sich durch seine Gedanken und Gefühle verarbeitet. Dabei ist eine Täuschung durch meine eigene Fantasie ganz einfach auszuschließen. Denn die »höchste« Antwort, die Antwort, dessen Inhalt voller Frieden und Liebe ist, ist die Antwort Gottes.

Ich lernte, Bittgebete immer in meinem vollsten Vertrauen zu beten. Wie Jesus Christus, der uns auch da ein wundervoller Lehrer war. Er bat den Vater immer, indem er ihm dankte. Sein Vertrauen in die Heilung bzw. das Wunder war so groß, dass er schon vor Eintreten des Wunders dankte. In diesem Moment wusste ich ganz klar, dass das wahre Bittgebet ein Dankgebet ist.

Am Abend, als die Kinder beim Abendprogramm saßen, ging ich allein ans Meer. Auf dem Weg wurde ich wieder von den Gefühlen, missbraucht zu werden, übermannt. Ich wurde wirklich wütend auf Gott und redete mich richtig in Rage. Als ich den Deich erreichte, schimpfte ich mittlerweile lauthals: »Warum hast du mir die Gabe denn in meine linke Hand gegeben? Du Penner weißt ja nicht mal, dass ich Rechtshänder bin!« Ja, ich kann es heute selbst kaum glauben, aber ich nannte Gott einen Penner!

Ich war wirklich wütend und schließlich schrie ich mit hoch erhobener geballter rechter Faust: »Oder kann ich das etwa auch mit rechts?«

Kaum hatte ich den Satz ausgesprochen, spürte ich blitzartig auch in meiner rechten Hand das vertraute Kribbeln. Ich war wie vom Donner gerührt und mir versagte förmlich die Stimme.

An diesem Abend auf Ameland schenkte mir Gott die Gabe also auch in meine rechte Hand.

Als ich am nächsten Morgen aufwachte, hatte ich irgendwoher die Erkenntnis, dass ich aus Lemuria komme. Von so einem Ort hatte ich noch nie gehört. Es musste sich um ein Land handeln, denn in der nächsten Nacht bekam ich die Information, dass ich aus der Kristallstadt Lemurias stamme. Jetzt packte mich allmählich die Neugier und ich machte mich auf, um in einem Internetcafé zu googeln. Ich wurde schnell fündig. Es gab sehr viele Seiten zu diesem Thema und die erste, die ich öffnete, berichtete von sieben Seelenländern, die auf der Erde inkarnieren. Ich las weiter und unter Lemuria fand ich einen Text, der kurz zusammengefasst folgende Thesen enthielt:

Lemuria ist das älteste Seelenland und es geht zurück auf Atlantis. Die Seelen, die dort herkommen, sind sehr alte Seelen, die sehr viele Inkarnationen durchlebt haben. Außerdem haben sie heilende Kräfte.

Na ja, das hörte sich alles sehr fantastisch an. Ich glaubte bislang eigentlich nicht an Wiedergeburt. Allerdings vermutete ich aufgrund meiner jüngsten Erfahrungen, dass es so etwas wie eine höhere Macht gibt.

Nun hatte ich aber im Internet Bestätigung für meine »Eingebungen« gefunden, und ich war mir sicher, dass ich von Lemuria zuvor weder gelesen noch gehört hatte. Außerdem war die Information mit den heilenden Kräften doch genau das, was meine Lebensaufgabe sein sollte. Um jetzt nicht ganz abzuheben, redete ich mir ein: »Okay, komme ich halt aus Lemuria, irgendwoher muss man ja schließlich kommen.«

Als ich ins Lager zurückkehrte, wurde mir von einem kleinen Unfall berichtet. Ein kleiner Junge hatte sich die Finger an einem heißen Topf verbrannt. Sie waren zwar deutlich gerötet, Brandblasen waren aber zum Glück keine entstanden. Das war ja noch mal gutgegangen! Aber das sah der kleine Steppke völlig anders, denn er weinte lauthals vor Schmerzen. Da der Betreuer, der ihn zu beruhigen versuchte, anscheinend etwas überfordert war und andere Aufgaben hatte, nahm ich mich des Kleinen an. Als er auf meinem Schoß saß, merkte ich sofort, dass meine Hände sich veränderten. Das Kribbeln wurde intensiver, obwohl ich die Hand des Kindes nicht direkt berührte. Wenige Augenblicke später war der Schmerz wie weggeblasen und der Junge drängte mich, ihn herunterzulassen, damit er zu den anderen Kindern zum Spielen gehen konnte.

Es ging weiter mit meiner Ausbildung. In der nächsten Nacht lernte ich zu verstehen, was Gott ist. Bisher hatte ich mir darüber nie ernsthaft Gedanken gemacht. Diesmal war es ein Traum, an den ich mich am Morgen glasklar erinnerte. In diesem Traum lief ich über einen kleinen grasbewachsenen Hügel auf eine Stadt zu, in der alle Gebäude aus einem honigfarbenen Glas bestanden. Ich durchschritt das Stadttor und schaute mich ein wenig um, bevor ich von einem großen Gebäude angezogen wurde, das umgeben von einer Reihe anderer Häuser auf einem majestätischen Platz stand. Das Portal des Hauses stand offen und es strömte ein wunderschönes, warmes und gleichzeitig anziehendes Licht nach außen. Dieses Licht strahlte so viel Frieden aus, dass ich, ohne zu zögern, eintrat. Im

Inneren wurde ich in einem prunkvollen Raum von einer älteren Frau, deren Namen ich erst Jahre später im realen Leben auf einer Reise nach Ungarn erfahren sollte, sehr freundlich begrüßt: »Herzlich willkommen zu Hause.« Sie hieß mich in meinem Heim in der Kristallstadt Lemurias willkommen.

Die Frau war angezogen wie ein kleines Matrosenmädchen, was sehr komisch aussah. Sie bat mich Platz zu nehmen und ich setzte mich auf eine Bank aus sehr edlem Marmor. Der ganze Raum bestand aus Marmor. Der Boden war hellbeige und die Wände waren weiß mit sich verändernden bläulich schimmernden Schlieren. In der Mitte des Raumes gab es einige Stufen, die in eine Senke führten. Rundherum standen große Säulen.

»Du hast sicher viele Fragen. Sie werden alle zu gegebener Zeit beantwortet werden. Jetzt ist es jedoch wichtig, dich der Dinge zu erinnern, die du nun für deine Lebensaufgabe benötigst.«

Sie lehrte mich verschiedene Dinge. Sie erzählte von der Aufgabe einer Seele und was eine Seele überhaupt ist.

»Eine Seele vollkommen zu verstehen, sie zu begreifen, ist für einen auf der Erde inkarnierten Menschen für die Zeit seiner Inkarnation nicht möglich. In dem begrenzten Rahmen unseres Vorstellungsvermögens ist die Seele eine Energie, die stetige Verbindung zum Schöpfer und ein Träger von unendlichen Informationen. Sie ist unkaputtbar, sie kann niemals sterben. Seelen unterliegen somit nicht dem Wandel von Geburt und Tod.

Man kann eine Seele nicht mit Mathematik erklären. Die Lehre der Mathematik reicht dafür bei weitem nicht aus. Aber damit du es besser verstehst, stell dir vor, dass eine Seele wie eine Torte ist, die aus vielen Tortenstückchen besteht – den Seelenanteilen. Es sind unvorstellbar viele. Und diese Seelenanteile ordnen sich von Inkarnation zu Inkarnation immer neuen Seelenkernen zu, um immer wieder verschiedene Erfahrungen zu machen. Das heißt, die Torte (die Seele des Menschen) setzt sich jedes Mal aus vielen unterschiedlichen Tortenstücken (Seelenanteilen) zusammen. Die Torte ist also nie die gleiche. So bist auch du jetzt nicht exakt der Gleiche wie in einem früheren Leben.«

Die Frau bestätigte meine Vermutung, dass es nur einen Gott gibt und fuhr fort: »Ich freue mich, dass du die Botschaft der Kenntnisse über die Religionen richtig verstanden hast. Du wurdest in dieser Inkarnation in einen Lebenskreis geboren, in dem sich starke Volksreligionen befinden, die ihren Schöpfer »Gott« nennen. Andere Religionen bezeichnen die universelle reine Energie anders. Bei einigen heißt sie Buddha, für andere ist es Mohammed, wieder andere haben ganze Heerscharen von Gottheiten, die für spezielle Dinge verantwortlich sind, je nachdem, welches Problem sie haben.«

Schließlich erklärte sie mir mit einfachen Worten, was Gott eigentlich ist:

»Gott ist alles. Es gibt nichts, was nicht Gott ist. Gott ist die gesamte Energie des Alls. Gott ist Anfang und Ende. Es ist die vollkommene Schöpfung.«

Sie erklärte mir Dinge aus der Physik, um mir das möglichst einfach in meiner rationalen Denkweise vermitteln zu können.

»Auf der Erde gibt es außer frei strahlender Energie nichts, was man nicht in Atome spalten könnte. Einfach ausgedrückt, fliegt um einen Atomkern ein Neutron und diese Bewegung ist Energie. Deshalb ist alles, was es auf dieser Erde gibt, universelle Energie – also Gott. Der Unterschied liegt lediglich in der Schwingung. Feste Körper schwingen niedriger als gasförmige oder flüssige. Jedoch sind auch Gedanken und Gefühle Energie. Eine sehr hoch schwingende Form von Energie. Die höchste Form der Schwingung ist die Schwingung des Schöpfers.«

Ich fragte sie: »Wie kann das sein? Wenn alles Gott ist und es nichts gibt, was nicht Gott ist, wer führt dann die ganzen Kriege? Wer mordet oder tut sonstiges Unrecht?«

»Menschen sind ebenfalls ein Teil Gottes. Im Gegensatz zu anderen Energien, die über eine andere Art von freier Struktur verfügen, haben sie jedoch eine sehr große individuelle Macht.

Gott hat die Menschen sich gleich gemacht. Sie sehen zwar nicht so aus wie Gott, denn Gott hat keine Gestalt, oder besser gesagt — er könnte jede Gestalt annehmen. Gott hat den Menschen die Macht gegeben, zu erschaffen, wie Gott selbst es tut. Diese Wahrheit steht in den Schriften deiner Religion an vielen Stellen geschrieben.«

Auch wenn ich nicht bibelfest war, an diesen Satz konnte ich mich jedenfalls erinnern.

Gott hat die Menschen nach seinem Ebenbild erschaffen. So hatte mir das bisher niemand jemals erklärt.

Ich hatte noch viele Fragen, doch die nette Frau versicherte: »Dir wird alles gelehrt, wenn du und die Zeit, in der du lebst, reif dafür sind.«

Mit den Worten »Hab Vertrauen — alles ist im göttlichen Plan« erwachte ich.

Nach einer Woche hörten die Träume und plötzlichen Eingebungen genauso unverhofft auf, wie sie begonnen hatten. Ich verbrachte meine freie Zeit in der letzten Ferienwoche vorwiegend mit Nachdenken. Dabei überkamen mich sehr oft Ängste. Worauf ließ ich mich da bloß ein? Immer wieder quälte mich die Sorge, alles, was ich mir im Leben erarbeitet hatte, zu verlieren, wenn ich mich diesem neuen Weg noch weiter öffnete. Ich versuchte mehr als einmal, alles Erlebte zu vergessen, das Kribbeln in den Händen zu ignorieren. Doch meine Gedanken hielten sich nah an den Erfahrungen der letzten Tage. Nur sehr selten schaffte ich es, die Erlebnisse zu verdrängen.

In diese Situation hinein bekamen einige Teilnehmer des Ferienlagers eine Infektion mit Halsschmerzen und Niedergeschlagenheit. Auch mich hatte es erwischt. Während wir mit den Kindern zum Arzt gingen, fing ich an, mich selbst mit meinen Händen zu behandeln. Wenn ich eine Hand an meinen Hals hielt, verstärkte sich das Kribbeln und der Schmerz ging schon nach kurzer Zeit deutlich spürbar zurück. Dieser Zustand hielt einige Stunden an, bis der Schmerz wieder in den Vordergrund rückte. Ich wiederholte die Behandlung mehrmals, bis endgültig Besserung eintrat.

Entscheidung

Einen Tag nach dem Ferienlager flog ich zusammen mit meinem Geschäftsführungskollegen zu einer Einkaufsreise nach Kanada. Toni war 17 Jahre älter als ich und im Gegensatz zu mir ein geschulter und erfahrener Manager. Wir kannten uns seit drei Jahren und es hatte sich sehr schnell zwischen uns eine echte Männerfreundschaft entwickelt. Ich mochte ihn als Mensch und ich vertraute ihm.

Schon auf dem Weg zum Flughafen erzählte ich ihm von meinen Erlebnissen und Ängsten. Toni hörte sich alles schweigend an und am Ende glaubte ich schon, dass er mich für völlig überdreht oder verrückt hielt. Doch ich erlebte eine riesige Überraschung, denn Toni war sehr gut über solche Phänomene informiert und während des 10-stündigen Fluges erzählte er mir ganz offen von vielen Büchern, die er zu etlichen spirituellen Themen gelesen hatte. Er berichtete mir auch von einer ganzheitlichen Unternehmensberatung, die in einer früheren Firma, in der Toni gearbeitet hatte, schon Jahre zuvor die Führungskräfte in spirituellen Sichtweisen und ganzheitlicher Führung geschult hatte.

Toni, von dem ich insgeheim erhofft hatte, dass er mir die ganze Sache ausredet, hatte es letztendlich geschafft – er hatte mich überzeugt, meiner Neugier zu folgen.

Auch wenn Toni mir Mut machte, war ich dennoch ziemlich durcheinander. Immer wieder wechselten sich bei mir Faszination, Neugier und Angst ab. Ich hatte nicht selten das Gefühl, mit etwas sehr Gefährlichem, etwas, von dem ich überhaupt keine Ahnung zu haben schien, zu hantieren und zu spielen.

Toni sah das offensichtlich anders und er erzählte Günther, einem unserer Geschäftspartner, völlig unverblümt und sachlich von den Dingen, die mir passiert waren, als sei es das Normalste der Welt. Günther, den ich für sehr lebenserfahren hielt, war ein gläubiger Mensch, der über eine sehr ehrliche, freundliche Art verfügte. Er erzählte mir von Agnostikern und dem Verhängnis, wenn man die Spur verlässt und irgendwann vielleicht an nichts mehr zu glauben vermag.

Er fragte mich einmal: »Was glaubst du, wer ist für diese Wunder verantwortlich?«

Ich erzählte ihm von meiner Erfahrung mit dem Wissen über die Religionen. Dass alle Religionen den Sinn haben, den verschiedenen Menschen die Möglichkeit zu geben, mit dem Allmächtigen zu kommunizieren. Dass es für das Allmächtige jedoch viele Namen gibt.

Ich sagte ihm, dass ich davon überzeugt sei, dass diese eine höhere Macht, die für mich Gott war, die Wunder bewirkte.

Und Günther, der sich auf Gott als den Allmächtigen festgelegt zu haben schien, gab mir das Gefühl, dass das aus seiner Sicht in Ordnung war.

Es erstaunte mich, dass die Menschen, die von meinen Erlebnissen hörten, mich trotzdem ordentlich behandelten. Sie grenzten mich nicht aus und machten sich auch nicht lustig über mich. Das machte mir Mut, einfach offen zu sein für das, was noch kommen würde.

Nach meiner Rückkehr aus Kanada hatte ich viel gearbeitet und war dadurch so abgelenkt, dass ich nur selten an meine neuen Fähigkeiten dachte. Das Kribbeln in den Fingern spürte ich nur noch, wenn ich mich darauf konzentrierte. Ich hatte in den letzten Tagen weder mich noch andere behandelt.

Der letzte Besuch bei Heike lag etwa einen Monat zurück, als ich eines Tages nach Hause kam und Christel auf dem Fußboden liegend mit den Beinen auf einem quadratischen Würfelkissen vorfand. Das war kein ungewöhnlicher Anblick, denn sie hatte seit Jahren einen schmerzhaften Bandscheibenvorfall.

Christel bat mich, ihr mit einer schmerzlindernden Salbe den Rücken einzucremen. Sie hielt kurz inne und fuhr dann fort: »Du, sag mal, was hältst du davon, wenn du mir deine Hände auflegst? Vielleicht hilft die Energie aus deinen Händen ja auch mir.«

Ich war verdutzt und ein wenig fühlte ich mich, als hätte man mir gerade ein fast unmögliches Angebot gemacht. »Bist du dir sicher, dass du das möchtest?«

»Natürlich!«, entgegnete sie entschlossen.

Christel legte sich aufs Bett und als ich ins Zimmer kam, fragte sie mich neugierig: »Wofür brauchst du denn die Kerze?«

Zu meiner Verwunderung konnte ich ihr darauf keine Antwort geben, denn ich bemerkte erst jetzt, dass ich eine Kerze und ein Feuerzeug in den Händen hielt. Ich musste die Kerze unbewusst aus dem Schrank geholt haben. Also zündete ich sie an, stellte sie auf den Nachtschrank und setzte mich ans Bett. Ich legte meine Hände auf die schmerzende Stelle auf Christels Rücken und sofort begannen sie zu kribbeln. Nach wenigen Augenblicken verspürte ich einen leichten Schmerz in den Fingern, der sich bald auf Hände und Unterarme ausdehnte. Christel berichtete fasziniert, dass ab dem unteren Rücken bis zu den Füßen nun alles kribbelte. Der Schmerz in meinen Händen veränderte sich, mal war er intensiver, mal flachte er ab. So behandelte ich Christel ca. 20 Minuten, bis sie mich erinnerte, dass es Zeit war, unseren Pflegesohn André abzuholen.

Also beendete ich die Behandlung und der Schmerz und das Kribbeln waren augenblicklich aus meinen Händen und Armen verschwunden.

Als ich eine halbe Stunde später zurückkam, lief Christel mir überglücklich entgegen. Ihre Schmerzen waren nur Minuten nach Ende der Behandlung verschwunden. Und sie kamen auch später niemals in der bekannten Intensität wieder.

Dies war ein Schlüsselerlebnis für mich. Ich war so glücklich darüber, dass meine Behandlung offensichtlich erfolgreich war, dass ich noch am selben Tag die Entscheidung traf: Ich möchte Menschen helfen.

Von da an behandelte ich viele Menschen – Familienmitglieder, Freunde und Bekannte.

* * *

Ein paar Wochen später, es war Ende August 2005, besuchte ich meinen Vater. Es ging ihm schon seit einiger Zeit sehr schlecht, denn mehrere Krankheiten machten ihm zu schaffen. Er hatte die parkinsonsche Krankheit, dazu eine immer wieder auftretende Herzkranzgefäßverengung, Bandscheibenvorfälle und einen gespaltenen Hüftknochen, der so starke Schmerzen verursachte, dass er Morphiumpflaster bekam. Ich hatte ihn bereits einige Tage zuvor im Sitzen behandelt, jedoch verschwanden die Schmerzen nur für kurze Zeit. Die nächste Behandlung bekam er auf dem Esszimmertisch. Vater konnte trotz der unbequemen Lage dieses Mal viel besser zur Ruhe kommen und er schlief sogar ein, während ich ihm eine halbe Stunde Energie spendete. Zum ersten Mal betete ich dabei leise für mich.

In der folgenden Nacht schlief mein Vater sehr gut und seit langer Zeit völlig ohne Schmerzen. Am nächsten Morgen setzte er aus eigenem Entschluss das Morphium ab. Die Schmerzen blieben weg und kamen in dem Maße niemals wieder.

Christel berichtete ihrer Mutter von der wundersamen Behandlung, diese erzählte es einer Nachbarin mit Rückenschmerzen und so sprach es sich langsam herum, dass ich Menschen helfen konnte.

Mein jüngerer Bruder kam mit starken Zahnschmerzen zu mir. Nach der Behandlung, der Schmerz war abgeklungen, riet ich ihm, unbedingt zum Zahnarzt zu gehen, denn ich hatte das Gefühl, dass der Schmerz sich nur kurzfristig zurückgezogen hatte und dass rein organisch etwas in seinem Gebiss nicht in Ordnung war. Es war wahrscheinlich eher die Angst vor dem Zahnarztbesuch, als mein Bruder abwinkte, er hätte zurzeit sehr viele Termine und gerade jetzt gar keine Zeit für den Zahnarzt. Es kam, wie ich es geahnt hatte: Der Schmerz kam nach drei Tagen wieder und noch einmal konnte die Energie, die aus meinen Händen floss, ihm einige Tage Aufschub gewähren. Als der Schmerz dann abermals zurückkam, half nur noch die erforderliche Wurzelbehandlung.

Mein älterer Bruder hatte kurze Zeit später einen unangenehm schmerzenden Fersensporn am Fuß. Im Büro schleppte er sich mittels seines Bürostuhls durch die Gegend. Obwohl er die deutlichen Verbesserungen bei unserem Vater mitbekommen hatte, war er überaus skeptisch und Mutter musste ihn zu einer Behandlung überreden. Er humpelte zum Wohnzimmertisch und legte seinen Fuß darauf.

Mein Bruder forderte mich förmlich heraus, indem er sagte: »Ich kann seit Wochen nicht mehr Squash spielen und ich wünsche mir, heute Abend zum wöchentlichen Training mal wieder spielen zu können.«

Mir war nicht ganz wohl bei der Sache. Einerseits hatte ich mittlerweile ein bisschen Vertrauen in meine Gabe, andererseits verspürte ich eine gewisse Angst, es könnte sich nichts verändern. Das Vertrauen aber war größer, so dass ich meinem Bruder Energie aus meinen Händen gab.

Als er nach der Behandlung ging, humpelte er noch und man sah ihm an, dass er enttäuscht war. Außer meinen deutlich warmen Händen hatte er nichts gespürt.

Doch an diesem Abend konnte mein Bruder tatsächlich wieder Squash spielen, denn der Schmerz war schon wenige Stunden nach der Behandlung verschwunden.

Wiederholt bemerkte ich, dass positive Veränderungen nicht immer sofort eintraten. Manchmal wurden die Symptome für einige Tage sogar schlimmer, klangen dann aber rasch und andauernd ab. Leider gab es auch Menschen, bei denen es keine Veränderung zu geben schien. Anfangs hatte ich große Probleme damit, denn ich machte mir Sorgen, ob ich vielleicht etwas falsch gemacht hätte. Doch schon bald erkannte ich, dass ich selbst anscheinend keinen Einfluss auf den Behandlungserfolg habe und dass die Heilung einzig aus dem Menschen selbst entsteht. Das machte es mir fortan sehr viel einfacher. Denn durch diese Erkenntnis war ich mir sicher, dass meine Rolle nicht die des Architekten der Heilung, sondern die eines einfachen Helfers ist. Ich entscheide nicht, ob jemand gesund wird, ich kann allenfalls dabei unterstützen, gesund zu werden.

Meine Entscheidung, für Menschen da zu sein und ihnen zu helfen, festigte sich. Ich sah Anfragen nach Behandlungen mehr und mehr mit Freude entgegen und es machte mir auch nichts aus, teilweise bis in den späten Abend Behandlungen durchzuführen. Ich verkaufte meinen Billardtisch und bekam meine erste Behandlungsliege.
Nun hatte ich meinen eigenen Behandlungsraum – die Liege war ja auch deutlich bequemer als unser Esszimmertisch ...

Die Behandlungen veränderten sich mit der Zeit. Ich hatte oft darum gebeten, besser zu verstehen, was durch die Energie meiner Hände passiert. Ich lernte die Krankheit und den Schmerz mehr und mehr zu begreifen, indem ich den Schmerz in mir zuließ. Ich lernte in ihm zu lesen, bevor er mich durch die Beine wieder verließ. Dabei trug er oftmals Botschaften in sich, die ich an den Menschen weitergeben sollte. Das bereitete mir anfangs große Schwierigkeiten, denn ich bekam manchmal Informationen, die sehr viel Mut erforderten, um sie weiterzugeben. Obwohl mein Vertrauen stetig wuchs, fiel es mir auch später immer wieder schwer, die Botschaften zu überbringen, denn die Erfahrungen der Menschen waren oftmals furchtbar und sie hatten die meiste Zeit ihres Lebens versucht, alles zu verdrängen.

Einmal behandelte ich eine Frau von fast 80 Jahren, die von einer Nachbarin auf mich aufmerksam gemacht worden war. Sie hatte seit Jahrzehnten starke Rückenschmerzen im Bereich der Lendenwirbel. Ich erklärte ihr, dass jede Krankheit einen Grund habe. Während der Behandlung sprach ich mit ihr über ihre Kindheit. Sie erzählte mir, wie sie aufgewachsen war. Es schien keine ungewöhnlichen Vorkommnisse gegeben zu haben. Plötzlich tauchte vor meinem inneren Auge ein Bild eines Mädchens in einem weißen Kleid und einer komischen Kopfbedeckung auf. Es sah aus, als habe das Mädchen ein weißes Taschentuch auf dem Kopf, an dem viele kleine Bömmelchen hängen. Die Kleine wirkte sehr fröhlich.

Wie in einem Film lief nun folgende Szene ab, die ich ebenfalls, ohne lange zu überlegen, in jeder Einzelheit der alten Frau schilderte.

Ich sah ein altes Bauernhaus, das ich ausführlich beschrieb. Dann ging es durch eine Tür auf die große Tenne. Von hier aus gingen viele Türen ab. Rechts stand eine Tür offen, die in einen kleinen Flur führte. Am Ende des Flures gab es noch eine Holztür, in der im unteren Bereich ein Stück der Holzfüllung fehlte. Die Tür öffnete sich und ich sah in einen Raum, in dem Brennholz gelagert wurde. In einer Ecke kauerte ein kleines Mädchen. Es versuchte sich zu verstecken. Dann sah ich, wie eine große Männerhand nach dem Kind griff und es aus der Ecke zerrte.

In diesem Moment fing die alte Frau bitterlich an zu weinen und bei mir lösten sich die Bilder sofort auf.

Als sie sich beruhigt hatte, erzählte sie mir, was es mit der Szene auf sich hatte: »Bis zum heutigen Tage habe ich niemals mit irgendeinem Menschen darüber gesprochen. Der Knecht hat mir damals immer aufgelauert und mir große Angst gemacht, dass ich bestraft werden würde, wenn ich irgendjemandem von den Dingen, die wir gemacht hatten, erzählen würde.«

Einige Tage später besuchte die alte Dame mich erneut und zeigte mir ein Bild ihrer eigenen Kinderkommunion, die vor über 70 Jahren stattgefunden hatte. Hier erkannte ich das kleine Mädchen mit der lustigen Kopfbedeckung nun auf einem Foto wieder. Die Frau berichtete, die Rückenschmerzen seien zwei Tage besonders schlimm gewesen, dann jedoch fast völlig verschwunden.

Behandlungen für Geld?

Nachdem ich eine Behandlungsliege besaß, wuchs die Zahl der Behandlungsanfragen. Obwohl ich wenig Zeit hatte, freute es mich. Allerdings hatte ich ein Problem: Ich war Manager und doch fiel es mir sehr schwer, meinen Klienten einen Preis für die Behandlungen zu nennen. Christiane, ein wundervolles Medium, hatte mir bereits bei unserem ersten Treffen ihre großen medialen Fähigkeiten eindrucksvoll bewiesen, indem sie von meiner Geschichte wusste, ohne dass wir uns kannten. Sie meinte, es sei sehr wichtig, den Menschen die Möglichkeit zum Energieausgleich zu geben. Ich solle ihnen einen angemessenen Betrag nennen. Wir berieten darüber und sie befragte die geistige Welt. Daraufhin sagte sie, ich solle 30 Euro pro Behandlung nehmen. Ich spürte ein Unbehagen in mir und befürchtete, dass jemand nicht kommen würde, weil er das Geld nicht aufbringen könnte. Ich entschied mich deshalb für eine andere Variante der Vergütung und kaufte ein schönes orangfarbenes Sparschwein. Hier sollten die Klienten einfach mein Problem dadurch lösen, indem sie den Betrag, der ihnen angemessen schien, in das Sparschwein steckten.

Dass niemand anderes meine eigene Angst, mein eigenes Problem zu lösen vermochte, erlebte ich dann auf sehr eindrucksvolle Weise. An diesem Tag, es war Samstag, hatte ich zwei Behandlungen. Als Erstes kam eine junge Frau aus der entfernten Nachbarschaft. Sie war alleinerziehende Mutter. Es wurde erzählt, dass ihr Mann sie vor einigen Monaten verlassen habe und er sich seither um nichts kümmere. Er zahle auch keine Alimente. Die Frau hatte starke Rückenschmerzen im Lendenwirbelbereich, die trotz Schmerzspritzen, Tabletten, Fangopackungen und Salbe nicht zurückgingen. Sie war schon ganz verzweifelt, weil es ihr immer schwerer fiel, neben den Kindern und der Hausarbeit noch ihre Putzstellen zu schaffen. Ich bat sie, sich auf meine Liege zu legen, und behandelte sie ähnlich wie Christel, indem ich meine Hände auf ihren unteren Rücken legte. Sie spürte während der Behandlung eine starke Wärme und auch ein leichtes Kribbeln. Als sie nach der Behandlung von der Liege aufstand, waren ihre Schmerzen verschwunden. Wir beide freuten uns sehr darüber. Auf ihre Frage nach der Bezahlung deutete ich auf das Sparschwein. »Zahle bitte, was du kannst und möchtest«, sagte ich. Daraufhin sah ich, wie sie ihr Portemonnaie öffnete und 50 Euro in das Sparschwein steckte. Als ich sie zur Tür brachte, wartete bereits eine elegant gekleidete und offensichtlich wohlbetuchte Dame im Wohnzimmer. Ich erkannte an fast jedem Finger goldene Ringe. Es stellte sich später heraus, dass sie ihr Auto so rücksichtslos mitten in der Ausfahrt geparkt hatte, dass weder der Wagen meiner Frau noch der unseres Nachbarn das Grundstück verlassen konnte.

Sie klagte ebenfalls über Schmerzen im unteren Rücken und ich behandelte sie ähnlich wie zuvor die alleinerziehende Mutter. Auch hier wurde von ihr Wärme und ein Kribbeln verspürt. Auch sie freute sich nach der Behandlung, dass der Schmerz komplett verschwunden war. Es folgte die Prozedur mit dem Sparschein. Ich sah, wie sie ihre Gucci-Geldbörse aus ihrer Handtasche zog und diese öffnete. Sie betrachtete den Inhalt und entnahm ihr einige Geldscheine. Diese sortierte sie gelassen und man konnte ihr ansehen, dass sie abwog, was wohl zu bezahlen wäre. Sie wägte zwischen einem 20-Euro-Schein und einem 50-Euro-Schein ab und entschied sich letztlich für den 20-Euro-Schein. In diesem Moment habe ich mich geschämt, denn durch meinen fehlenden Mut – meinen Preis zu nennen – hatte die alleinerziehende Mutter zu viel bezahlt. Noch am selben Abend schaffte ich das Sparschwein wieder ab.

Seither nehme ich den Preis, der mir von der geistigen Welt als passend vorgeschlagen wird. Dabei habe ich auch die Erfahrung gemacht, dass plötzlich die Termine immer weniger wurden, obwohl ich super Feedbacks der Klienten erhielt. Ich fragte Christiane um Rat, weil ich mich sorgte, etwas falsch gemacht zu haben. Sie riet mir, meine Preise zu erhöhen, weil sonst kein gerechter Ausgleich zustande komme. Meine Fähigkeiten seien gewachsen und so müsse auch der Ausgleich wachsen. Ich setzte es um und hatte direkt wieder genau so viele Termine, wie ich in meinem Zeitplan bewältigen konnte. Dabei habe ich noch nie jemanden wegen des Geldes abgelehnt. Ich habe seither schon für ein gebackenes Brot und auch für ein freundliches Lächeln behandelt. Es kommt immer auf den Menschen und seine Situation an. Später führte ich offene Heilabende ein, wo alle Menschen völlig kostenlos behandelt werden.

Begegnung mit dem Tod

Anfangs behandelte ich überwiegend Klienten mit akuten, manchmal auch chronischen Schmerzsymptomen wie Rücken-, Schulter-, Kopf- und Zahnschmerzen oder Migräne und Hautproblemen. Ich hatte außerdem bereits Erfolge erzielen können bei Menschen, die unter Depressionen litten oder infolge eines Schlaganfalls körperliche Behinderungen, wie z. B. Lähmungen, hatten. Immer häufiger kamen Fremde zu mir, die irgendwo von mir gehört hatten.

Damals arbeitete ich in den meisten Fällen nur durch das Auflegen der Hände. Dabei hatte ich immer ein Kribbeln in meinen Händen und oft auch Schmerz in mir gespürt. Die Menschen hatten die Behandlung meistens als sehr entspannend beschrieben, viele fühlten Wärme aus meinen Händen und manche hatten ebenfalls von einem leichten Kribbeln gesprochen. Das freute mich dann immer sehr.

Der Behandlungszeitraum war unterschiedlich lange. Manchmal kam jemand ein- bis zweimal zu mir, bei anderen brauchte es vier- bis fünfmal, bis sich ein dauerhafter Behandlungserfolg einstellte. Vereinzelt ergab sich auch keine Veränderung. Warum es bei manchen schnell, bei anderen langsam ging, bei anderen gar nicht funktionierte, blieb mir zunächst ein Rätsel. Dazu kam, dass oft der Behandlungserfolg für mich im Ungewissen blieb, denn wer keine Schmerzen mehr hat, geht nicht mehr zu einem Heiler oder zum Arzt. Die oft ausbleibenden Rückmeldungen waren für mich damals nur schwer zu ertragen. Mein Ego meldete sich immer wieder und versuchte mir einzureden, dass ich in diesem oder jenem Fall nichts bewirken konnte. Gott sei Dank erlebte ich jedoch im Gegenzug immer wieder, dass ein unbekannter Mensch zu mir kam, der berichtete, dass er meine Adresse von jemandem hatte, den ich behandelt hatte und dem ich anscheinend helfen konnte. So kam das positive Feedback oft über Dritte zu mir.

Eines Tages rief meine Mutter mich an und erzählte voller Sorge, dass meine Tante Frieda während eines Urlaubs auf einem Kreuzfahrtschiff im Schwarzen Meer einen schweren Schlaganfall erlitten habe. Man hatte sie daraufhin in ein Krankenhaus in der Ukraine gebracht. Von dort wurde sie eine Woche später nach Deutschland geflogen und lag jetzt im Krankenhaus ihrer Heimatstadt. Ihr Zustand war äußerst kritisch, sie lag im Koma. Man hatte zuvor noch versucht, sie in einer Spezialklinik für Hirnverletzungen zu behandeln. Die folgende Diagnose war jedoch auch aufgrund ihres Alters so niederschmetternd, dass man sie sofort wieder ins normale Krankenhaus zurückverlegte. Hier wurde der Familie langsam klargemacht, dass eine Reha-Behandlung nicht mehr sinnvoll und deshalb abgelehnt worden sei. Man solle sich auf die Suche nach einem geeigneten Pflegeplatz machen, wo meine Tante in Ruhe sterben könne.

»Kannst du etwas tun?«, fragte mich meine Mutter. Ich wusste es nicht, erinnerte mich jedoch, dass erst kürzlich ein Mann von knapp über 50 Jahren zu mir gekommen war, der vor einigen Jahren ebenfalls einen Schlaganfall erlitten hatte. Er trug seither seinen Arm gelähmt in einer Schlinge. Viele seiner anfänglichen Symptome hatten sich mit der Zeit gelegt, sein Arm hingegen war gelähmt geblieben. Ich hatte ihn insgesamt drei Mal behandelt, bis sich eine deutliche Verbesserung ergab. Er hatte damals einige Tage nachdem ich ihn das dritte Mal behandelt hatte angerufen und mir voller Freude von seinem Wunder berichtet. Er hatte am frühen Abend auf dem Sofa gesessen, als plötzlich sein gelähmter und ansonsten gefühlloser Arm zu schmerzen begann. Noch am selben Abend, ein paar Stunden, später konnte er den Arm wieder langsam bewegen.

Auch wenn ich aufgrund der schlimmen Diagnose bei meiner Tante wenig Hoffnung hatte, fing ich an, sie regelmäßig zu behandeln, nachdem mein Onkel dem nicht nur zugestimmt, sondern mich sogar darum gebeten hatte. Ich legte meine Hände auf ihren Kopf und spürte auch hier das Kribbeln. Zusätzlich bekam ich selber Schmerzen in den Händen und Armen. Nach wenigen Behandlungen geschah für uns alle sichtbar ein Wunder. Meine Tante wachte auf und durch mehrere Tests konnte man feststellen, dass sie darüber hinaus bei Verstand war. Sie war zwar halbseitig gelähmt und ihr Sprachzentrum war gestört, sie war jedoch wieder ansprechbar und versuchte, sich zu artikulieren. Mit der ungelähmten Hand konnte sie bereits nach wenigen Tagen eigenständig wieder Essen und Getränke zu sich nehmen. Die Mediziner waren sprachlos und fragten mich, was ich gemacht hätte. Ich konnte ihnen nur sagen, dass ich ihr meine Hände aufgelegt und dabei gebetet hatte. Diese unerklärbare plötzliche Veränderung sorgte zur Freude der ganzen Familie für ein sofortiges Umdenken in der Ärzteschaft. Die Diagnose hatte sich verändert und die Reha wurde sofort genehmigt. Meine Tante kam zum Glück in eine Rehaklinik, die ich weiterhin von meinem Arbeitsweg gut erreichen konnte. So behandelte ich sie voller Tatendrang, Freude und sicherlich auch mit einer gehörigen Portion Stolz weiter. Für mich war aus dem Wunsch, dass die Lähmung möglichst weit zurückgehen sollte, längst ein klares Ziel geworden. Eines Abends saß ich in der Rehaklinik zusammen mit ihrem Mann, meinem Onkel Franz, an ihrem Bett und ich behandelte sie, während wir alle zusammen beteten. Ich formulierte für mich still wieder meinen Wunsch und plötzlich war da so viel Liebe, die mein Herz überlaufen ließ. Mitten in dieses wunderbare Gefühl bekam ich eine niederschmetternde Botschaft:

Es geht nicht darum, dass die Lähmung zurückgeht und sie wieder gesund wird. Ihre Zeit ist gekommen, sich zu verabschieden. Es geht darum, dass diese beiden Menschen sich in Ruhe und Ehre voneinander verabschieden können.

In diesem Moment wusste ich, dass meine Tante bald sterben würde. Mir liefen Tränen übers Gesicht.

Ich besuchte sie noch einige Male und kurz bevor sie zurück nach Hause entlassen wurde, schenkte ich ihr einen Engel aus Stroh, über den sie sich sehr freute. Ich verband damit den Wunsch, die Engel mögen ihren Übergang begleiten. Auch zu Hause behandelte ich sie weiter. Ein Teil des alten Ehebettes war abgebaut worden und dort stand nun ihr Krankenbett. Wenn beide schlafen gingen oder sich ausruhten, konnten sie sich beim Einschlafen an den Händen halten. Ich war ganz gerührt von der Liebe, die diese beiden Menschen tief in ihrem Herzen füreinander hatten. So wurde ihnen noch etwas Zeit geschenkt, sich ganz bewusst und in Ruhe zu verabschieden.

Meine Tante lebte so noch einige Monate mit ihrem Mann zusammen in ihrem Haus. Ich war auf meinem ersten Jakobsweg, als sie friedlich für immer einschlief. Meine Gedanken und Gefühle waren bei ihr und tief in meinem Herzen wusste ich, dass alles gut war.

Es war das erste Mal, dass ich dem Mysterium des Todes in mir so nahe war. Bisher kannte ich den Tod nur durch die Erfahrung, dass meine Omas und Opas gestorben waren. Auch sie waren alt gewesen, doch ich hatte an ihren Tod nur die äußeren und eher beiläufigen Erinnerungen. Damals wurde mit uns Kindern nicht darüber gesprochen. Wir mussten zwar mit zur Leichenhalle, aber niemand sprach mit uns auf kindgerechte Art darüber, was da passiert war und was das bedeutete. Das Leid, die Trauer der anderen und die Tatsache, dass man über den Tod grundsätzlich nicht sprach, hinterließen bei mir eher negative Gefühle und leider auch Ängste.

Durch diese neue Erfahrung mit dem Tod konnte bei mir ein Prozess der Veränderung eintreten, der einige Jahre später dazu führte, dass ich ein ganz neues Verhältnis zum Tod erreichte. Ohne es erklären zu können, hatte ich tief in mir ein Samenkorn gepflanzt, das eines Tages zum Baum der Annahme heranwachsen sollte. Und dieser Baum trug nicht mehr die Früchte der Angst, sondern die des Friedens.

Jakobsweg 2006 – Der Weg ist das Ziel

Mit meinen Geschäftsführungskollegen Toni und Andreas musste ich beruflich nach Budapest. Die beiden reisten mit dem Flugzeug an. Ich war noch geschäftlich mit dem Auto in Österreich unterwegs und stieß später zu ihnen. An einem Abend trafen wir uns zum Essen mit zwei Frauen in einem Café namens KARMA. Andreas kannte die beiden aus seiner geschäftlichen Zeit in Ungarn. Zsuzsi war in der baunahen Branche beschäftigt. Barbara, die früher Andreas' Sekretärin gewesen war, als dieser in Ungarn ein Unternehmen geleitet hatte, überraschte ihn, denn sie hatte seit dem letzten Zusammentreffen sehr viel an Gewicht abgenommen, so dass er nun mit offenem Mund staunte.

»Barbara, erzähl Michael unbedingt, wie du es geschafft hast, so viel abzunehmen, er könnte es ebenfalls gut gebrauchen«, witzelte Andreas mit einem spöttischen Blick in meine Richtung.

Barbara, die neben ihrer Muttersprache Ungarisch auch sehr gut Englisch und Deutsch sprach, setzte sich mir gegenüber und wir unterhielten uns auf Deutsch. Im Laufe des Abends kamen wir darauf zu sprechen, wie anstrengend Übergewicht sein kann, und ich fragte sie, ob sie mir verraten könnte, nach welcher Diät sie es letztendlich geschafft habe abzunehmen. Nachdem sie mich lange wortlos gemustert hatte, antwortete sie fast andächtig: »Ich glaube, dir kann ich es erzählen.«

Und so berichtete sie mir aus ihrem Leben, von ihrem Glauben an die heilige Mutter und wie sie persönlich auf den Jakobsweg gekommen war. Ich war gefesselt und hing an ihren Lippen, denn eine Stimme in mir sagte: »Höre genau zu, denn sie erzählt dir etwas über deinen Weg!«

Barbara war nach eigenem Bekunden mit massivem Übergewicht und stark entzündeten Knien den Weg von Saint-Jean-Pied-de-Port nach Santiago de Compostela bereits hin- und zurückgegangen. Ich selbst hatte bis zu diesem Moment noch nie von diesem Pilgerweg gehört und stellte ihr neugierig viele Fragen. Sie erzählte von den Strapazen, den Schmerzen in ihren Knien und dass sie sehr lange für die Wege benötigt habe.

»Ich habe das Gefühl, dieser Weg ist auch für mich sehr wichtig«, gestand ich ihr, nachdem ich ihr gebannt zugehört hatte.

»Meine Knie fangen an zu kribbeln«, warf Barbara überrascht ein. Sie hatte immer noch sehr oft Schmerzen darin.

Völlig unvorhergesehen und ohne dass ich es willentlich sagte, sprach ich dann in ruhigem, leisem Ton zu ihr: »Ich nehme dir deine Schmerzen, weil du dich auf den Weg gemacht hast.«

Ich war nicht minder erschrocken als die anderen, die es auch mitbekommen hatten. Andreas bekam in diesem Moment so viel Energie in seine Beine, dass er mit seinen Knien unter die Tischplatte stieß und einige Gläser zu Bruch gingen. Barbara ließ sich davon nicht beirren und dankte in einem Gebet Gott für ihre Heilung. Ich selbst konnte nichts von dem Geschehenen erklären und war nur absolut beeindruckt von der Stärke ihres Glaubens.

Im Laufe des Abendessens veränderten sich ihre Knie. Sie schienen deutlich abzuschwellen und Barbara, aber auch wir anderen waren einfach nur glücklich.

Wir verbrachten den Rest des Abends in einem Karaoke-Lokal, wo wir bis spät in die Nacht sangen und tanzten. Am nächsten Morgen bekam ich von Barbara ein für mich sehr wertvolles Geschenk. Es war das Buch »Auf dem Jakobsweg« von Paulo Coelho. Sie schrieb mir eine persönliche Widmung in Spanisch in das Buch.

Als ich sie fragte, was die Widmung bedeute, erzählte sie mir von einer ihrer Begegnungen auf ihrem Jakobsweg: »Auf dem Weg gibt es an jeder Ecke Wunder zu sehen. Ich bin einmal einige Tage mit einem älteren Spanier zusammen gewandert. Obwohl wir keine gemeinsame Sprache sprachen, haben wir uns dennoch verstanden.«

Als wir aus Budapest abreisten, fiel mir der Abschied schwer, denn zwischen Barbara und mir war ein Band der Freundschaft entstanden. Da an dem letzten Abend so viel passiert war, entschieden sich Toni und Andreas, nicht wie eigentlich geplant, das Flugzeug zurück nach Deutschland zu nehmen, sondern mit mir zusammen im Wagen zu fahren. Ich war von den Geschehnissen noch derart beeinflusst, dass ich mich nach hinten setzte und meine Kollegen fahren ließ.

Als ich anfing in dem Buch, das mir Barbara geschenkt hatte, zu lesen, merkte ich, dass ich doppelt beschenkt wurde. Es war nicht allein das Buch, sondern vielmehr schien ich eine neue Gabe erhalten zu haben. An einigen Stellen wurden wichtige Worte, Passagen, die einer besonderen Wahrheit oder Realität entsprachen, besonders hervorgehoben. Wenn ich im Buch las, bekam ich an manchen Textstellen diese Gänsehaut am ganzen Körper. Sie erzeugte bei mir ein Gefühl von tiefer Überzeugung und Gewissheit. Diese Gabe half mir seitdem oft, Dinge besser zu verstehen und einzuordnen.

In der Begegnung mit Barbara und den gesammelten Erfahrungen wurde bei mir ein kleines Samenkörnchen gesetzt. Ich spürte seit dieser Begegnung den Drang, selbst auf den Jakobsweg zu gehen, hatte aber andererseits sehr großen Respekt davor. Ich war schließlich deutlich übergewichtig und darüber hinaus viel zu untrainiert, um mich dieser sportlichen Herausforderung zu stellen. Außerdem hatte ich keine Lösung für mein anderes Problem. Ich war schließlich Geschäftsführer und ich konnte unmöglich über einen längeren Zeitraum Urlaub machen. Ich versuchte den Jakobsweg zu verdrängen und redete mir lange ein, dass es mir wahrscheinlich genauso schmerzvoll ergehen würde wie damals Barbara.

Es vergingen ein paar Monate, ohne dass ich weiter an den Jakobsweg dachte. In der Firma bekamen einige wenige Menschen mit, dass ich eine Veränderung durchmachte. Ich merkte, dass ich von den jüngeren bzw. gerade frisch eingestellten Mitarbeitern anders wahrgenommen wurde. Im Gegensatz zu den älteren oder schon länger bei uns beschäftigten Mitarbeitern zeigten sie mir gegenüber keine Angst. Niemand von ihnen ging mir aus dem Weg.

Zum Ende des Jahres 2005 behandelte ich nunmehr regelmäßig Menschen. In dieser Zeit konnte ich mehr und mehr Veränderungen bei mir wahrnehmen. Immer häufiger ließ ich meine eigenen Gefühle zu und handelte auch anderen gegenüber respekt- und gefühlvoller. Dies schien jedoch von allein zu passieren. Ich hatte mich nicht bewusst entschieden, mich zu verändern. Es fühlte sich einige Zeit zwar ungewohnt, jedoch sehr gut an. Das spürten offenbar auch die Mitarbeiter in der Firma und ich genoss eine neue Form der Ruhe und Gelassenheit.

Ich träumte auch wieder intensiver. Dabei fand ich mich oft auf dem Jakobsweg wieder. Diese Träume wurden in den nächsten Monaten so intensiv, dass ich bald auch tagsüber kaum noch an etwas anderes denken konnte.

Aber ich hatte ja gar keine Zeit, mich auf den Weg zu machen. Und ganz sicher spielte auch die Angst vor den Strapazen eine Rolle, weshalb ich noch nichts unternommen hatte, um mich fundiert über den Weg zu informieren. Christel und ich hatten ohnehin für den Sommer wieder die Leitung des katholischen Ferienlagers auf Ameland übernommen. Trotz alldem ließen mich die Gedanken an den Jakobsweg nicht los.

Eines Tages entschloss ich mich, mir Rat bei Sabine zu holen. Ich hatte sie über David und Beate kennengelernt. Sie war eine tolle Heilpraktikerin, der ich vertraute und die mir vor einiger Zeit mit Akupunktur sehr geholfen hatte. Sabine war überdies ein Schreibmedium. Vor einigen Monaten hatte sie für mich eine sehr bewegende Botschaft von einem Aufgestiegenen Meister namens Hilarion erhalten. In dieser Botschaft ging es darum, mutig seinen Weg zu gehen, auch wenn zunächst alles dagegen zu sein scheint. In einer Weise wurde mir in dieser Botschaft die Situation, in der ich jetzt steckte, schon vorhergesagt.

Als ich nun bei ihr war und wir uns ansahen, sprudelten plötzlich alle Gefühle aus mir heraus und ich weinte haltlos. Ich wusste nun, dass ich nicht länger warten durfte und dass ich, anstatt nach Ameland zu fahren, auf den Jakobsweg gehen sollte.

Sabine versuchte mich zu trösten und mir Mut zu machen und sagte zu mir: »Mach dir keine Sorgen, alles wird sich fügen.«

Mit gemischten Gefühlen fuhr ich nach Hause. Ich hatte keine Ahnung, wie ich Christel erklären sollte, dass ich nicht mehr mit nach Ameland ins Ferienlager fahren würde. Ich fühlte mich schuldig, weil ich sie im Stich lassen wollte, und ich hatte große Angst, es ihr zu sagen. Als ich zu Hause ankam, kümmerte sich Christel gerade um die Bügelwäsche. Ohne dass ich ein Wort sagte, schaute sie mich liebevoll an und meinte dann: »Ich weiß, du fährst nicht mehr mit nach Ameland. Du gehst auf den Jakobsweg!«

Ich war verdutzt. »Woher weißt du das?«

»Ich habe es gespürt«, lächelte sie.

»Und, bist du damit einverstanden?«, fragte ich vorsichtig.

»Jeden Tag redest du von deinem Traum, auf den Jakobsweg zu gehen. Du solltest wirklich gehen, ich kriege das auf Ameland schon allein hin.«

Mir fiel ein Stein vom Herzen.

Als sich einige Tage später das Betreuerteam von Ameland zu seiner letzten Sitzung vor dem Ferienlager traf, entschied ich mich, entgegengesetzt zu meinem ursprünglichen Plan, eine berufliche Ausrede zu präsentieren, spontan dazu, allen die Wahrheit bezüglich des wahren Grundes meines Ausscheidens zu nennen. Ich starrte in entgeisterte Gesichter. Einige von ihnen konnten weder verstehen noch glauben, als ich ihnen erzählte, was mir in den letzten Monaten passiert war. Vielleicht lag es bei manchen auch nur daran, dass sie nicht recht glauben konnten, dass der dicke Michael auf eine 800 km lange Wanderung ging.

Auf wundersame Weise lösten sich alle Probleme wie von selbst auf, als ich mich nun endlich dazu durchgerungen hatte zu gehen. Toni und Andreas hielten mir in der Firma den Rücken frei, und so brach ich wenige Tage später auf, um auf den Jakobsweg zu gehen. Obwohl es nach meiner gedanklichen Vorstellung ziemlich unvernünftig war, hatte ich mich auch bis zum Beginn der Reise nicht sonderlich informiert bzw. mir einen Reiseführer gekauft. In meinen Träumen hieß es immer, ich solle einfach losgehen. Der Weg würde auf mich warten und mich tragen. Ich hatte keine Ahnung, was das genau bedeutete, ich verließ mich darauf, dass schon alles gutgehen würde.

David, der mittlerweile zu einem Freund geworden war, brachte mich zum Flughafen, von wo aus es nach Biarritz in Frankreich ging. Nach einer idyllischen Bahnfahrt erreichte ich am frühen Abend das 50 km entfernte Saint-Jean-Pied-de-Port. Das Städtchen, das an der Grenze zu Spanien liegt, markiert den Endpunkt des französischen Jakobsweges Via Podiensis und den Beginn des Camino Francés und ist Ausgangspunkt für die Überquerung der Pyrenäen.

Ich meldete mich bei einem Jakobsbüro an und erhielt meinen Jakobsausweis. Außerdem kaufte ich mir eine Jakobsmuschel, mit der Pilger traditionell ihren Rucksack verzieren. Für die erste Nacht hatte ich sicherheitshalber bereits von zu Hause aus ein Hotel gebucht und begab mich gleich dorthin.

Da mein Reiseführer, den ich mit dem Jakobsausweis bekommen hatte, nur aus einem einzigen DIN-A4-Blatt bestand, auf dem lediglich die Namen der Orte mit Refugios, die zu bewältigenden Höhenunterschiede und Entfernungen standen, und es im Hotel erst ab 8 Uhr Frühstück gab, startete ich am nächsten Morgen leider viel zu spät. Als ich in der Kirche eine Kerze für einen guten Weg anzündete, teilte man mir mit, dass alle anderen Pilger bereits vor 2 Stunden gestartet waren. So machte ich mich also allein auf den Weg. Kaum war ich gestartet, ging es bereits steil nach oben. Ich konnte noch das Stadttor sehen, da war ich bereits fix und fertig. Mein untrainierter Körper und mein drastisches Übergewicht – ich wog zu der Zeit über 150 Kilogramm – forderten ihren Tribut. Der Weg ging erbarmungslos weiter aufwärts und die fehlende Kondition brachte mich an diesem Tag sehr oft an den Rand der Verzweiflung. Mehr als einmal war ich geneigt zurückzugehen, aber wiederholt sagte mir eine innere Stimme: »Vertraue!«

Nach gut einer Stunde und mehreren kurzen Pausen hatte ich die Stadt endgültig hinter mir gelassen und eine landwirtschaftliche Straße führte an Wiesen und einer Allee von Bäumen immer weiter nach oben. Die Wäsche, die ich trug, war mittlerweile vom Schweiß völlig durchnässt. Mit steigender Müdigkeit bekam ich zudem Kopfschmerzen. Der Zweifel, ob ich es überhaupt schaffen könnte, wuchs. Ich kämpfte mich vorwärts, indem ich mir kleine Ziele steckte. Jedes Mal, wenn ich einen Baum der Allee erreicht hatte, nahm ich mir vor, zumindest noch den nächsten zu erreichen, bevor ich aufgab oder zusammenbrach. Wenigstens spielte das Wetter mit. Es war bedeckt und deshalb nicht zu warm. Nach 3 Stunden erreichte ich die erste Zwischenstation. Ein Holzhaus, das als Herberge Zelte anbot und das ein kleines Café und Restaurant unterhielt. Der Mann hinter der Theke musterte mich und fragte, was ich trinken wolle. Ich entgegnete: »Einen Kaffee bitte.«

Er schüttelte leicht den Kopf und sagte trocken in fast akzentfreiem Deutsch: »Einen Kaffee gebe ich dir, wenn du das Wasser getrunken hast.«

Er stellte mir eine Flasche Wasser und ein Glas hin. Er schaute in meine Augen: »Du bist total ausgetrocknet. Du musst viel mehr trinken, weil du zu viel Flüssigkeit ausschwitzt. Es wäre besser, wenn du über Nacht bleibst, du bist sehr spät dran, um über den Gipfel zu gehen und noch zeitig Roncesvalles zu erreichen.«

Nachdem ich artig Wasser und meinen Kaffee getrunken hatte, entschied ich mich aber doch, weiterzugehen, denn es war schließlich gerade erst Mittagszeit, und eine Nacht im Zelt fand ich nicht so erstrebenswert.

Auf Anraten von Jakob, dem Hüttenwirt, nahm ich noch eine Flasche Wasser mit, denn ich hatte gemerkt, dass meine Kopfschmerzen verschwunden waren, sobald ich wieder genug Flüssigkeit in mir hatte. Ich ging also frisch gestärkt los und hatte das Gefühl, mein Akku war wieder voll aufgeladen. Dass dies leider nicht so war, merkte ich ziemlich bald, denn nachdem ich ein Hochplateau durchwandert hatte und es wieder steiler bergauf ging, schwanden meine Kräfte sehr schnell. Jetzt wurde auch das Wetter schlechter und ich irrte teilweise in dichten Wolken und suchte den nächsten Hinweis auf den mit der Jakobsmuschel gekennzeichneten Weg. Ich erkannte zunehmend die Gefahr, denn ich war völlig fertig. Jakob hatte wohl recht gehabt.

Ich hatte mich bereits zweimal komplett umgezogen, weil ich durch den Wetterumschwung und die schweißdurchnässte Wäsche nun auch noch fror. Ich bekam Angst, denn mittlerweile war es bereits später Nachmittag und eine Nacht in den Bergen, ohne Schutz in durchnässten Klamotten, war sicherlich nicht ungefährlich. Ich hatte kaum noch Kraft, den nächsten Schritt zu gehen. Meine Wasservorräte waren zudem aufgebraucht und in mir spürte ich Panik hochsteigen.

Auf einer Almwiese kam ich vor Kraftlosigkeit ins Stolpern und fiel der Länge nach hin. Ich hatte nicht einmal mehr genug Kraft, wieder aufzustehen bzw. meinen Rucksack abzulegen. So blieb ich einfach auf der Seite liegen und hoffte, dass ich nach einigen Minuten zumindest wieder genug Kraft sammeln würde, um aufzustehen. Die aufsteigende Angst ließ mich zur heiligen Mutter Gottes beten, vor deren Bild ich heute Morgen noch eine Kerze geopfert hatte. Ich betete in meinen Worten und dann spürte ich, wie sich eine unwahrscheinliche Ruhe in mir ausbreitete. Alle Angst verlor sich und es umgab mich so viel Frieden, wie ich ihn noch nie gespürt hatte. Gleichzeitig sah ich hinter meinen geschlossenen Augen eine von strahlend weißem Licht umgebene hellblaue Gestalt. Auch wenn ich das Gesicht nicht sah, war ich augenblicklich berührt von der unermesslichen Liebe und ich spürte in jeder Zelle meines Körpers die Anwesenheit der heiligen Mutter Maria. Das hellblaue Licht wurde immer größer und wenige Augenblicke später hatte ich das Gefühl, es würde mich komplett einhüllen.

In meinem Inneren formten sich Worte, von denen ich wusste, dass sie Ausdruck dessen waren, was die heilige Mutter Jesu zu mir sprach: »Die Kraft ist in dir, steh auf und geh deinen Weg. Gehe deinen Weg.«

Als ich dies vernahm, spürte ich eine ungeheure Kraft in mich einfließen. Nach wenigen Minuten konnte ich wieder aufstehen und meinen Weg fortsetzen. Obwohl ich danach wie in Trance zu laufen schien und mir das alles so unwirklich vorkam, hatte ich zeitweise das Gefühl, wie gezogen zu werden. Dennoch brach ich noch zwei Mal vor Erschöpfung zusammen. Doch jedes Mal erlebte ich erneut das Geschenk neuer Kraft und Stärke durch das wunderbar kraftvolle hellblaue Licht.

Es war bereits früher Abend, als ich endlich den höchsten Punkt hinter mir gelassen hatte und es bergab ging. Nun wurde auch das Wetter besser und ich fand eine Wasserstelle für Pilger. Einige Minuten später holte ich das Ende der Gruppe ein, die schon ganz früh am Morgen gestartet war. Jetzt fühlte ich mich von den Strapazen beinahe erlöst und entschied mich nun sogar, den steil talwärts führenden Waldpfad zu nehmen statt des längeren, aber bequemeren Serpentinweges. Der Abstieg war wirklich sehr steil und ich bereute schon meine Kühnheit, als ich auf einen muskulösen Kanadier traf, der einer jungen Chinesin, die gestürzt war, half. Sie hatte sich eine Bänderverletzung zugezogen. Er sagte, er würde sie heruntertragen, und fragte mich, ob ich ihren Rucksack mitnehmen könne. So kletterten wir beide den restlichen Weg hinunter, wobei ich zweifellos den leichteren Job hatte. Am Fuß des Berges setzten wir sie bei ihrer chinesischen Wandergruppe ab, die sich bereits Sorgen um sie gemacht hatte.

Erst gegen 20 Uhr erreichte ich schließlich Roncesvalles, wo ich ein hotelähnliches Zimmer im Kloster bezog, weil die Herberge restlos belegt war. Als ich nach dem für Pilger wohl bestens bekannten

Ritual – Wäsche waschen – total erschöpft auf dem Bett lag, wurde mir noch einmal bewusst, in welcher Gefahr ich heute geschwebt hatte. Als ich die Augen schloss, umfing mich noch einmal das hellblaue Licht und ich fühlte in mir eine grenzenlose Sicherheit und Liebe. Ich wusste, Maria, die heilige Mutter, würde bei mir sein, egal was auch passiert.

Dieser besondere Tag, es war der 22. Juni 2006, war der Beginn meiner bis zu diesem Zeitpunkt wundervollsten Reise überhaupt. Ich hatte an diesem Tag 27,2 km zu Fuß zurückgelegt und dabei einen Höhenunterschied von 1200 m bewältigt – 1200 m hinauf und 700 m wieder hinunter.

In den folgenden Tagen meiner Wanderung auf dem Camino traf ich sehr viele unterschiedliche Menschen. Oft behandelte ich einige von ihnen, weil sie krank oder verletzt waren. Ich machte außergewöhnliche Erfahrungen und bekam wunderbare Geschenke. Ich erlebte, dass wildfremde Menschen sich mir öffneten und auch ich konnte ohne Scham und Angst über die Dinge reden, die mich bewegten und beschäftigten. Ich hatte das Gefühl, als coachten sich die Menschen auf diesem Weg gegenseitig, ohne den anderen zu bewerten. Das machte es mir viel leichter, mich zu öffnen und neue Sichtweisen zu erkennen. Ich traf Menschen, die es schafften, mich mit wenigen Worten wieder aufzubauen, wenn ich schwach war. Außerdem bekam ich mehr Mut, zu meiner Aufgabe und meinen Fähigkeiten zu stehen, und ich behandelte mehr und mehr ohne Angst davor, etwas falsch zu machen.

Ich führte auf meiner Wanderung ein kleines Tagebuch, in dem ich für mich wichtige Begebenheiten in Stichpunkten aufschrieb. Über einige für mich ganz besondere Begebenheiten und Begegnungen möchte ich an dieser Stelle berichten.

Eine besondere Begegnung

Am Vormittag des 8. Tages meiner Reise erreichte ich die Stadt Viana in der Provinz Navarra. Trotz meiner Erschöpfung genoss ich den Anblick dieser wunderschönen Stadt bereits von weitem. Diese Stadt ist sehr anmutig und liegt auf einem Hügel. Rundherum führen kleine Straßen, auf denen man um den Stadtkern herumwandern kann. Viele alte Gebäude verleihen dieser Stadt ihr ursprüngliches Aussehen. Der Jakobsweg führt über enge Gassen zu einem Marktplatz, der von Häusern aus Sandstein umgeben ist. Hier befinden sich auch eine kleine Pilgerherberge in einem Kloster und die Kirche.

Jeden Morgen nach dem Aufstehen musste ich zuerst meinen Muskelkater bekämpfen. Wenn ich dann eingelaufen war, verlor sich der Schmerz, doch leider setzte nach kurzer Zeit die Kraftlosigkeit ein. Jeder Schritt, vor allem wenn es bergauf ging, war mit Gliederschmerzen verbunden und machte den Weg zur Strapaze. In diesen Momenten meldete sich oft mein Ego, das mich zum Aufgeben überreden wollte. Viele Pausen waren notwendig, weil ich einfach körperlich am Ende war.

Doch heute hatte ich zum ersten Mal das Gefühl, trotz Erschöpfung den Weg zu genießen. Ich war an diesem Morgen sehr früh gestartet und suchte mir ein nettes Straßencafé, um mich auszuruhen und mich mit einem schönen zweiten Frühstück zu belohnen. Als ich zufrieden meinen Kaffee schlürfte, bekam ich plötzlich einen Krampf im Oberschenkel. Es fühlte sich an wie eine Zerrung und tat höllisch weh, sobald ich mich bewegte. Ich konnte gar nichts dagegen machen. Ich versuchte aufzustehen und zu gehen, doch jeder Schritt schmerzte.

»Was soll das denn jetzt?«, entfuhr es mir.

Es war doch verrückt! Bis vor ein paar Sekunden hatte ich noch das Gefühl, dass der Tag super lief, und dann so was! Ich humpelte zurück zu meinem Tisch und setzte mich wieder hin. »Vielleicht geht es gleich wieder weg, wenn ich noch ein bisschen hier sitzenbleibe«, dachte ich und bestellte mir noch einen Kaffee.

Ich massierte meinen Oberschenkel und versuchte mich selbst mit Energie zu behandeln, doch es half überhaupt nicht.

Mittlerweile war es kurz vor Mittag und ich musste langsam einsehen, dass es keinen Sinn hatte, weiterzulaufen. Mein linkes Bein konnte ich nicht mehr belasten.

Ich beschloss, mir hier eine Unterkunft zu suchen und bis zum nächsten Morgen zu bleiben, in der Hoffnung, dass die Schmerzen dann wieder verschwunden sein würden. Ich stand auf und bewegte mich im Schneckentempo vorwärts.

Ganz in der Nähe gab es ein Refugio, vor dem bereits an einer Mauer einige Pilger warteten. Die Eingangstür war noch verschlossen. Ich humpelte langsam zur Mauer und stellte mich in die Reihe der Wartenden. Die nächsten 20 Minuten verbrachte ich schweigend. Ich war viel zu sehr mit mir und meinen Schmerzen beschäftigt, als dass ich große Lust auf Konversation hatte.

Dann wurde die Tür des Refugios geöffnet. Vor mir in der Schlange stand eine schlanke blonde Frau, die nun aus der Reihe heraustrat und sich auf die Treppenstufen an der Seite setzte, um ihre Wanderstiefel auszuziehen. Die Schlange bewegte sich weiter und die Frau wäre als Nächste an der Reihe. Ich bedeutete ihr halb auf Deutsch und mit Handbewegungen, dass es ihr Platz sei. Sie entgegnete lächelnd ebenfalls auf Deutsch, ich solle vorgehen, sie komme gleich nach. Ich checkte ein, holte mir den Stempel für meinen Pilgerpass, bezahlte und machte mich dann auf den Weg Richtung Zimmer.

Bevor ich mich die Treppenstufen hochschleppte, deponierte ich meine Wanderschuhe in einem separaten Raum im Erdgeschoss. Das kam dem Raumklima in den Schlafräumen sicher sehr entgegen.

Danach schleppte ich mich die Treppenstufen hoch und spürte dabei, wie meine Schmerzen im Bein nachließen. Als ich oben am

Treppenabsatz angekommen war, war die Zerrung völlig verschwunden und ich konnte wieder auftreten und laufen wie zuvor.

»Das gibt's doch nicht!«, dachte ich erstaunt.

Von Anfang an war ich sicher gewesen, dass ich diese Zerrung nicht zufällig bekam, doch ich konnte mir keinen Reim drauf machen, was es zu bedeuten hatte. Ich bekam keine Intuition dazu. Und nun waren die Schmerzen komplett verschwunden, als wäre nichts gewesen.

Ich überlegte, dass ich ja nun eigentlich weiterlaufen könnte. Es war noch recht früh am Tag, gerade erst Mittag, so dass ich gut noch einige Kilometer schaffen konnte. Die 6 EUR, die ich für den Schlafplatz bezahlt hatte, waren mir dabei egal. Doch eine innere Stimme sagte, ich solle bleiben.

Die blonde Frau kam die Treppe hoch. Wir hatten denselben Schlafraum zugewiesen bekommen. Darin standen drei Etagenbetten mit jeweils drei Schlafstellen übereinander. Wir waren die Ersten in dem Zimmer.

»Ach, da haben wir ja Glück. Dann können wir die Betten unten nehmen und müssen nicht nach oben klettern«, bemerkte die Frau, die sich als Annette vorstellte.

Wie ich da in meinen verschwitzten Wanderklamotten auf dem Bett saß, war ich weiter hin- und hergerissen. Mein Verstand sagte: »Geh weiter«, mein Herz sagte: »Bleib hier.«

Dann verwickelte mich Annette in ein Gespräch und erzählte, dass sie aus der Nähe von Köln komme und Grundschullehrerin sei. Ich fragte sie, warum sie auf dem Jakobsweg sei, und sie erzählte mir ihre Geschichte. Sie sei total unzufrieden mit ihrem Leben und sehe keinen Sinn mehr in dem, was sie tue. Sie erfahre nur Mobbing und die Lehrer würden immer mehr dazu getrieben, sich nicht mehr auf die Kinder zu konzentrieren, sondern hauptsächlich auf den Lehrplan.

»Früher habe ich noch zusammen mit den Kindern das Klassenzimmer geschmückt, damit sich alle dort wohlfühlen«, berichtete sie, «doch das wollten meine Lehrerkollegen nicht, weil dann die anderen Eltern ihr Kind auch lieber in dem Klassenraum haben wollten, weil der ja viel schöner gestaltet war. Wegen solcher Sachen ecke ich an vielen Stellen an.«

Sie wirkte sehr unglücklich und ich hörte ihr weiter aufmerksam zu. »Ich habe Schmerzsymptome, Rheuma und was nicht noch alles«, fuhr sie fort. »Durch mein Interesse zur Spiritualität ist mir klar geworden, dass meine Krankheiten damit zusammenhängen, dass ich etwas mache, was nicht mehr meins ist. Wenn ich jedoch den Job hinschmeiße, verliere ich meine Beamtenpension. Auf dem Jakobsweg bin ich nun, um Erkenntnis zu erlangen, was ich machen soll.« Nach einer kleinen Pause fragte sie mich: »Und warum bist du auf dem Weg?«

Ich erzählte ihr meine Geschichte und ein paar Minuten später saßen wir beide in dem Zimmer auf unseren Betten und weinten. Durch das Erzählen kamen wir beide so ins Gefühl, dass die Tränen ordentlich kullerten.

»Du, was hältst du davon, wenn wir uns erst mal frisch machen und dann zusammen einen Kaffee trinken?«, schlug Annette vor.

Zum täglichen Ritual auf dem Jakobsweg gehört es, dass man nach Ankunft im Refugio als Erstes duscht, seine Wäsche wäscht, sie aufhängt, damit sie am nächsten Morgen wieder trocken ist, und seine zweite Garderobe anzieht.

So saßen wir eine halbe Stunde später frisch geduscht in einem gemütlichen Straßencafé am Marktplatz von Viana. Meine Zerrung und der Gedanke, heute noch weiterzulaufen, waren vergessen.

Wir redeten über Gott und die Welt und dann erzählte ich ihr Dinge über sie, die ich eigentlich gar nicht wissen konnte. Aber sie waren mit einem Mal da. Ich wusste Bescheid über ihr Verhältnis zu ihrem Vater, kannte ihre innersten Gefühle und ich hatte Erkenntnisse, warum Annette ihre Krankheiten hatte. Ich konnte ihr sogar sagen, welche Farben die Krawatten ihres Vaters hatten.

Es war unglaublich.

»Woher kannst du all das wissen? Wir kennen uns doch gar nicht!«, bemerkte sie erstaunt.

Darauf konnte ich ihr keine Antwort geben, denn ich war selbst ganz perplex. Durch meine Worte kam sie so sehr ins Gefühl, dass sie mir unter Tränen von ihrem schwierigen Verhältnis zu ihren Eltern erzählte. Irgendetwas hatte sich in ihr gelöst, etwas, von dem sie später vermutete, dass ihr körperlicher Schmerz damit verbunden gewesen war.

Am Nachmittag spazierten wir durch die engen Gassen von Viana und unterhielten uns über das, was uns bewegte. Dabei vermittelten wir uns gegenseitig eine neue Sichtweise auf die jeweilige Situation des anderen. Von meiner Zerrung war den ganzen Tag nichts mehr zu spüren. Nach einem gemütlichen Abendessen in einem Restaurant in der malerischen Stadt übernachteten wir gemeinsam mit sieben anderen Pilgern in unserem Zimmer im Refugio.

Am nächsten Morgen ergab es sich automatisch, dass wir zusammen weitergingen. Schließlich hatten wir den gleichen Weg.

Die nächsten zwei Wochen wanderten Annette und ich zusammen. Sie erzählte mir weiter aus ihrem Leben und auch ich erzählte ihr sehr persönliche Dinge aus meinem Leben. Es entwickelte sich eine große Offenheit zwischen uns und ich fühlte großes Vertrauen und gegenseitige Wertschätzung.

Während dieser Zeit behandelte ich sie immer wieder und es ging ihr nach und nach wesentlich besser.

Einmal saßen wir in einem Waldstück und aßen Brot und Käse. Wir sprachen über ihren Job und dass dieser sie niemals mehr glücklich machen würde.

»Du kannst dem Universum vertrauen«, begann ich. »Auch wenn du auf deine Beamtenpension verzichten musst, es wird bestimmt eine andere Lösung geben. Das Universum wird schon dafür sorgen.«

»Aber wie soll ich das machen ... dem Universum vertrauen? Ich fühle mich oft einfach nur alleingelassen.« Doch ich war felsenfest überzeugt und mein Vertrauen war riesengroß, dass das Universum für sie alles zum Guten richten würde. Aus meiner Intuition heraus sagte ich ihr: »Es ist wichtig, dass du in dir Hoffnung hast. Vertrauen entsteht aus Hoffnung und die kannst du nicht auf andere delegieren. Wenn du in der Hoffnung deinen neuen Weg gehst, die Hoffnung sozusagen ständig in deinem Inneren entstehen lässt, wenn du sie in dir fühlst, dann wird deine Hoffnung und Zuversicht auch belohnt.«

Annette nahm diese Worte sehr nachdenklich auf und arbeitete ab diesem Moment an ihrer positiven Überzeugung und an ihrer Zuversicht.

Unsere vielen langen Gespräche stärkten ihre Erkenntnis, dass ihr Beruf sie nur noch kranker machen würde und es die beste Entscheidung wäre, den Job aufzugeben und etwas zu finden, was ihr Spaß machte.

Erst viel später wurde mir klar, dass wir für unsere eigene Situation meistens Scheuklappen tragen, während wir bei anderen eine wundervolle Rundumsicht haben. Unsere Wahrnehmung ist in Bezug auf andere Menschen oft völlig anders als bei uns selbst.

Wir wanderten weiter, unterhielten uns dabei auch über unsere Partnerschaften und bearbeiteten die Probleme und Spannungen, die in unseren Ehen herrschten. Langsam begriffen wir immer mehr, dass die Probleme, die wir hatten, nicht nur die unserer jeweiligen Partner, sondern vor allem unsere eigenen waren.

Noch nie zuvor konnte ich mich einem Menschen so rückhaltlos öffnen. Wir kamen uns immer näher und ich empfand die Momente der Nähe als großes Geschenk der Zärtlichkeit. Ich genoss das Gefühl, dieser Frau nicht unausstehlich und abstoßend zu sein. Sie war eine so tolle und hübsche Frau. Bis zu dieser Begegnung hatte ich noch nie ein Zusammensein mit so viel Ehre und Wertschätzung erlebt. Meine Gefühle überschlugen sich. Ich stellte mein bisheriges Leben in Frage, bekam jedoch ambivalente Gefühle als Antwort. Ich begriff, dass der Jakobsweg ein wundervoller Ort zur inneren Begegnung ist, dass jedoch mein Leben aus ganz vielen verschiedenen Verbindungen und Dingen besteht, die wichtig sind. Jedes einzelne Element erzeugt Gefühle. Ich wurde mir bewusst, dass viele davon wundervoll waren. Einige sind problematisch, sie sind sozusagen mein Problem. Sie sind pro = für mich da. Ich kann durch diese Gefühle lernen. Und sei es nur, damit umzugehen. Zwei Tagesmärsche von León entfernt wurde mir bewusst, dass ich mich unmerklich in vielen Dingen meinem alten Leben entzogen hatte und dass ich mich entscheiden musste, ob ich diesen Weg wirklich so weitergehen wollte. Mir wurde klar, dass ich vieles aus meinem alten Leben nicht zurücklassen wollte und dass meine Frau Christel mir sehr viel bedeutete. Mir wurde klar, dass ich die gerade erst gewonnenen Erkenntnisse nutzen wollte, um meine Ehe zu retten. Ich entschied mich noch am selben Tag, den weiteren Weg allein zu gehen und mich von Annette in Frieden und Ehre zu trennen. An diesem Abend weinten wir wieder zusammen. Wir hatten uns gefunden, um dem anderen zu helfen, dem anderen Halt und Stütze zu sein. Welche Gefühle uns mittlerweile verbanden, merkten wir so deutlich beim Abschied. Ich setzte mich dennoch in den Zug und fuhr voraus nach León, Annette blieb zwei Tagesmärsche hinter mir.

Ein Jahr später besuchte ich Annette und wir redeten über unsere Zeit auf dem Jakobsweg. Keiner von uns bereute unsere gemeinsamen Erfahrungen. Wir waren uns einig, es ist immer schlecht, einen Partner einfach für einen anderen zu verlassen, in dem Glauben, dass der neue einem mehr geben kann. Die Probleme bleiben meist die gleichen, solange sie nicht in einem selbst gelöst sind. Sie werden zwangsläufig mit in die neue Partnerschaft getragen und zeigen sich früher oder später auch dort.

Übrigens hatte Annette einige Zeit nach der Rückkehr vom Jakobsweg ihre getroffene Entscheidung umgesetzt und ihre Beamtenstellung als Lehrerin gekündigt, um eine eigene Nachhilfe-Praxis für Kinder zu eröffnen. Sie gibt heute außerdem Seminare in Pilates und verschiedenen ganzheitlichen Behandlungsweisen. Gesundheitlich geht es ihr heute viel besser und sie fühlt sich wohl mit ihrer Arbeit.

Annette war für mich eine ganz besondere und tolle Frau, von der ich viel lernen durfte. Sie hat mich gelehrt, dass Mut und positives Denken selbst größte Widerstände auflösen können.

Pilger in Not

Als ich in León ankam, hatte ich immer noch mit meinen Gefühlen zu kämpfen. Zu der Traurigkeit über den Abschied von Annette kam jetzt auch noch die mir bekannte Einsamkeit dazu. Ich versuchte mich abzulenken und wollte mir in Ruhe die beeindruckende Stadt León ansehen. So zog ich vom Bahnhof mit meinem 13-kg-Rucksack und den Nordic-Walking-Stöcken los. Auf dem Plaza de Regla besichtigte ich die beeindruckende Kathedrale und genoss eine Cerveza con limón (Bier mit Zitronensprudel) in einem Café in der Nähe. Gegen Abend wollte ich mit dem Zug noch eine Station weiterreisen. Deshalb machte ich mich gegen Mittag auf, um wieder zurück zum Bahnhof zu laufen. Unterwegs kaufte ich mir noch etwas Baguette und Käse. Am Morgen hatte ich auf dem Weg zur Kathedrale am Rande des Flusses Rio Bernesga einen kleinen Park entdeckt. Hier gab es viele Bäume, die in der Mittagshitze angenehmen Schatten spendeten. In der Mitte eines Platzes aus hellem Schotter befand sich ein kleiner malerischer Springbrunnen aus grauem Stein. Das Wasser in ihm war glasklar und maximal knietief. Am Rande dieses Platzes standen Bäume und unter ihnen rundherum um den Brunnen 12 Bänke. Eine Bank war noch frei, und voller Vorfreude auf mein Mittagessen breitete ich mich dort aus. Den Rucksack stellte ich neben mich auf die Bank. Nachdem ich Baguette und Käse ausgepackt hatte, bereitete ich mir mit Hilfe meines Taschenmessers mein einfaches Mittagsmahl. Außer den zuvor gekauften Lebensmitteln hatte ich nur noch eine Flasche Wasser. Da mein Rucksack sowieso schon schwer genug war, hatte ich mir angewöhnt, Lebensmittel passend für meinen Verzehr zu kaufen oder nach Möglichkeit in Restaurants oder Cafés zu essen. Der Park war mit Menschen gut gefüllt. Überall hatten sie es sich unter Bäumen oder auf Bänken in der Nähe gemütlich gemacht. Ich sah viele Menschen in Anzügen, die wohl in der Mittagszeit aus ihren Büros hierher geflüchtet waren. Ich genoss die Ruhe, die trotz der vielen Menschen herrschte.

Plötzlich wurde die Gemütlichkeit jäh unterbrochen, als ein ziemlich verwegener Mann auftauchte, der offenbar völlig neben sich stand. Es war ein Pilger, was unmissverständlich an seinem Pilgerstab zu erkennen war. Der große, kräftige Mann lief zum Brunnen und schleuderte hasserfüllt mit voller Wucht eine Tragetasche, die er bei sich trug, ins Wasser des Brunnens. Das Wasser spritzte in großem Bogen heraus. Genau in dem Moment ging ein Mann im Anzug an der Stelle vorbei und bekam die ganze Ladung des Wassers ab. Der Mann schrie auf. Zuerst wohl mehr vor Schreck, dann zunehmend aus Verärgerung. Es wäre fast zu einer Schlägerei zwischen den beiden gekommen, weil der Büromensch nun klitschnass und sehr aufgebracht war. Doch zum Glück beruhigte sich die Situation bald wieder, denn der Pechvogel merkte, dass er bei dem Verursacher nichts ausrichten konnte, denn dieser war von stattlicher Größe und außerdem zeigte er deutlich mit einer Handbewegung, dass ihm alles völlig egal war. Auf Spanisch fluchend zog der Gepeinigte triefend ab. Der Pilger indes stieg kurzerhand mit einem Bein in den Brunnen und fischte die Tasche wieder aus dem Wasser. Aus der Tüte zog er eine Dose Bier und leerte sie in wenigen Zügen. Dann sah er sich suchend um.

Es saßen neben Familien mit Kindern und anderen Menschen auch einige andere Pilger auf den Bänken verteilt, doch dieser unangenehme Mensch steuerte ausgerechnet auf mich zu. Er fragte mich auf Deutsch, ob er sich zu mir auf die Bank setzen dürfe. Na toll, er war auch noch Deutscher.

Eigentlich wollte ich ihn gar nicht näher kennenlernen. Er sah von nahem noch furchterregender aus. Er hatte einen ungepflegten braunen Bart und trug eine kurze Hose und ein ärmelloses T-Shirt. Ich musste mir eingestehen, dass ich aufgrund seiner Aggressivität sogar Angst vor ihm hatte. Ich bot ihm dennoch oder gerade wegen meiner Angst einen Platz an und war froh, dass mein Rucksack noch zwischen uns stand.

Auch hier begegnete ich mal wieder meiner Angst. Aber das Universum hatte anscheinend einen Plan und uns beide hier zusammengebracht. Auf dem Camino habe ich übrigens viele Menschen kennengelernt. Das passierte alles irgendwie von alleine. Auf dem Jakobsweg passiert immer alles irgendwie von allein, genau wie im Leben, nur hier wird es einem viel bewusster. Man braucht nichts dafür zu tun.

Der Mann setzte sich auf die Bank und fragte weiter: »Hast du vielleicht auch etwas zu essen für mich?«

Also teilte ich mein Baguette mit ihm und gab ihm auch von dem Käse. Allmählich kamen wir ins Gespräch und er bot mir eine Dose Bier an, die ich jedoch dankend ablehnte. Es dauerte nicht lange, bis ich mich traute, ihn zu fragen, warum er so aggressiv sei. Er berichtete, man habe ihm vorletzte Nacht im Refugio seinen Rucksack gestohlen. Darin sei seine gesamte Habe und auch sein Pilgerausweis gewesen und die Herbergsleute hätten daraufhin gesagt, ohne Pilgerausweis könne er nicht länger dableiben. »Und mein Geld ist auch weg. Ich habe nur noch meine Sandalen. Schuhe sind weg, Klamotten sind weg; ich habe nur noch das, was ich bei mir trage – und den Stock. Keine Kohle und kein gar nichts. Und ich habe Schmerzen, dass ich bald abdrehe.«

Auch ich brüskierte mich ehrlich darüber, dass jemand einen Pilger bestiehlt. Schlimm, dass es Menschen gibt, die so etwas tun! Dann fragte ich ihn, wieso er Schmerzen habe. Dieser hünenhafte Mann saß neben mir und fing unvermittelt an zu weinen: »Ich weiß nicht mehr, wohin vor Schmerzen!«

Und da war sie wieder – diese Intuition, dass ich ihm mit meiner energetischen Gabe vielleicht helfen könnte. »Was ist los? Wo hast du Schmerzen, wie kann ich dir helfen?«, fragte ich ihn.

Dann zog er seine Sandalen und die Socken aus und zeigte mir seine Füße. Ich erschrak, denn so einen Fuß hatte ich noch nie gesehen – rohes Fleisch. Und das stank, als wenn es faulen würde.

Zum Glück hatte ich eine kleine Reiseapotheke dabei. Es wurde angeraten, diese auf dem Pilgerweg mitzunehmen, doch ich hatte das alles bisher nicht benötigt. Erst im Nachhinein wurde mir bewusst, dass ich diese Energie in mir hatte, die mich schützte und dafür sorgte, dass ich auf dem Weg bis auf die Kraftlosigkeit kerngesund blieb. Ich hatte nicht eine einzige Blase am Fuß und für meine unsportlichen Körpermaße nur sehr wenig Muskelkater.

»Du kannst das alles haben«, sagte ich zu ihm. In meiner Apotheke waren u. a. eine homöopathische Heilsalbe und Schmerzmittel dabei. Dann erzählte ich ihm, dass ich auf dem Jakobsweg sei, weil ich vor gut einem Jahr diese Energie in meine Hände bekommen hatte.

»Mann, kannst du mir helfen? Ich halte das nicht mehr aus. Der Schmerz ist so groß, aber keiner tut hier was für mich.« Er sah mich flehend an.

»Als Erstes waschen wir deine Füße«, war mein erster Gedanke. Auf dem Weg zum Brunnen stiegen für einen Moment Zweifel in mir hoch, ob das richtig war, was ich da machte. Doch es war so viel Dreck in der Wunde und dazu dieser Geruch ... Außerdem kribbelten meine Hände. Das war für mich das Zeichen, dass ich meiner Intuition vertrauen konnte.

Nachdem Martin, so hieß der Mann, im klaren Brunnenwasser seine Füße gewaschen hatte und wir zur Bank zurückgegangen waren, kniete ich mich vor ihn hin und behandelte seine Füße. Der Geruch war immer noch schlimm. Ich nahm seine Füße und legte sie in meinen Schoß. Ich legte meine Hände über seine Wunden und versuchte, sie nicht direkt zu berühren, um den Schmerz durch die Berührung für ihn nicht noch stärker zu machen. Das Kribbeln in meinen Händen wurde immer massiver. »Was muss dieser Mensch für Schmerzen haben!«, dachte ich.

Er hatte bei der Behandlung die Augen geschlossen. Für mich verloren sich Zeit und Raum und ich betete zu Gott und zu Maria. Ich sagte ihr in meinem Zwiegespräch: »Bitte, Maria, hilf auch ihm.« Ich weiß nicht, wie lange ich behandelte, der Park hatte sich bereits deutlich geleert – die Mittagspause war sicher für viele schon vorbei. Ich nahm die Salbe und trug diese vorsichtig auf, danach schützte ich die Wunden mit Mull aus meinem Verbandszeug. Es dauerte nicht lange und Martins Schmerzen waren zum größten Teil verschwunden. Er öffnete seine Augen, als er mir dies sagte, und seine Tränen waren zu Tränen der Dankbarkeit geworden. Eine unsagbare Freude breitete sich in meinem Herzen aus, als wenn mein Brustkorb ganz groß würde.

Ich lieh ihm 20 Euro und für ein Telefonat auch mein Handy. Er sprach mit seinem Vater, der alles unternehmen wollte, um ihm zu helfen. Als wir uns verabschiedeten, gab ich ihm noch meine Mullbinden, die Schmerztabletten und die Salbe mit. Danach ging er wieder in die Innenstadt und ich zurück zum Bahnhof, denn ich wollte ja noch eine Station weiter vorausfahren.

Im Zug dachte ich über das Geschehene nach. Vor meinem inneren Auge sah ich noch einige Tage seine zerschundenen Füße. Und als weiteres Andenken hatte ich den Eindruck, dass meine Hände auch zwei Tage später, trotz mehrfachem, gründlichem Waschen, noch immer nach den faulen Wunden rochen.

Einige Wochen später meldete Martin sich per E-Mail bei mir und berichtete, dass sein Vater ihm über das Rote Kreuz Geld geschickt hatte und er unverzüglich zurück nach Hause gefahren sei. Das geliehene Geld hat er mir später zurückgezahlt.

* * *

Auf dem Jakobsweg sah ich viele Menschen mit schmerzenden und blutigen Füßen. Und irgendwann passierte es wieder von ganz allein – es ergaben sich Situationen, in denen Menschen mich um Hilfe baten. Ich brauchte gar nichts dafür tun. Ich bot an, meine Hände auf die schmerzende Stelle zu legen, und erklärte, dass ich darin eine Energie wahrnehme, die der Grund für meine Pilgerreise sei.

So behandelte ich fast jeden Abend und lernte auf dem Camino die unterschiedlichsten Menschen kennen. Eine interessante und wertvolle Erfahrung für mich, auch wenn mein innerer Schweinehund mein ständiger Begleiter war. Ich hatte immer noch Angst, dass ich mir das alles nur einbilde, dass ich das gar nicht kann, und immer wieder die Frage, ob das alles richtig ist, was ich da mache.

Ich wurde oft aufgefordert, über meinen Schatten zu springen, und konnte dadurch Stück für Stück die Angst vor meinen Fähigkeiten überwinden.

Einige Etappen zuvor im Refugio in Burgos war ich ebenfalls auf die Probe gestellt worden, als ich eine Frau traf, die mit Nasenbluten zu kämpfen hatte. Es war eine junge, sehr schlanke und hübsche Schweizerin, die ich auf etwas über 20 schätzte. Sie war zusammen mit ihrer Freundin Gast in dieser Herberge. Die Pilgerunterkunft dort bestand aus mehreren Holzhütten, die vollgestopft waren mit Betten, so dass zwischen den einzelnen Lagern nur etwa 60 cm Platz war. Es war also ziemlich eng. Jede Hütte hatte einen kleinen Vorraum, und in diesem Raum saß die Frau mit dem Kopf über einen Mülleimer gebeugt. Aus ihrer Nase blutete es stark und es lief in einem nicht enden wollenden Rinnsal in den Eimer. Dort hatten sich schon deutlich mehr als ein paar Tropfen angesammelt. Die Freundin war ganz aufgeregt, denn bisher waren alle Bemühungen, die Blutung zu stoppen, wirkungslos geblieben. Mittlerweile hatte man den Notdienst informiert und es hieß, der Krankenwagen würde gleich kommen. Ich stellte mir einmal mehr die Frage: Sollte ich nun zu ihr hingehen und ihr meine Hilfe anbieten? Sogleich klopfte lautstark mein Schweinehund an: »Ach, du bildest dir das alles ein, du kannst das doch gar nicht! Und wer sagt denn, dass die Frau deine Hilfe überhaupt möchte?«

Ich kämpfte mit mir und schließlich nahm ich all meinen Mut zusammen und fragte sie, ob ich ihr helfen könnte. Resigniert antwortete sie: »Das will einfach nicht aufhören. Wir haben schon alles Mögliche versucht, mit kaltem Wasser in meinen Nacken und so was, aber nichts hilft. Ich hab ein riesiges Problem damit, ich hab das häufiger. So schlimm wie jetzt war es aber noch nie. Du kannst es ja gerne mal probieren, aber sei nicht enttäuscht, wenn es nicht funktioniert.«

Im nächsten Moment bekam ich die Intuition, ihr meine Hand auf den Nacken zu legen, was ich auch gleich tat. 30 Sekunden später hörte es auf zu bluten. Wir beide freuten uns und waren überrascht zugleich. Vorsichtig bewegte sie ihren Kopf von rechts nach links und steckte sich eine kleine aus einem Papiertaschentuch gerollte Tamponade in das Nasenloch. Sie meinte, ihr sei etwas schwindelig. Zusammen mit ihrer Freundin brachte ich sie zu ihrem Bett, wo sie sich auf die Seite legte. Es dauerte noch ca. fünf Minuten, bis der Krankenwagen eintraf. Die Männer vom Notdienst nahmen die junge Frau mit. Ihre Freundin begleitete sie. Ich habe beide danach nicht wiedergesehen und weiß leider nicht, was aus ihr wurde.

Doch für mich war dies wieder ein deutliches Zeichen, dass diese Energie vorhanden ist und ich sie nicht nur weitergeben, sondern dass ich damit Positives bewirken kann.

Seit León war ich den Weg für mich allein gelaufen. Ich hatte keinen Anschluss mehr an eine Gruppe gefunden. Das sorgte auf der einen Seite für eine manchmal schwer auszuhaltende Einsamkeit, auf der anderen Seite hatte ich sehr viel Zeit für mich und meine Gedanken. Die letzten 100 Kilometer vor Santiago veränderte sich der Jakobsweg nach meinem Gefühl sehr zum Negativen. Die Landschaft war nicht mehr so schön und vor allem war der Weg nun von Hunderten zusätzlicher Pilger übersät. Das lag offensichtlich daran, dass ab hier die »Compostela« erlaufen werden kann. Eine begehrte Urkunde, die belegt, dass man als Pilger dieses letzte Stück komplett zu Fuß zurückgelegt hat. Die meisten dieser Pilger waren ohne Gepäck unterwegs. Das ließen sie sich bequem mit dem Auto von Station zu Station vorfahren. Und das wiederum hieß, dass diese Urkundenjäger denjenigen Pilgern, die seit vielen 100 Kilometern mit Sack und Pack unterwegs waren, oft die Plätze in den Refugios wegnahmen. Denn wenn man im Refugio ankam, war zwar noch kein Pilger zu sehen, aber man bekam trotzdem kein Bett, weil überall schon Koffer standen. Dies war eine knallharte Übung der Akzeptanz, bei der ich leider meistens versagte.

So war es auch in einem kleinen namenlosen Weiler, etwa 5 Kilometer hinter Palas de Rei in Galicien. Aber diesmal hatte ich Glück. Obwohl ein Schild mit der Aufschrift »komplett belegt« an der Tür hing, ergatterte ich doch noch ein Bett, als ich mir dort die Wasserflasche füllen ließ. Drei Tagesmärsche lagen nun noch vor mir, bis ich Santiago erreichen würde. Ich hatte in den letzten 26 Tagen 680 Kilometer zu Fuß und 40 Kilometer mit dem Zug zurückgelegt. Dabei hatte ich eine Menge Erfahrungen gemacht und auch einiges an Gewicht verloren. Aber eine besondere Erfahrung stand mir noch bevor …

An diesem Abend lernte ich Fred kennen. Es waren erst einige wenige Pilger da. Der größte Teil der Gäste würde sicher bald kommen, denn auf den Betten lagen noch zwei Dutzend Koffer. Beim Abendessen kam ich mit einem Deutschen und einem Franzosen ins Gespräch und wir unterhielten uns überwiegend auf Englisch, auch wenn ich diese Sprache nur bedingt beherrschte. Der Deutsche stellte mir die Standardfrage, warum ich auf dem Jakobsweg sei. Ich erzählte ihnen von der Energie in meinen Händen – »Energy in my hands«.

»Mann, dann kannst du ja Fred helfen!«, sagte der Deutsche mit einem aufmunternden Blick in Richtung des Amerikaners, der schweigend mit uns am Tisch saß.

»Was ist denn mit Fred?«, wollte ich wissen.

»Fred ist jetzt schon seit zwei Wochen hier. Er hat eine Magen-Darm-Grippe, die er nicht loswird«, erklärte der Deutsche. »Deshalb kann er nicht weiterlaufen, weil er sich wahrscheinlich 300 Meter hinter dem Refugio in die Hose machen würde. Er ist sehr schwach und der Herbergsvater hat ihm bereits ein extra Zimmer im Refugio gegeben.«

Ich hatte mich schon gewundert, denn Fred saß beim Abendessen gedankenverloren dabei, aß aber nichts.

»Vielleicht hilft ja deine Energie und du kannst was machen, dass diese Magen-Darm-Grippe weggeht und er weiterlaufen kann.«

Da ich bereits mehreren Menschen auf dem Jakobsweg helfen konnte, wandte ich mich selbstbewusst direkt an Fred und fragte ihn mit meinem schlechten Englisch, ob ich ihn behandeln dürfe. »Ja, das kannst du tun, ich bin ganz offen dafür«, antwortete er mit einem Hoffnungsschimmer in den Augen.

So begleitete ich ihn nach dem Essen auf seine Kammer unter dem Dach. Der Raum war spartanisch eingerichtet. Es gab drei Etagenbetten, sonst nichts. Nebenan war eine Toilette. Fred legte sich auf eines der Betten und ich setzte mich zu ihm auf die Bettkante. Da es platzmäßig sehr eng war und ich mit meinen 182 cm Größe mit meinem Kopf unangenehm an die Unterkante des oberen Bettes stieß, kniete ich mich schließlich vor das Bett und beugte mich über ihn. Dabei legte ich meine Hände auf Freds Bauch. Eine Hand lag auf der Magengegend, die andere auf seinem Unterbauch in Höhe des Darms. Es floss sofort eine sehr starke Energie und ich fühlte die Energie, die von Fred zu mir lief, als Schmerz in mir. Ich hatte das Gefühl, ich bin wie ein Kanal, durch den Energie in beide Richtungen ausgetauscht wird. Es war ein erhebendes Gefühl, zu wissen und zu fühlen, dass da etwas passierte. Ohne es zu wollen, versprach ich Fred, dass er morgen gesund sein werde und wieder laufen könne. Im nächsten Augenblick war ich über meine eigenen Worte so erschrocken, dass ich mit einem Satz hochsprang und dabei mit voller Wucht mit meinem Kopf an das Bett über mir prallte. Ich sah Sterne. Ganz benommen rieb ich mir die schmerzende Stelle und dachte nicht mehr daran, mein Versprechen wieder zurückzunehmen. Fred bedankte sich bei mir und blieb liegen. Er wollte sich ausruhen. Daraufhin verließ ich den Raum.

Den ganzen restlichen Abend machte ich mir mächtig Vorwürfe: »Wie konnte ich ihm das nur versprechen? Was bilde ich mir eigentlich ein? Das kann ich doch nicht machen, ich bin doch verrückt!«

Mit diesen Gedanken fiel ich später in einen unruhigen Schlaf. Ich hatte mir meinen Handywecker für den nächsten Morgen auf 5 Uhr gestellt. Ich wollte unbedingt vermeiden, dass mir Fred am nächsten Tag über den Weg läuft und mir vorwirft, ich hätte ihm versprochen, weiterlaufen zu können, aber er hätte nach wie vor Durchfall und Schmerzen. Ich wollte auf jeden Fall weg sein, bevor er wach wurde.

Am nächsten Morgen, kurz nach 5 Uhr, schlich ich mich aus dem Refugio. Es war keine Menschenseele unterwegs, denn draußen war es noch stockdunkel. Gott sei Dank hatte ich eine Kopflampe dabei.

In den letzten drei Tagen bis Santiago konnte ich die Gedanken und meine Angst nicht loslassen. Die Begegnung und meine Aussage in der Behandlung verfolgten mich die ganze Zeit. Und immer wieder kamen meine Schuldgefühle hoch. Einen Tag, bevor ich in Santiago ankam, traf ich den Deutschen wieder, der an dem besagten Abend im Refugio mit am Tisch gesessen hatte. Er fragte mich, ob ich Fred gesehen hätte. Ich verneinte.

»Ich auch nicht. Wie es dem wohl geht?«, meinte er.

Das war Salz in meine Wunden. Da er ihn auch nicht mehr gesehen hatte, vermutete ich, dass Fred bestimmt nach wie vor in der Herberge hinter Palas de Rei mit seiner Magen-Darm-Grippe in seiner Kammer hockte. Um nicht in Verlegenheit zu geraten, verabschiedete ich mich schnell von meinem Landsmann und suchte das Weite.

Die letzten Kilometer vor Santiago sind landschaftlich nicht gerade eine Schönheit. Man läuft lange durch grau wirkende Vororte. Hier gab es so viele Pilger, dass ich das Gefühl hatte, in einer Schlange zu laufen. Nirgends konnte ich auf diesem Wegstück allein für mich sein.

Am 21.07.2006 erreichte ich das Ziel meiner Reise: Santiago de Compostela. Als ich im Zentrum der Metropole ankam und auf die riesige Kathedrale zusteuerte, wurde ich regelrecht von Einheimischen belagert, die mir für einen guten Tarif ein Zimmer anboten.

Ich war so lange in der Natur unterwegs, hatte in kleinen Herbergen übernachtet, dass die große Stadt bei mir fast einen Kulturschock auslöste.

Als ich die gewaltige Kathedrale betrat, kam ich mir vor wie auf einer Kirmes. Das Gotteshaus war voller Menschen, die teilweise laut redend durch die Gänge liefen. Obwohl gerade kein Gottesdienst stattfand, waren in den vorderen Bereichen der Kirchenschiffe die Kirchenbänke gut gefüllt. Es herrschte sehr viel Trubel und für meinen Geschmack war es viel zu laut. In mir breitete sich dennoch ein ganz besonderes Gefühl aus. Das Gefühl, nach vielen Strapazen und Entbehrungen eine innere Mission erfüllt und das Ziel erreicht zu haben. Ich hätte dies gern für mich in einer würdevolleren Umgebung erlebt.

Ich stand gerade vor den Stufen zum Altar, als ich in diesem Marktplatzgewusel hörte, wie jemand meinen Namen rief. »Michael, Michael!«

Meinte da jemand mich?

Ich schaute mich um und versuchte herauszufinden, von wo diese Stimme kam. Das war gar nicht so einfach, denn wenn hunderte Menschen in einer Kathedrale gleichzeitig reden, dann schallt es von überall her.

»Michael, Michael!«

Und dann sah ich ihn – Fred! Er arbeitete sich mühsam vom anderen Ende einer Kirchenbank durch die Menschenmenge zu mir vor.

Am liebsten wäre ich im Boden versunken. Doch Fred nahm mich überglücklich in die Arme und es sprudelte aus ihm heraus: »Michael, das war so klasse! Am nächsten Morgen war alles weg und ich war völlig gesund. Ich habe mich richtig kraftvoll gefühlt wie schon lange nicht mehr!« Er sei sofort zu meinem Schlafplatz gelaufen – es war 6 Uhr –, aber ich war nicht mehr da. Klar, ich hatte mich ja auch schon frühzeitig aus dem Staub gemacht.

Fred redete unaufhörlich auf mich ein, nahm mich in den Arm und bedankte sich überschwänglich. Er zeigte sich sehr beeindruckt, dass seine Krankheit, all seine Schmerzen über Nacht verschwunden waren. Er sagte immer wieder das Wort »miracle« – Wunder. Für ihn muss sich seine Genesung wie ein Wunder angefühlt haben.

Für mich war diese Erfahrung ganz wichtig, um Vertrauen in meine Fähigkeiten zu finden und achtsam damit umzugehen. Das Versprechen, das ich Fred gegeben hatte, hat mir zwischenzeitlich sehr viel Angst eingejagt. Ich hatte das prompte Kopfanstoßen für mich als den Hinweis betrachtet: Achte auf das, was du sagst!

Später wurde mir bewusst, dass ich sehr wohl zwischen dem unterscheiden kann, was man überlegt sagt, und dem, was aus einem ungewollt heraussprudelt. Vielleicht war dieses Kopfanstoßen ja doch ein anderer Hinweis – meiner Intuition zu vertrauen und meiner Angst keine Macht zu geben …

Durch diese Begebenheit wurde ich am Ende dieser Reise wundervoll und reichlich beschenkt. In einer kleinen Kapelle abseits fand ich einen Ort der Ruhe. Sie war ausschließlich für Betende reserviert. Hier beendete ich meinen ersten Jakobsweg mit einem Dankgebet an die heilige Mutter Maria und an Gott.

Hier fasste ich den Entschluss, aus Dank, allein eine Wallfahrt von Rheine nach Telgte zu unternehmen. Dabei wollte ich eine ältere Mutter-Gottes-Statur aus Holz mitnehmen, die sich in meinem Besitz befand. Ich dachte, ich müsse das tun, um das auszugleichen, was mir an Wundern und Hilfe zuteilwurde. Schließlich hatte ich den Weg ohne eine Blase überstanden.

Fred und ich gingen an diesem Abend gemeinsam Essen, bevor jeder am darauffolgenden Tag die Heimreise antrat. Gerne wäre ich noch die 60 km bis zum Kap Finisterre, dem »Ende der Welt«, weitergelaufen. Für viele Pilger ist das Kap das eigentliche Ende des Jakobsweges und sie verbrennen hier aus Tradition ihre Socken. Doch mein Urlaub, den ich sowieso schon ausgereizt hatte, war vorbei. Natürlich freute ich mich auf Zuhause und meine Familie, jedoch spürte ich auch Wehmut, weil die Reise nun zu Ende war. Doch es sollte nicht meine letzte gewesen sein ...

Zeit ist relativ

Nach einem Jahr vieler neuer Erfahrungen in meiner Feierabend-Praxis hatte ich mich entschieden, meine Wirkungsstätte aus dem Wohnhaus heraus in unser Gartenhaus zu verlegen, weil die Belastung – mit vielen fremden Menschen im Haus – problematisch für Christel und unsere Pflegekinder wurde.

In meinem Beruf konnte ich meine Gefühle und mein Handeln immer besser reflektieren. Das, was ich dabei manchmal erkannte, gefiel mir ganz und gar nicht. Ich war oft getrieben von Angst, und je mehr ich Angst hatte, desto aggressiver wurde mein Verhalten. Ich erkannte, dass meine Angst viele Facetten hatte, die sich auf verschiedene Situationen wie auch einzelne Personen ausrichtete. Leider konnte ich damals noch nicht den Schlüssel zur Veränderung finden. Nach meinem Jakobsweg dachte ich ständig darüber nach, im nächsten Jahr wieder loszugehen. Ich sehnte mich danach, für mich zu sein, in mich hineinzuhorchen, ja, mich besser kennen und verstehen zu lernen. So sagte ich dieses Jahr schon sehr frühzeitig für das Ferienlager auf Ameland ab, so dass Christel wieder allein die Leitung übernahm.

Anfang Juli 2007 war es dann wieder so weit und es zog mich erneut auf den Jakobsweg. Leider konnte ich in diesem Jahr nur knapp zwei Wochen wandern. Ich hatte mich dazu entschieden, dieses Mal einen Teil der Via Podiensis, eine bereits im 12. Jahrhundert erwähnte und damit eine der ältesten historischen Pilgerrouten des Jakobsweges in Frankreich zu laufen. Dieser Weg führt von Le Puy-en-Velay in der Auvergne nach Saint-Jean-Pied-de-Port in den Pyrenäen, der Ort, an dem ich auf meinen ersten Jakobsweg gestartet war. Die Route hatte immerhin eine stolze Länge von ca. 600 km und galt läuferisch als sehr anspruchsvoll. Diese Strecke konnte ich natürlich nicht in einer Tour bewältigen. Ich entschied mich, nach

Lyon zu fliegen, und von dort aus mit dem Zug nach Le Puy-en-Velay zu fahren. Mein Zielort für diese Pilgerreise war Conques, was einer Wanderung von ca. 195 Kilometern entsprach.

Dieses Mal hatte ich die Sorge um eine Unterkunft zu Hause gelassen und kein Hotel für die Nacht gebucht, sondern mich in der mittelalterlich wirkenden Stadt zu einer der vielen Pilgerherbergen begeben. Die Herberge war nur sehr spärlich belegt und ich bekam für mich allein eins der vielen Mehrbettzimmer zugewiesen. Bevor ich früh zu Bett ging, aß ich noch in einem der vielen Straßenrestaurants gemütlich zu Abend.

Am nächsten Morgen startete ich nach einem spärlichen Frühstück sehr zeitig. Da ich den Weg nicht genau kannte, wollte ich auf keinen Fall zu spät aufbrechen. Kontakt zu anderen Pilgern hatte ich noch nicht, daher lief ich alleine los in die Auvergne. Der Jakobsweg kostete mich Kraft, war jedoch vom Anspruch her mit dem Weg von Saint-Jean-Pied-de-Port nicht zu vergleichen. Jetzt konnte ich den Jakobsweg und seine an dieser Stelle sehr abwechslungsreiche und wunderschöne Landschaft genießen. Der Weg führte mich in den ersten Tagen über saftige Wiesen und Hochebenen, an Flüssen entlang, durch tiefe Schluchten und vorbei an vulkanischen Gesteinsformationen. Ich war ganz gefesselt von dieser traumhaften Natur.

Gut gelaunt und bei wunderschönem Sommerwetter verließ ich einige Tage später am frühen Morgen das Dorf Monistrol-d'Allier. Hier hatte ich die letzte Nacht in einem einfachen Refugio verbracht. Nicht weit von dem Dorf verlief der Weg über eine alte Eisenbrücke, die den mächtigen Gebirgsfluss Allier überspannte. Nachdem ich die Brücke überquert hatte, ging es nach rechts auf einen mittelbreiten unbefestigten Weg, der mich nun an dem rechts unter mir liegenden Gebirgsfluss entlangführte. Links von meinem Weg waren felsige, ziemlich steile Gebirgswände. Als ich einige 100 Meter gelaufen war, kam ich an eine Stelle, an der mir die vertraute Wegemarke der Jakobsmuschel anzeigte, dass ich ab jetzt links über einen recht steilen und schmalen Geröllpfad an dem gewaltigen Felsen entlang nach oben aufsteigen sollte. Am Fuß des Aufstiegs befand sich eine kleine Felsenkapelle. Ich entschied mich, eine kurze Pause einzulegen, um Kraft für den anstrengenden Aufstieg zu sammeln, und besichtigte währenddessen die durch Gitterstäbe verschlossene Kapelle von außen.

Als ich mich wieder auf den Weg machen wollte, kam gerade eine Frau mit zwei Hunden, einem Schäferhund und einem weißen Mischling, den schmalen Pfad herunter. Ich wartete, bis sie unten angekommen war, und grüßte sie höflich mit »Bonjour« – eins der wenigen Wörter, das ich auf Französisch kannte –, als sie an mir vorbeilief. Sie grüßte nett zurück und ging, ohne anzuhalten, weiter. Die Tiere liefen um sie herum und folgten ihr.

Dann machte ich mich an den Aufstieg. Mit meinem schweren Rucksack hatte ich große Mühe, das Gleichgewicht zu halten. Außerdem kostete mich der Weg, der mehr mit Bergsteigen als mit Wandern zu tun hatte, sehr viel Kraft, weshalb ich mehrfach anhalten musste, um wieder zu Atem zu kommen. In den Felsen waren, vermutlich aus Sicherheitsgründen, Haltegriffe geschlagen, die einen einfachen Handlauf aus Eisen hielten. Ohne diesen wäre der Aufstieg für mich sicher eine sehr gefährliche Angelegenheit geworden.

Kurz bevor ich nach fast zwanzig Minuten das obere Plateau erreichte, sah ich einen kleinen Weiler mit ein paar Häuschen. Ich war nassgeschwitzt, als ich endlich das kleine Dorf erreichte. Zum Glück gab es zentral zwischen den wenigen Häusern eine Wasserstelle in Form einer langen hölzernen Viehtränke. Dort lief frisches sauberes Wasser permanent nach. Ich entledigte mich meines Rucksackes, zog meine Jacke aus und nahm mein kleines Handtuch und tauchte es in das kühle Nass, um damit mein Gesicht, meine Arme und Hände zu kühlen. Danach setzte ich mich auf eine Holzbank in der Nähe, um noch etwas auszuruhen. Bislang war ich völlig allein, das kleine Dorf schien wie ausgestorben. Als ich im Begriff war, meine Jacke wieder anzuziehen, um langsam weiterzugehen, öffnete sich die Tür eines der alten Holzhäuser. Ich schaute zu, wie eine junge Frau mit einem Schäferhund und einem weißen Mischling aus der Tür trat und sich liebevoll von einem älteren Mann verabschiedete. Sie sah exakt genauso aus wie die Frau, die mir auf der Geröllstrecke am Fuße des Berges entgegengekommen war. Ich war völlig verblüfft. Sie trug haargenau das gleiche Kleid, die gleiche Frisur und Haarfarbe. Ich erkannte keinerlei Unterschied. »Das müssen eineiige Zwillinge sein!«, dachte ich. Eines wusste ich jedenfalls genau: Es konnte definitiv nicht dieselbe Frau sein, der ich vor einer guten halben Stunde am Fuße des Berges begegnet war, denn die war zweifelsfrei den Geröllpfad heruntergegangen, den ich zuvor aufgestiegen war. Wenn sie zurückgegangen wäre, hätte sie mich überholen müssen — es gab ja nur diesen einen Weg. In meine sich überschlagenden Gedanken hinein überkam mich wieder diese Ganzkörpergänsehaut, als mir bewusst wurde, dass es doch sehr unwahrscheinlich war, dass ein Zwilling auch noch exakt die gleichen Hunde hatte, also sozusagen Zwillingshunde.

Die ganze Sache wurde noch skurriler, als ich sah, wie die Frau mit ihren Hunden auf den Weg zusteuerte, der nach unten führte. Ich war jetzt neugierig und folgte ihr mit einigem Abstand. Aus meiner Sicht lief alles genau so ab, wie ich es bereits vorher von unten aus beobachtet hatte. Das konnte doch alles nicht sein! Mein Ego versuchte sich zu wehren gegen diese groteske Situation. Letztlich siegte ein beruhigendes Gefühl in meinem Inneren und ich nahm das Geschehen widerspruchslos hin. In den letzten zwei Jahren war mir so viel Unglaubliches widerfahren, da brachte mich so schnell nichts mehr aus der Fassung.

Immer noch nachdenklich setzte ich meine Tour fort. Dabei überquerte ich einen weiteren Gebirgsbach, den L'Ance, der viel kleiner als der Allier war. Eine Zeit lang ging ich an dem Bach entlang und es fiel mir auf, dass ich an diesem Tag jede Menge magentafarbene Pflanzen und Blumen wahrnahm. Es gab auch Pflanzen in anderen Farben, z. B. roten Mohn oder eine Blume, die mich an blaue Kornblumen erinnerte. Dieses Magenta hatte jedoch etwas

Besonderes an sich – manchmal glaubte ich, es würde leuchten. Ich fühlte auch eine besondere Anziehungskraft von dieser Farbe ausgehen, schrieb das aber der Sonneneinstrahlung zu.

Am Nachmittag erreichte ich das Dorf Saugues, in dem ich übernachten wollte. Ich lief über einen Hügel und sah unten im Tal das Dorf liegen. Durch das Tal schlängelte sich der kleine Fluss La Seuge, an dem sich ein größerer Zeltplatz befand. Davor war eine Pferdekoppel, auf der ein paar Pferde weideten. Als ich gemütlich die Straße talwärts schlenderte, überholte mich rechts auf einem mit Stroh bedeckten Pfad eine junge Frau auf einem braun gefleckten Schimmel. Die junge Reiterin war schlank, trug schwarze Reitstiefel, braune Reithosen, ein weißes T-Shirt und eine schwarze Reitkappe. Abwechselnd galoppierend und trabend ritt sie zu der Koppel im Tal. Während ich meines Weges ging, schaute ich zu, wie sie dort abstieg, das Pferd auf die Koppel führte und ihm dort Sattel und Trense abnahm. Einen Moment später bog ich zum Refugio links ab, musste jedoch feststellen, dass die Pilgerherberge erst in einer halben Stunde öffnen würde. Also drehte ich um und lief weiter die Straße hinunter ins Dorf hinein, um noch einen Kaffee zu trinken. Ich fand auch direkt ein Café. Entspannt schlürfte ich meinen Kaffee, während ich im Fernsehen eine Sportsendung schaute. Da ich pünktlich wieder zurück sein wollte, um meinen Schlafplatz zu sichern, machte ich mich bald wieder auf den Weg zu meiner Unterkunft, die in wenigen Minuten öffnen würde.

Als ich auf die Straße trat, hielt ich erstaunt inne, denn vom Hügel her kam wieder das Mädchen auf ihrem braun gefleckten Schimmel ins Tal geritten.

»Sie ist doch gerade erst vor einer halben Stunde hier vorbeigekommen?«, dachte ich verwundert, denn ich hatte ihr ja die ganze Zeit zugeschaut. Ich blieb stehen und sah ihr hinterher. Dabei beobachtete ich, bis in die Haarspitzen sensibilisiert, jeden ihrer Schritte und die ihres Pferdes. Wie vom Blitz getroffen stand ich da, als mir bewusst wurde, dass alles exakt genau so ablief, wie ich es eine halbe Stunde zuvor beobachtet hatte: Wie sie zur Koppel ritt, dort Sattel und Trense abnahm und wie das Pferd zu den anderen auf die Weide trabte.

Mein erster Gedanke war, dass es mit meinen Träumen zu tun haben musste. Ich hatte ja oft Träume, die später Realität wurden. Aber ich hatte doch jetzt nicht geschlafen! Wie konnte das also sein? Eigentlich hätten doch jetzt zwei braun gefleckte Schimmel auf der Weide stehen müssen – ich sah aber nur einen.

Ziemlich ratlos rief ich meinen Kollegen Toni an und erzählte ihm von meinen Déjà-vu-Erlebnissen.

»Nein, ich glaube, das, was du beschreibst, war kein Déjà-vu, das war wohl eher ein Zeitsprung! Ich habe mal etwas darüber in einem Buch gelesen und deine Beschreibung passt genau in dieses Schema!«

Zeitsprung!? Das wollte ich nun genauer wissen.

Mein Kollege versuchte mir etwas aus seiner Erinnerung an das Gelesene zu erklären. Er erwähnte Albert Einstein und seine Theorie, dass die Zeit relativ sei. Mir wurde schnell klar, dass die Albert-Einstein-Theorie wahrscheinlich für einen Nichtphysiker nur schwer zu verstehen war. Hatte ich zum besseren Verständnis deshalb heute bereits zum zweiten Mal solch einen Zeitsprung erleben dürfen?

Durch diese beiden Erlebnisse am selben Tag bekam ich jedenfalls eine anschauliche Darbietung dessen, was es bedeutet, dass Zeit relativ ist und nur in unserer Vorstellung existiert.

Nach und nach wurde mir das Ausmaß dieser Erkenntnis deutlich, denn wenn Zeit nicht existiert, dann kann auch ich jenseits der Zeit arbeiten. Das bedeutet, dass es nicht darauf ankommt, wann jemand behandelt wird. Ich kann die Behandlung auch in der Zukunft geschehen lassen oder die Energie in die Vergangenheit zurücksenden. Dieses Mysterium wurde mir in der folgenden Nacht in einem Traum ausführlich von einem seltsam aussehenden Priester mit dem Namen Manetoh erklärt. Dieser hatte einen überaus unförmigen, weit nach hinten ausgewölbten, kahl rasierten Hinterkopf.

Er erklärte mir: »Die Zeit läuft nicht starr und unflexibel im Kreis wie etwa bei einer Uhr, sondern sie ist eine flexible Gerade. Bisher glaubst du, du gehst auf der Geraden der Zeit immer in der gleichen Geschwindigkeit vorwärts, mit der gleichen Geschwindigkeit, wie die Uhr vorwärtsläuft. Doch das stimmt nicht! Zeit ist relativ! Die Zeit vergeht in Relativität zu deinen Gefühlen und zu deiner geistigen Kraft. Du hast die Fähigkeit, dich langsamer vorwärtszubewegen, anzuhalten oder dich sogar rückwärts auf der Zeitgeraden zu bewegen. Deine diesbezügliche Schöpferkraft liegt in deiner Geistigkeit. Die Technik ist ziemlich einfach und erschließt sich jedem, der bereit und willens ist, diese Schöpferkraft zu nutzen. Um Zeit leichter zu dehnen oder zu komprimieren, empfiehlt sich die Nutzung eines passenden Katalysators, der aus einer auf den Menschen abgestimmten besonderen Energie besteht. Diese Energie ist je nach den unterschiedlichen Stereotypen von Mensch zu Mensch unterschiedlich. Bei manchen wird die Energie durch Töne repräsentiert, bei anderen durch Symbole, bei wieder anderen durch eine Farbe.«

Dass man selbst im Traum verblüfft sein kann, merkte ich, als Manetoh mir erklärte, dass alle Menschen diese Gabe ungezügelt und unbewusst praktizieren. »Für viele Menschen vergeht die gefühlte Zeit bei unschönen Dingen viel langsamer als bei schönen Dingen. Auch ist es so, dass für die meisten Menschen mit zunehmendem Alter die Zeit gefühlt viel schneller vergeht, als sie es noch in jungen Jahren wahrgenommen hatten. Dies liegt an der Veränderung der eigenen Schwingung und Frequenz. Diese ist jedoch in der Geistigkeit allein durch die bewusste Nutzung unserer als Katalysator fungierenden Energie veränderbar.«

Noch im Traum wurde mir bewusst, dass mein diesbezüglicher Katalysator mit der Farbe Magenta zu tun hatte.

Manetoh gab mir zum Ende dieses lehrreichen Traumes noch einen Rat: »Bündle die Kraft deines Glaubens mit der Energie deines Katalysators und du wirst die Zeit dehnen oder komprimieren können.«

Am nächsten Morgen wachte ich mit leichten Kopfschmerzen auf, die zum Glück im Laufe des Morgens wieder verschwanden. Während meiner Wanderung ging ich in Gedanken immer wieder meinen Traum der letzten Nacht durch und wusste letztlich nicht, was ich davon halten sollte.

Meine erste Astralreise

Ich wanderte weiter allein durch diesen wunderschönen Teil Frankreichs und hatte bereits am nächsten Tag ein weiteres bedeutsames Erlebnis. Am frühen Nachmittag lief ich auf einem Weg, der an einen Wald grenzte. Ich war in Gedanken, und immer wieder erschienen vor meinem inneren Auge ganze Rabatten magentafarbener Blumen. Plötzlich veränderte sich fast unmerklich meine Position und ich hatte einen nur wenige Zentimeter nach links verrückten Blickwinkel. Einen Moment lang hatte ich das Gefühl, als würden meine Augen mir einen Streich spielen. Als ich meinen Blick daraufhin nach rechts wandte, erschrak ich fast zu Tode, denn ich war aus meinem Körper herausgetreten und konnte mich selbst von der Seite ansehen. Dieser Zustand, begleitet von Schock und Angst, dauerte nur wenige Sekunden, da sauste ich wieder zurück in meinen Körper.

Die nächste außerkörperliche Erfahrung machte ich um die Mittagszeit, als ich mich aus einigen Metern Entfernung seitlich aus einem Feld den Weg entlanglaufen sah. Diesmal hielt ich einen Moment länger aus, bevor mich erneut die Angst, wie ich wieder in meinen Körper kommen sollte, überkam.

Am späten Nachmittag legte ich mich in meiner Herberge nach dem Duschen aufs Bett, um mich ein wenig auszuruhen. In Gedanken war ich wieder bei den ungewöhnlichen Erlebnissen der letzten zwei Tage. Schlafen konnte ich nicht, denn dazu war es viel zu laut und zu unruhig. Da bemerkte ich erneut diese Veränderung meines Blickwinkels. Diesmal konnte ich der explodierenden Angst widerstehen und mehr oder weniger die Position eines unbeteiligten Zuschauers einnehmen. Ich beobachtete, wie ich mich langsam von meinem Körper entfernte. Dabei schien ich keinerlei Erdanziehungskraft zu unterliegen, denn ich konnte frei im Raum schweben. Ich beobachtete mich einen kurzen Moment von der Zimmerdecke aus, wie ich dort auf dem Bett lag, ehe ich mich langsam wieder auf mich zu bewegte. Dieses Mal nahm ich die Vereinigung mit einem Gefühl äußerster Liebe wahr.

Obwohl ich es mir wünschte, erlebte ich dieses Phänomen auf dieser Reise nicht noch einmal. Eine Erklärung für diese ungewöhnlichen Erlebnisse sollte mir später ein anderes Traumwesen liefern …

* * *

Bisher war ich ganz allein unterwegs gewesen, was sich jedoch am nächsten Tag änderte, denn auch hier in Frankreich trifft man viele andere Pilger. Es waren neben Menschen aus anderen Nationen auch viele Deutsche dabei, die ich auf dem Weg traf und mit denen ich dann eine Zeit lang gemeinsam lief. Auch hier bildeten sich schnell nähere Bekanntschaften und bald waren wir eine kleine Gruppe, die sich abends regelmäßig in den Herbergen traf, um gelegentlich gemeinsam zu kochen und einfach nette Abende miteinander zu verbringen. Die kleine Gruppe bestand zuletzt aus drei Lehrerinnen aus Deutschland und der Schweiz – und mir. Im Gegensatz zu mir sprachen sie alle sehr gut Französisch, was für mich eine echte Hilfe wurde, denn mit meinen Englischkenntnissen konnte ich in Frankreich nicht viel anfangen.

Auch auf diesem Jakobsweg behandelte ich viele Menschen. Manche hatten sich blutige Füße gelaufen, andere klagten über regelmäßig wiederkehrende Menstruationsbeschwerden. Einmal bekam ich die Intuition, einer jungen Frau mit solch einem chronischen Symptom einfach die Hand zu reichen. Und so gingen wir eine Zeit lang Hand in Hand zusammen den Jakobsweg entlang. Das Kribbeln begann, ich bekam kurzzeitig Schmerzen und im Gegenzug verschwanden ihre. Monate später schrieb sie mir, dass die sonst immer zwei bis drei Tage vor der Menstruation aufgetretenen Schmerzen seit damals spürbar weniger geworden seien. Das freute mich natürlich sehr und gab mir wieder Kraft und Bestätigung, auf dem richtigen Weg zu sein und das Richtige zu tun.

Unsere Wanderung wurde einige Tage vor Erreichen der französischen Stadt Conques durch Dauerregen und starken Wind erschwert. Dazu kam, dass wir in einem Dorf, wo unsere kleine Gruppe hoffte, Unterschlupf vor dem Massenregen zu finden, nur volle Refugios vorfand. Obwohl wir bis auf die Haut nass waren, uns das Wasser aus den Schuhen lief und wir sogar bereit waren, im Flur auf dem Fußboden zu schlafen, lehnte man uns dennoch ab. So versuchten wir uns in dem Dorf irgendwo unterzustellen. Als wir alle mit den Nerven am Boden waren, beschwor uns Erika: »Lasst uns die Ruhe bewahren und Vertrauen haben. Es wird schon einen Ausweg geben.«

In einer Apotheke, in der wir Schutz suchten, trafen wir eine ältere Frau, der man anmerkte, dass sie Mitleid mit uns hatte. Sie erzählte uns, dass der Arzt des Dorfes oft noch Rat wusste, wo ein Pilger zum Schlafen unterkommen könnte. Sie wies uns den Weg und so versuchten wir unser Glück. Wir wurden ganz liebevoll von der Frau des Arztes aufgenommen und erst mal in ihr Wohnzimmer gesetzt. Sie reichte uns Handtücher zum Abtrocknen und rief ihren Mann an, der noch unterwegs war. Nach einigen weiteren Telefonaten wurden wir von einer älteren Frau in einem kleinen Fiat abgeholt. Wir stiegen zu viert zu unserer Fahrerin in dieses Miniauto. Aufgrund von Platzmangel fuhren wir mit heruntergedrehten Scheiben und unsere Rucksäcke aus dem Fenster haltend ca. 5 km auf eine Anhöhe, auf der ein riesiges altes Bauernhaus stand. Die Mutter unserer Fahrerin hatte bis zu ihrem Tod hier gewohnt. Im Haus gab es einen riesigen Kamin, den die Herbergseltern für uns anmachten. Außerdem wurden wir mit allerlei leckerem Essen und Getränken versorgt und jeder bekam ein warmes Bett. Alle bemühten sich ganz liebevoll um uns.

Am Abend kam noch ein weiteres in dem Regen gestrandetes Pärchen zu uns. Sheila und Ben kamen aus Österreich. Sie beschäftigten sich mit Parapsychologie und erzählten uns von Versuchen, die sie mit medialer Gedankenübertragung gemacht hatten. Ich erzählte ihnen von meinen Erlebnissen, die sie mit Astralreisen und Zeitsprüngen in Verbindung brachten. Beide waren jedenfalls davon überzeugt, dass die Menschheit noch viel wiederzuentdecken hätte und dass der Mensch an sich über ein riesiges noch nicht gänzlich entdecktes Potenzial an Fähigkeiten verfüge.

Am nächsten Tag – es war inzwischen aufgeklart und dank des Herdfeuers waren unsere Sachen getrocknet – wurden wir wieder mit dem kleinen Fiat auf den Jakobsweg gebracht. Wir sammelten Geld von allen ein und bedankten uns bei unseren Herbergseltern für ihre Liebe und Hilfe.

Als ich wieder auf dem Weg wanderte, dachte ich noch einmal an das gerade Erlebte. Ich begriff: So nah sind manchmal nur Ablehnung und Mitmenschlichkeit voneinander getrennt. Es lohnt sich zu vertrauen. Das Ziel Conques war bald erreicht. Hier verabschiedete ich mich von der Gruppe und reiste mit Bus und später noch mit dem Zug nach Toulouse. Einen Tag später flog ich über Paris zurück nach Hause.

Ausbildung zum Moderator im »Freien systemischen Aufstellen«

Die Erfahrungen, die ich bei meinem ersten Familienstellen gesammelt hatte, waren so faszinierend gewesen, dass ich in der Folgezeit noch oft bei Roland war, um bei seinen Aufstellungen mitzumachen. Ich ließ weitere meiner Themen aufstellen und freute mich über jede Gelegenheit, Stellvertreter in anderen Aufstellungen zu sein. Gefühle anderer Menschen überhaupt so bewusst wahrnehmen zu können, das hatte mich sehr beeindruckt. Bei diesen Workshops waren durchaus auch mal 15 oder mehr Personen anwesend, wobei der Anteil der männlichen Teilnehmer deutlich geringer war. Das hatte für mich den Vorteil, dass wir Männer im Durchschnitt viel häufiger ausgewählt wurden, eine Stellvertreterrolle zu übernehmen. Je öfter ich aktiv als Stellvertreter teilnahm, desto intensiver fühlte ich die emotionalen Veränderungen, die meine Rolle mitbrachte. Ich hatte auch den Eindruck, viel feinfühliger zu werden, schon kleine Gefühlsveränderungen besser wahrnehmen zu können.

Roland machte jedes Mal deutlich, dass über alle Dinge, die bei den Aufstellungen passierten, auf keinen Fall gesprochen werden durfte. Alles hatte in der Gruppe und im Raum zu bleiben. Das war in der ersten Zeit sehr wichtig für mich, denn ich hatte Angst, dass es berufliche Nachteile für mich gäbe, wenn jemand mitbekäme, dass ich mich mit diesen spirituellen, nicht beweisbaren Dingen beschäftige. Doch diese Sorge ließ mit der Zeit deutlich nach.

In den Aufstellungen entwickelte ich ein Gespür dafür, wenn die Energie nicht floss. Es fehlte die Dynamik. Dieses Phänomen trat gehäuft bei »offenen« Aufstellungen auf, in denen die Gruppe vorher genau über das Thema und die Rollenverteilung informiert wurde und wo im Laufe der Aufstellung der Stellvertreter dazu gedrängt wurde, endlich ins Gefühl zu gehen. Ich hatte das in meinen Stellvertreterrollen des Öfteren selbst erlebt. Zum Beispiel bekam ich die Rolle eines missbrauchenden Vaters. Darin stiegen Gefühle in mir hoch, über die ich mich selbst wunderte und die ich mir nicht erklären konnte, denn ich fühlte mich selbst ungeliebt und sehnte mich nach Liebe. Für die junge Frau, die in ihrer Rolle für das Opfer stand, empfand ich nur Liebe. Ich beschrieb auch der Gruppe diese Gefühle, doch das wollten die Anwesenden nicht sehen, die mich im Laufe der Aufstellung immer deutlicher aufforderten, endlich auf Angriff zu schalten.

Leider muss ich zugeben, dass ich nicht immer so viel Selbstvertrauen bewies und dann irgendwann aufgab und anfing, den Leuten genau das zu zeigen, was sie sehen wollten.

Jedoch war mein Eindruck, dass genau in diesen Momenten die Aufstellung zu einem Theaterstück wechselte, welches wahrscheinlich keine Veränderungen in Form von Heilung nach sich ziehen würde.

Mit wachsender Erfahrung bemerkte ich außerdem, dass Roland, der als Therapeut fungierte und allein entschied, welche Rollen aufgestellt und welcher Weg zum Ziel gewählt wurde, immer wieder in verschiedensten Aufstellungen auf ein Mutterthema schloss und den weiteren Verlauf dann in diese Richtung lenkte. Das kam mir merkwürdig vor, denn manchmal ging genau in diesem Moment die Energie verloren. Daraufhin begann ich, mir Notizen zu machen und die Teilnehmer, bei deren Aufstellung ich in meiner Rolle gedrängt wurde, etwas anderes zu zeigen, als ich selbst fühlte, bzw. mir das Mutterthema aufgefallen war, später zu befragen, was sich aus ihrer Aufstellung ergeben hatte. Die Antworten, die ich bekam, bestätigten überwiegend meine Vermutung, nämlich dass sich im Leben nichts verändert hatte.

Ich war absolut davon überzeugt, dass Roland immer das Beste für den aufstellenden Menschen erreichen wollte. Jedoch habe ich die Vermutung, dass er unbewusst immer wieder sein eigenes Mutterthema aufstellte.

Weil ich die ganzen Zusammenhänge unbedingt besser verstehen wollte, entschied ich mich, bei Roland eine 1-jährige Ausbildung zum Familienaufsteller zu beginnen. Roland, der längere Zeit in Indien gelebt hatte, gestaltete die Seminare interessant und darauf ausgerichtet, sich und seine Gefühle besser kennenzulernen. Wir machten sehr viele Übungen und natürlich stellten wir ganz viel auf. Wir waren eine tolle Gruppe von rund 20 Teilnehmern und anfangs ging ich sehr gerne zu den Wochenendseminaren, die ca. alle 6 Wochen in einem Seminarzentrum stattfanden. Leider entwickelte sich die Ausbildung jedoch für meinen Geschmack immer mehr zu einem Osho-Seminar. Viele seiner Sichtweisen und Lehren bildeten plötzlich immer mehr das Fundament der Ausbildung. Als wir schließlich aufgefordert wurden, uns feierlich in die Osho-Energien und zu seinen Jüngern einweihen zu lassen, ging das für mich deutlich zu weit.

Ich sprach mit Roland darüber, dass ich das nicht wollte, er entgegnete jedoch, es sei notwendig, um ein guter Familienaufsteller und ein integriertes Mitglied unserer Gruppe zu sein.

Trotz seiner Überzeugungsarbeit sah ich das dennoch anders. Leider konnte Roland meine Ablehnung nicht akzeptieren, denn plötzlich wurde ich von verschiedensten Seiten gedrängt. Als das Thema dann auch noch in der Gruppe als Problem artikuliert wurde und der Druck stärker wurde, entschied ich mich, die Ausbildung abzubrechen. Auch wenn ich hier für mich keine ausreichend erklärenden Antworten auf meine Fragen und die oft widersprüchlichen Resultate der Aufstellungen bekommen hatte, habe ich die Ausbildungszeit bei Roland nie bereut. Ich bin ihm heute noch sehr dankbar für alles, was er für mich getan hat, doch leider trennten sich hier unsere Wege.

Im nächsten Schritt wollte ich nun alles richtig machen und entschied mich deshalb, zu der bekanntesten Koryphäe zu gehen, die es im systemischen Aufstellen gab: Bert Hellinger. Er hatte gefühlt dutzende Bücher über das Familienstellen geschrieben und diese wundervolle Möglichkeit der ganzheitlichen Veränderung in

Deutschland bekanntgemacht. Ich reiste voller Freude zu einem seiner Seminare nach München. Was ich jedoch hier während der Aufstellungen erlebte, kann ich persönlich nur als abstoßend bezeichnen. Immer wieder wurden weibliche Aufsteller laut angegangen, sie sollten sich endlich entscheiden, etwas zu verändern, und ins Gefühl kommen. Wenn daraufhin die betreffende Person vor der Gruppe weinend zusammenbrach, wurde diese meistens in der Situation alleingelassen. Mehrfach wurden Dinge geäußert, wie: »Wir sind die härtesten Aufsteller in Deutschland«. Hier fehlte mir ganz klar die Mitmenschlichkeit. Generell wurde außerdem als Faktum gelehrt, dass die Weiblichkeit der Männlichkeit untersteht. Für mich persönlich war das – einfach so hingestellt – unhaltbar. Noch während des Seminars reiste ich ab. So wollte ich Familienstellen nicht praktizieren!

Mein zweiter Versuch, mehr über systemisches Aufstellen (Familienstellen) zu erfahren und in dieser Behandlungsmethode ausgebildet zu werden, endete somit leider im Fiasko.

Meine Enttäuschung war so groß, dass ich fast ein Jahr lang zu keiner Aufstellung mehr ging. Obwohl ich selbst erlebt hatte, was Aufstellungsarbeit bewirken kann, wollte ich mich nicht mit etwas beschäftigen, was so manipulierbar ist. Also ließ ich es sein.

Dann rief mich eines Tages Heike an und erzählte mir von einem spannenden Menschen namens Olaf Jacobsen. Dieser hatte ein Buch mit dem Titel »Ich stehe nicht mehr zur Verfügung« geschrieben. In diesem Ratgeber für Lebensfragen hatte er das von ihm begründete »Freie Aufstellen« beschrieben. »Das könnte genau das sein, was du suchst«, meinte Heike. »Ich glaube das ist eine Aufstellungsart, bei der Manipulationen weitgehend ausgeschlossen sind.«

Das war genau der zündende Funke für mich, ich spürte wieder dieses Kribbeln in meinem Körper und auf meiner ganzen Haut. Dank dem Internet hatte ich in Minuten seine Telefonnummer recherchiert und schon kurze Zeit später telefonierte ich über eine

Stunde mit Olaf. Ich hatte Fragen über Fragen und Olaf beantwortete sie bereitwillig. Ich meldete mich sofort zu einem seiner Ausbil-
dungsseminare an und wenige Monate später fuhr ich für die Wo-
chenendausbildungen nach Karlsruhe.

Das freie Aufstellen war genau das, wonach ich gesucht hatte. Es
gab keinen Therapeuten, der immer wieder unbewusst sein eigenes
Thema aufstellte. Außerdem wurde verdeckt aufgestellt, was bedeutet, dass Stellvertreter und Zuschauer weder das Thema der
Aufstellung noch die Rollen kannten. So konnte keiner bewusst o-
der unbewusst manipulieren.

Schon sechs Wochen nach Abschluss der Ausbildung buchte ich
einen Seminarraum, verfasste ein kleines Inserat in der Tageszei-
tung und bot in Rheine zum ersten Mal meinen monatlich stattfin-
denden Aufstellungsworkshop an. Am Anfang waren wir noch wenige, doch schon bald wurde die Gruppe der Interessenten und Teilnehmer immer größer. In dieser Arbeit ging ich voll auf. Menschen
mit diesem Familienstellen helfen zu können war einfach klasse.

Ich stellte jedoch auch fest, dass manches, was ich bei Olaf gelernt hatte, für mich und einen Teil meiner Klienten nicht passte.
Olaf war ein Verfechter davon, auszulosen, wer aufstellen durfte.
Doch sollte ich einem Menschen, der Krebs im Endstadium hatte
und der an seiner Heilung arbeiten wollte, sagen: »Schauen wir mal,
vielleicht wirst du ja gezogen und bekommst deine Chance.«? Das
passte für mich gar nicht. Außerdem fühlten sich viele, die zum ersten Mal für sich aufstellen wollten, überfordert. Nach Olafs Lehre
wurde aber von einer Hilfestellung abgeraten. Da auch das für mich
nicht stimmig war, entwickelte ich die tolle Idee des freien Aufstellens weiter.

In meinen Aufstellungen hat der Aufstellende für seine eigene
Aufstellung das alleinige Sagen. Sie oder er kennt sein Leben und
seine Lebens- und Gefühlszustände am besten. Ich bin bereit, sie
oder ihn jederzeit zu unterstützen, wenn es gewünscht wird. Ich

treffe jedoch keine eigenen Entscheidungen. Ich vergebe Termine, so dass jeder, der sich dazu entschlossen und sich angemeldet hat, auch die Gelegenheit für seine Aufstellung bekommt.

Mit wachsender Erfahrung und Praxis durch die vielen Aufstellungen konnte ich mir noch sehr viel mehr Wissen aneignen, als ich mir seinerzeit von Roland erhofft hatte. So entdeckte ich vor allem auch durch die gleichzeitig sehr lehrreichen Ausbildungen der geistigen Welt, die ich in meinen Träumen bekam, welche geistigen Gesetze der Resonanz und Schwingung in den Aufstellungen wirkten. Das half mir mehr und mehr dabei, Aufstellungen besser zu »lesen« und die Dynamiken zu erkennen. Ich stellte fest, dass jeder Stellvertreter nicht nur für den Aufstellenden, sondern immer auch an seinem eigenen Thema arbeitete.

Knapp zwei Jahre nachdem ich mit dem Aufstellen begann – die Workshops hatten sich mittlerweile fest etabliert –, bot ich zum ersten Mal ein Ausbildungsseminar an. Hier bemerkte ich, dass ich Menschen durch meine energetischen Fähigkeiten unterstützen konnte, wenn sie sich bewusst für eine höhere Feinfühligkeit öffneten.

Mittlerweile habe ich in den vergangenen zehn Jahren weit über 1 000 Aufstellungen moderiert und über 82 Menschen zur Moderatorin bzw. zum Moderatoren im »freien Aufstellen« ausgebildet. Dabei freue ich mich über jeden, der nach der Ausbildung selbst Aufstellungsworkshops anbietet. Denn wir sind immer noch viel zu wenige, die diese schöne Unterstützung und Hilfe zur Verfügung stellen.

Über meine Art des freien systemischen Aufstellens gibt es so viel zu berichten, dass ich mich entschlossen habe, nach dem Buch über »mein Erwachen« über diese Art der Hilfe ein weiteres Buch zu schreiben.

Falsch verstandene Dankbarkeit

Im Spätsommer des Jahres 2007 entschied ich mich kurzerhand, endlich meine in Santiago versprochene Wallfahrt zu verwirklichen. Ich hatte schon seit langem ein schlechtes Gewissen, weil ich mein Versprechen bisher nicht eingehalten hatte.

Der frühere Lehrer meines älteren Bruders kannte die genaue Strecke des Wallfahrtswegs von Rheine über die Dörfer Elte, Saerbeck, Landskrone, Westbevern bis nach Telgte und erstellte mir detaillierte Aufzeichnungen. Er war den anstrengenden Tagesmarsch, der morgens um 3 Uhr begann und nachmittags endete, bereits Dutzende Male in seinem Leben gelaufen. Ich wollte mir allerdings entgegen der Tradition für den Weg zwei Tage gönnen, weil ich auf keinen Fall in der Nacht starten wollte.

An einem sonnigen Freitagvormittag ging ich an der Altenrheiner Kapelle los. Ich war ähnlich ausgerüstet wie auf dem Jakobsweg, diesmal hatte ich jedoch in meinem Rucksack meine rund 3 Kilogramm schwere Mutter-Gottes-Statue dabei. Dank der präzisen Angaben des Lehrers erreichte ich am frühen Nachmittag Elte. In der Bäckerei füllte ich meinen Getränkevorrat auf und kaufte ein belegtes Brötchen. Guten Mutes und mit dem sicheren Gefühl, mein Gelübde zu erfüllen, folgte ich den Wegweisern Richtung Saerbeck.

Ich hatte mittlerweile blindes Vertrauen in die Aufzeichnungen und lief auch dann noch weiter, als mein Verstand mir sagte, dass ich mich doch eigentlich viel weiter rechts hätte halten müssen. So wanderte ich munter auf landwirtschaftlichen Wegen drauflos. Der Nachmittag verging und ein Feld reihte sich an das nächste. Weder Wegweiser noch die Details aus den Aufzeichnungen, die schon lange hätten kommen sollen, zeigten sich. Ich war mittlerweile sehr müde und die Riemen des schweren Rucksacks schnitten mir in die Schultern.

Irgendwann begriff selbst ich, dass ich mich verirrt hatte. Das wollte ich nun gar nicht akzeptieren. »Da gehst du 800 Kilometer und alles, aber auch wirklich alles läuft prima – und wenn du dich beim lieben Gott und der heiligen Maria dafür bedanken willst, dann geht alles schief!« Doch das war längst noch nicht alles …

Am späten Nachmittag zog ein Gewitter auf und es fing an zu regnen. Das ist bei den meisten Gewittern so, also völlig normal. Doch dieses Mal war es anders. Rundherum war der Himmel hell und klar, nur da, wo ich ging, waren dunkle Wolken. Ich war mitten in der Pampa und weit und breit gab es keine Unterstellmöglichkeit. So war ich schon bald komplett durchnässt. Die Temperatur war gefallen und ich begann zu frieren. Unterwegs kam ich zwar an mehreren Windrädern vorbei, von denen einige ein kleines Vordach über der Eingangstür hatten, aber mich hier bei dem Gewitter unterzustellen, erschien mir zu riskant. Deshalb versuchte ich noch schneller zu laufen, änderte zweimal die Richtung, um endlich Saerbeck zu erreichen.

Mein ständiger Begleiter war der Regen, der sich anscheinend genau in die Richtung orientierte, die ich mir ausgesucht hatte. Ich musste mehrere Pausen einlegen, weil meine Kraft nun langsam, aber sicher völlig am Ende war.

Endlich erreichte ich einen kleinen Kotten, an dem ich einen Mann traf, den ich nach dem Weg nach Saerbeck fragen konnte. Er zeigte ungefähr in die Richtung, aus der ich gerade gekommen war. Ich verstand die Welt nicht mehr. Er erklärte mir den kürzesten Weg – es waren immer noch stolze sieben Kilometer – und ich machte mich hoffnungsvoll, mein nächstes Ziel nun endlich zu erreichen, wieder auf den Weg. Diesmal fand ich mich geografisch besser zurecht und kämpfte mich förmlich unter mittlerweile starken Waden- und Oberschenkelschmerzen nach Saerbeck. Als ich endlich in dem Dorf ankam, verstand ich mein Dilemma. Ich war weiträumig um Saerbeck herumgelaufen, denn ich kam nun aus der entgegengesetzten Himmelsrichtung dort an.

Ich nahm mir im Ort das erstbeste Hotelzimmer. Nachdem ich geduscht und mich etwas ausgeruht hatte, war mein Muskelkater so massiv, dass mir jede Bewegung höllisch wehtat. Ich kann mich noch heute erinnern, wie schwer es mir fiel, nach dem Essen im Restaurant die Treppe in den ersten Stock hinaufzusteigen. Direkt nach dem Essen legte ich mich hin und schlief sehr unruhig. Irgendetwas in mir sagte: »Ruf Christel an, dass sie dich abholt!« Wer oder was auch immer mir diesen Ratschlag suggerierte – es scheiterte an meinem Stolz und daran, dass ich so vielen von meiner Wallfahrt erzählt hatte.

Am nächsten Morgen stand ich früh auf, denn schließlich hatte ich noch einen weiten Weg vor mir. Mein Muskelkater ließ mit der Zeit nach und ich kam gut voran. Ich folgte wieder den Aufzeichnungen des Lehrers, denn ich hatte die Vermutung, dass meine Odyssee gestern nicht auf sein Fehlerkonto, sondern auf meins ging. Das Wetter war an diesem Samstag viel besser, es war sonnig und warm. Auf dem Weg nach Landskrone durchwanderte ich einen unbefestigten Weg, der Äcker und einen Laubwald trennte. Hier wurde ich gleich mehrfach geprüft. Hatte ich auf den 800 Kilometern des Jakobsweges keinerlei Mücken gesehen, geschweige denn, dass ein Insekt welcher Gattung auch immer versucht hatte mich zu stechen, war das auf diesem Weg völlig anders. Ganze Mückenschwärme jagten mich und ich hatte das Gefühl, Dutzende Stiche ertragen zu müssen. Außerdem übte eine Gruppe von sportlichen Kutschen mit jeweils zwei Pferden anscheinend für ein Geschicklichkeits-Military-Rennen. Der Weg war wegen der starken Regenfälle aus der Vorwoche noch übersät mit großen Pfützen. Mehrfach überholten mich die Kutschen in rasanter Fahrt auf diesem wohl für sie ausgelegten Rundkurs. Jedes Mal musste ich ins dichte Gestrüpp und in die Brennnesseln hechten, um dem spritzenden Dreckwasser zu entkommen. Einige Male war ich jedoch zu langsam. So war ich bald nicht nur zerstochen, sondern auch noch nass und dreckig.

Über Landskrone erreichte ich ausnahmsweise ohne weitere Zwischenfälle Westbevern. Jetzt hatte ich jedoch ein anderes Problem: Ich hatte mich mit meinen Eltern für den frühen Nachmittag in Telgte verabredet. Zusammen wollten wir den Gottesdienst in der Wallfahrtskirche besuchen. Ich war jedoch mittlerweile wieder kräftemäßig völlig am Ende und würde mit Sicherheit zu spät kommen. In Westbevern machte ich Rast in einer Gaststätte und wurde vom Wirt, einem älteren netten Mann, und den wenigen Gästen am Tresen amüsiert betrachtet. Als er mir den bestellten Kaffee brachte und ich ihn nach dem Pilgerweg fragte, kamen wir ins Gespräch und ich erzählte ihm von meinem Gelübde und von der Mutter-Gottes-Statue in meinem Gepäck. Er hatte sich mittlerweile zu mir an den Tisch gesetzt und hörte aufmerksam zu. Dabei nickte er immer wieder und schaute mich schweigend an. Als ich geendet hatte, stand er unvermittelt auf und holte mir ein nasses Handtuch. »Du bist ganz dreckig im Gesicht. Wasch es dir besser ab.«

Dann meinte er nachdenklich: »Glaubst du wirklich, dass der liebe Gott das von dir will?«

Ich wusste nichts darauf zu antworten, ich war wie zugenagelt. Ich wollte nur noch schnell Telgte erreichen und diesen Albtraum hinter mich bringen. So wanderte ich weiter und verlief mich prompt erneut. Eineinhalb Stunden und drei Telefonate später – meine Mutter machte sich allmählich Sorgen, wo ich denn blieb – stand ich erneut vor der Gaststätte. Ich war offensichtlich im Kreis gelaufen. Die Jungs am Tresen waren noch dieselben. Ihr Grinsen zu ertragen, als der Wirt mir ein Taxi rief, war noch schlimmer als jeder Schmerz, den ich ausgehalten hatte.

Als ich endlich in Telgte ankam, schämte ich mich, weil ich den Weg abgebrochen und für die letzten Kilometer ein Taxi genommen hatte. Ich verweilte an der Seite meiner Eltern noch einige Zeit in der Wallfahrtskapelle. Meine Mutter-Gottes-Statue hatte ich auf die Stufe zum Altar gestellt. Ich kniete in einer Bank, schaute die Marien-Statue an und langsam begriff ich, dass die Frage, die der Wirt gestellt hatte, berechtigt war. Wenn ich meine Augen schloss, fühlte ich dort keine Freude, sondern Mitleid. Stumm liefen mir Tränen aus den Augen, denn mir wurde klar, dass es nicht nur mein Gefühl, sondern vor allem auch ihr Gefühl war. Der liebe Gott und auch nicht die heilige Mutter Maria wollten, dass ich mich dem aussetzte und mich so schinde. Langsam entstand in meinem Inneren eine

Ahnung. Wenn ihr Gefühl in mir ist, wenn wir sozusagen eins sind, dann ist auch die Göttlichkeit in mir. Sie ist ein Teil meines Selbst. Und wenn dies so ist, dann bin ich eins mit dem Schöpfer.»Hatte ich mir die Tragödien meines anstrengenden Weges etwa selbst erschaffen?«

Ich wurde mir bewusst, mit welcher Energie und welchem Gefühl ich damals auf den Jakobsweg gestartet war. Es war ein Gefühl der Euphorie und der Freude. Ich fühlte mich so sicher, hatte mich kurzentschlossen auf den Weg gemacht. Damals hatte ich nicht einmal einen Reiseführer dabeigehabt. Obwohl ich auch dort in Schwierigkeiten geriet, wie am ersten Tag in den Bergen, war alles wunderbar gelaufen. Keine Blasen an den Füßen, keine Verletzungen, keine Krankheiten – ich hatte mich geführt und getragen gefühlt.

Als ich auf diese dagegen kurze Wallfahrt ging, war das anders. Ich wollte ein Gelübde erfüllen, ein feierlich abgegebenes Versprechen einlösen. Ein Versprechen, das mir kein anderer abgenötigt hatte. Vor allem nicht Gott. Ich selbst fühlte mich damals in seiner Schuld und wollte ihm etwas zurückgeben für das, was er mir geschenkt hatte.

Meine Eltern brachten mich am Abend nach Hause, wo ich todmüde ins Bett fiel. In dieser Nacht hatte ich im Traum zum ersten Mal eine wundervolle Begegnung mit einem Mann, den ich später Sadhu nannte. Er erklärte mir, dass das Göttliche aus Liebe handele und weder eine Gegenleistung fordere noch erwarte. Er machte mir klar, das Göttliche wohne in mir und ich sei der Schöpfer meines Lebens. Er erklärte mir, dass ich mit meinen Gefühlen meine Realität erschaffen hatte.

Mein Geistführer Sadhu

In den ersten Jahren nach Beginn meiner Veränderung und dem Nutzen meiner neuen Fähigkeiten hatte ich viele Fragen. Es passierte so vieles, was ich mit meinem bisherigen bzw. dem mir zugänglichen Wissen nicht erklären konnte. Wie war es manchen Menschen möglich, ihre Krankheiten und Symptome plötzlich und unerwartet abzugeben bzw. zu lindern, nachdem sie dies jahrelang mit modernster Medizin nicht oder nur unzureichend geschafft hatten?

Der Medizin vertraute ich weiterhin, weil ich für mich analysierte, dass sie bei ganz vielen Erkrankungen unabdingbar notwendig und sinnvoll ist. Ein Mensch, der sich ein Bein bricht und dessen Knochen schräg voreinander stehen, der benötigt einfach einen guten Arzt und dessen ärztliche Kunst. Genauso benötigt ein Mensch, der einen entzündeten Blinddarm hat, der zu platzen droht, einen Chirurgen und dessen Wissen und Fertigkeiten.

Auf der Suche nach Antworten war ich mit sehr vielen spirituellen Menschen zusammengekommen. Ich hatte Menschen getroffen, die in meinen Augen wissenschaftlich nicht erklärbare Fähigkeiten hatten. Einige davon redeten schlecht über die Medizin, andere versuchten ihr lieber aus dem Weg zu gehen. Ich spürte dabei eine Disharmonie in mir. Ich hatte am eigenen Leib erfahren, dass mir die Medizin nur teilweise eine Linderung meiner Beschwerden bringen konnte. Energiearbeit, wie z. B. Reiki, hatte dagegen tiefgreifenden Erfolg gehabt und mich außerdem mit meinen psychischen Problemen und mit dem Bewusstsein und der eigenen Arbeit auf Seelenebene verbunden. Ich war diesen Weg gegangen – gegen alle Widerstände, die selbst aus meiner eigenen Familie auf mich prallten ...

Ich erinnere mich noch an den Tag, als meine Eltern mich um ein Familientreffen baten. Als ich am Abend bei Ihnen eintraf, waren auch meine beiden Brüder und ihre Frauen da und ich merkte sofort, dass sie über mich gesprochen hatten. Das Gespräch wurde dann auch sehr schnell in meine Richtung gelenkt, auf die Dinge, denen ich da gerade nachging. Sie äußerten deutlich die Angst, dass ich noch meine ganze Karriere kaputt machen würde, wenn ich solchen verrückten Dingen weiter nachgehen würde. Ich kam mir vor wie auf dem heißen Stuhl. Sie erwarteten jede Menge Antworten von mir, die ich ihnen nur leider nicht liefern konnte. Antworten, die das, was ich da machte und was daraus geschah, erklären sollten. Ich sagte schließlich: »Ich kann vieles nicht erklären, aber schaut euch doch Papa an. Seit ich ihn behandelt habe, sind seine Hüftschmerzen doch deutlich zurückgegangen. Er braucht kein Morphium mehr, fühlt sich viel wohler. Ich finde das einfach gut!«

Ich versuchte, meinen Vater, der die ganze Zeit geschwiegen hatte, für mich mit ins Boot zu holen, indem ich ihn aufforderte, doch auch etwas dazu zu sagen.

»Ja, der Schmerz ist deutlich zurückgegangen, ist fast weg und mir geht es heute sehr viel besser.«

Meinen Geschwistern merkte ich an, dass sie sich ehrlich Sorgen um mich machten, und mein jüngerer Bruder brachte dies klar zum Ausdruck: »Michael, du hast so viel erreicht in deinem Leben, du leitest ein großes Unternehmen, du bist erfolgreich! Mach das nicht alles kaputt, indem du Dingen nachgehst, die keiner versteht.«

Aber was sollte ich machen? Ich hätte ihnen von meinen Gefühlen bei den Behandlungen berichten können, von meinen Träumen und Visionen, die ich teilweise dabei hatte. Doch sie konnten das alles natürlich nicht nachfühlen. Unumstößliche Fakten konnte ich nicht bieten. Es waren eben vielfach Dinge, an die man glauben kann oder eben auch nicht. An diesem Abend konnte ich mich noch leicht aus der Affäre ziehen. Die Tatsache, dass ich jedoch für mich vieles selbst nicht erklären konnte, belastete mich oft stark und sorgte dafür, dass ich manchmal zusätzlich unsicher wurde.

* * *

Der Traum, in dem ich meinen Geistführer Sadhu kennenlernte, war einfach gigantisch. Ich spürte eine unglaubliche Leichtigkeit und fühlte mich leicht wie eine Feder. Gleichzeitig hatte ich eine riesige Kraft in meinen Armen, die ich mühelos als Flügel einsetzen konnte. Ich flog über das Dach meines Hauses und über die Dächer der Nachbarhäuser. Die Geschwindigkeit meines Fluges wie auch die Richtung konnte ich durch meine Gedanken steuern. Alles war unendlich leicht und es schien keine Angst zu geben. Ich flog mittlerweile so schnell, dass Städte und Wälder, Flüsse und Seen nur so vorbeisausten. Irgendwann erreichte ich das Meer und ich flog dem leuchtenden Mond entgegen. Wie einem inneren Wunsch folgend, führte mich meine Reise in ein fernes Land. Ich landete in einer Steppe, in der es nur wenig Vegetation gab. In der Nähe nahm ich nur einige Sträucher und kleine Bäume wahr. Inmitten dieser Landschaft stand hoch aufgerichtet ein mir unbekannter Mann mit einem wilden grauen, langen Bart. Er trug nur etwas Stoff um seine Hüften, ansonsten war er nackt. Sein ganzer Körper war voller Dreck und Staub und seine Haut sah aus wie gegerbtes Leder. Das alles nahm ich zwar wahr, doch konnte ich mich nur auf seine Augen konzentrieren. Nie werde ich den Anblick dieser Augen vergessen. Sie waren groß und drückten eine dermaßen große Freude aus, dass mein Innerstes im selben Moment von Liebe ausgefüllt war. Er breitete seine Arme aus und begrüßte mich. »Ich freue mich, dass du gekommen bist. Sei herzlich willkommen.«

Der alte Mann führte mich zu einem Loch in der Erde, in welchem eine Leiter stand, die aus starken Ästen eines Baumes und Seilen gefertigt war. Er ging voraus und ich folgte ihm hinab in die Dunkelheit des Erdlochs. Nach wenigen Metern befanden wir uns auf felsigem Untergrund. Bald erkannte ich in einiger Entfernung ein Lagerfeuer. Es spendete Licht, das sich an den Felswänden spiegelte. Mein Begleiter bat mich, meine Kleider abzulegen, und wies mir einen Platz auf einem Vorsprung. Nachdem ich mich meiner Kleidung entledigt hatte, setzte ich mich auf einen großen Stein ihm gegenüber ans Feuer.

»Es ist gut, wenn wir dich zuerst reinigen«, sagte er freundlich. Ich musste darüber herzlich lachen, denn schließlich war dieser freundliche Mensch völlig verdreckt, voller Staub, seine Haare waren wahrscheinlich seit Jahren nicht geschnitten und gewaschen. Ich hingegen hatte vor dem Zubettgehen noch geduscht. Und ich sollte nun gereinigt werden. Der alte Mann lächelte mich an.

Dann hob er seine Hände über das Feuer und rieb sie aneinander. Plötzlich wechselte das Feuer seine Farbe. Das Gelb wurde zu Blau, das Rot zu Weiß. Ich verstummte augenblicklich, er lächelte mich jedoch weiter freundlich an. Er machte einige Gesten und fachte das Feuer damit an. »Hab keine Angst, es ist kein Feuer, wie du es kennst. Es ist die heilige Flamme der Transformation. Sie wird dich reinigen.« Das Feuer griff auf mich über, ohne mich zu verbrennen. Ich spürte keine Hitze, die gefühlte Temperatur blieb annähernd gleich. Dafür überkam mich ein starkes durchdringendes Kribbeln, erst auf meiner Haut und dann in meinem ganzen Körper. Es war ein faszinierendes Gefühl.

Es dauerte nur Sekunden, dann zogen sich die Flammen zurück und das Kribbeln verschwand.

»Du kennst dieses Kribbeln auf deinem Körper, nicht wahr?«

Ich nickte und er erklärte mir, dass ich bei meinen Behandlungen bereits mit dieser Energie arbeite. »Im Moment lernst du noch, sie zu benutzen, sie in Liebe einzusetzen, sie frei von den Begrenzungen des Egos zu schenken.«

»Was meinst du damit?«

Anhand von Situationen in meinem Leben veranschaulichte er die Bedeutung von Mut und Akzeptanz.

Irgendwann fragte ich ihn nach seinem Namen, wie ich ihn nennen sollte.

»Du gehst davon aus das mein Name aus Tönen oder Symbolen besteht, die man hören oder sehen kann. Mein vollständiger Name besteht auch aus Sinneswahrnehmungen, die auf der Erde, auf der du inkarniert bist, nicht vorhanden sind. Nenne mich einfach so, wie du möchtest.«

»Warum tust du das für mich?«, wollte ich wissen. »Und werde ich mich morgen noch daran erinnern können?«

»Dein Herz hat mich gerufen, weißt du noch? Du hattest so viele Fragen. Dabei hast du nicht für ›dich‹, sondern für ›das Ganze‹ um Hilfe gebeten. Ich bin gekommen, um dir das Universum zu erklären. Ich bin nicht gekommen, um dir zu sagen, was du tun sollst, denn dann würde ich meine Liebe für dich verraten. Ich ehre und wertschätze dich als einen Teil der Schöpfung. Im Ursprung auch deiner Religion wird die Wahrheit verkündet und gelehrt, dass Gott dich ihm gleichgemacht hat. Leider hat der Wunsch nach Macht viele Menschen andere unterdrücken lassen. Sie haben sich über die anderen erhoben und letztendlich haben sie damit ihr wahres göttliches Potenzial bewusst für die Seite der Angst eingesetzt. Viele der Unterdrückten haben ihr universelles, göttliches Potenzial dann verkümmern lassen und sich selbst kleingemacht. Beide haben schließlich große Teile ihrer Kraft verloren, denn sie haben ihr Ego zu ihrem Regenten gemacht. Es bedarf neuer Helfer, um sie in ihre wundervolle Kraft zu bringen. Ich werde dich lehren, dass du der Schöpfer deiner Gedanken und deines Handelns bist. Dass du durch deine Gedanken wahrhaftige Gefühle entstehen lassen kannst, die dich in die Lage versetzen, deine Realität bewusst zu steuern.«

Er erklärte mir, dass ich selbst durch meine Gedanken und Gefühle die Strapazen auf meiner Wallfahrt nach Telgte hatte entstehen lassen. Dass es mein Gefühl gewesen war, das wunderbare Glück und die Freude auf dem Jakobsweg durch Anstrengung und Leid auszugleichen.

»Du bist deines Glückes Schmied, so sagt man in eurer Welt, und es ist die Wahrheit. Nur du entscheidest, ob du das Positive oder das Negative erwählst. Du entscheidest auch, ob du dich morgen erinnern willst oder nicht.«

Der weise alte Mann wurde mir zu einem wundervollen Lehrer. Ich reiste über Jahre, manchmal zwei bis drei Mal die Woche in meinen Träumen zu ihm. Dies passierte jedoch immer nur dann, wenn ich es anscheinend benötigte. Ich konnte es leider nicht bewusst steuern, zumindest nicht mit meinen Gedanken. Er beantwortete meine Fragen zu den Gesetzen des Universums und wie ich meine universellen Fähigkeiten zum Wohle für mich und andere einsetzen konnte. Er hatte eine große Geduld, und aus allem, was er sprach, konnte man seine überaus große Liebe für mich als Teil der Schöpfung erkennen.

In diesen Jahren passierte es oft, dass ich ihn in sehr wichtigen Angelegenheiten und Problemen um Rat fragte. Ich wollte von ihm wissen, welchen Weg ich am besten gehe, welche Entscheidung ich treffen sollte. Er schaute mich dann jedes Mal sehr freundlich und gütig an, hielt einen Moment inne, bis mir selbst bewusst wurde, dass er auf diese Fragen nicht antworten würde, weil er damit seine Liebe zu mir verraten würde. Statt eine Antwort zu bekommen, stellte er mir dann Fragen wie z. B.: »Was möchtest du erreichen? Was fühlst du in deinem Herzen? Was bist du bereit, dafür zu tun?«

Er ließ mich immer selbst die Antwort in mir finden. Wenn ich mich manchmal nicht entscheiden konnte, ließ er es so stehen.

Einige Monate nachdem ich meinem Geistwesen begegnet war, erzählte ich bei einem Treffen von spirituellen Freunden die ich vom Familienstellen her kannte von diesen Träumen. Ein netter Mann aus dem Emsland sagte dazu: »Du beschreibst ihn wie einen heiligen Mann aus Indien. Sie sind Eremiten und leben allein und in Askese. Sie widmen ihr Leben dem Gebet. Ich glaube, man nennt sie Sadhu.«

In meinem nächsten Traum sprach ich meinen Lehrer, zu dem ich mittlerweile ein riesiges Vertrauen hatte, darauf an und er sagte: »Das war ich in meiner letzten Inkarnation, du kannst mich gern so nennen.«

Seit diesem Moment nenne ich ihn Sadhu. Die Traumbekanntschaft mit ihm ist eins der größten Geschenke in meinem Leben.

Später bekam ich weitere Lehrer und Lehrerinnen, die mich begleiteten. Jedoch in für mich schweren Lebensmomenten – zum Beispiel als mein Vater starb oder während anderer großer Herausforderungen – kam er manchmal wieder in meine Träume, um mit seiner Liebe und Weisheit für mich da zu sein.

Mut

»Mut tut gut« sagt man beiläufig und genauso ist es. Mut ist ein wichtiger Faktor für Veränderung. Viele Menschen stecken oft in ihren persönlichen Dramen fest. Sie hoffen auf eine Veränderung, sind jedoch nicht bereit, selbst dafür zu sorgen. Sie hoffen auf eine Veränderung aus dem Außen. Sadhu machte mir das durch verschiedene Situationen, die mich selbst betrafen bzw. mit denen ich in meinen Behandlungen in Kontakt gekommen war, bewusst.

Da war zum Beispiel eine Frau, die über anhaltende Kraftlosigkeit und immer wieder über Rücken- und Schulterschmerzen klagte. Sie berichtete, dass sie sich in ihrem Leben und in ihrer Partnerschaft unglücklich fühle. Wenn man früher noch an einem Strang gezogen hatte, war das längst zur Vergangenheit geworden, denn in der Gegenwart, im Hier und Jetzt, stritt man sich nur noch bzw. man ging sich so gut wie möglich aus dem Weg. Zwar wurde nach Außen der Schein gewahrt, im Inneren fühlte sie sich jedoch mehr und mehr unverstanden und unglücklich. Alles fühlte sich nur noch schwer an. Als ich sie fragte, ob sie glaube, dass sich die Situation mit ihrem Partner ändern könne, verneinte sie dies. Sie habe all ihre Hoffnung aufgegeben. Als ich wissen wollte, ob sie ihren Mann noch liebe, verneinte sie auch diese Frage kategorisch.

»Warum bist du dann noch mit ihm zusammen«, fragte ich sie direkt.

»Was sollen denn unsere Kinder und die anderen Leute denken? Außerdem kann ich mir das gar nicht leisten, er verdient doch heute viel mehr als ich. Wenn da jemand anders wäre, dann würde mir das sicher leichter fallen.«

Sadhu erklärte mir dazu, dass die Frau bislang keinen Mut aufbringe, um ihre Situation selbst zu ändern. Sie handele aus Angst. Sie wünsche sich die Änderung von außen. Erst dann würde sie darüber nachdenken, wirklich ihren Mann zu verlassen. Ob sie eine

Trennung in solch einem Fall jedoch wirklich umsetzen würde, hinge dann immer noch davon ab, ob sie zumindest den Mut aufbringen würde, es ihren Kindern, den Angehörigen und Freunden zu erklären.

Ich wollte wissen, ob es möglich sei, dass manche Menschen keinen Mut besitzen oder zumindest für manche Lebenssituationen keinen Mut besitzen. Sadhu antwortete: »Mut ist im Ursprung eine Energie. Es ist ein Gefühl, das einen mutig sein lässt. Jeder Mensch hat durch seine Schöpferkraft Zugang zu dieser Energie. Sie ist untrennbarer Teil seines Selbst. Es gibt keinen einzigen inkarnierten Menschen, der noch nie in seinem Leben mutig war. Jeder Mensch ist bei manchen Dingen mutig, bei anderen nicht. Genauso wenig gibt es Menschen, die immer mutig sind. Auch diese haben schon Situationen erlebt, in denen sie sich nicht für den Mut entschieden haben. Es liegt in der Schöpferkraft des Menschen, sich für den Mut zu entscheiden oder für Neutralität oder Angst. Mut ist die Kraft der Veränderung, sozusagen die antreibende Energie des Tuns. Mutig ist derjenige, der verändert, ohne genau zu wissen, wie sich die Situation bzw. wie sich sein Leben danach genau anfühlt.«

»Es liegt also in meiner Hand?«

»Ja, so ist es«, bestätigte Sadhu.

»Woher weiß ich denn, dass mein Mut berechtigt ist, dass letztendlich alles gutgehen wird?«

Er fuhr fort: »Wissen ist auf der Erde eine sehr große Kraft. Sie bezieht sich jedoch nur auf das Vergangene und auf die Gegenwart. Es ist ein universelles Gesetz, dass niemand etwas für die Zukunft genau wissen kann. Immer bleibt die Möglichkeit der Veränderung der Gegenwart. Denn die Zukunft existiert ja noch nicht und es gibt für den Prozess der Schöpfung nur die Gegenwart. Aus der Erinnerung der Vergangenheit und in der Gegenwart kannst du etwas wissen, zum Beispiel den jetzigen Status. Was in der Zukunft passiert, kann man nur glauben. Und der Glauben ist schöpferisch gesehen die weitaus größere Macht als das Wissen.«

Ich wollte wissen, wie man denn Glauben erzeugen könne. Sadhu lächelte. »Ihr macht es ständig, ihr macht es unaufhörlich, meist jedoch unbewusst. Ihr denkt und bewertet. Ihr bewertet eure Situation, andere Menschen, sogar euch selbst. Leider denkt und bewertet ihr oft negativ. Eure ständigen Gedanken und Bewertungen erzeugen dann eure Gefühle und letztendlich das, woran ihr glaubt. Eure Gefühle und euer Glauben werden dann zu eurer selbst gewählten Wahrheit und schließlich zu eurer Realität.«

»Wenn meine Gedanken zu meinen Gefühlen und dann zu dem werden, woran ich vielleicht glaube, warum funktioniert dann so vieles nicht, was ich mir von ganzem Herzen mit meinem ganzen Gefühl wünsche?«, fragte ich skeptisch.

»Das liegt daran, dass du das wahrhaft aus deiner eigenen Schöpferkraft Entstandene oft nicht siehst, es nicht wahrnimmst.«

»Wieso nicht?«, platzte es aus mir heraus.

»Weil ihr glaubt, dass es im Außen entsteht und ihr nur das Opfer seid. Diese Unwahrheit wurde euch seit Generationen so erklärt und von euren Eltern vorgelebt. Sie und viele, die vor ihnen gelebt haben, wurden zur Kleinheit erzogen. Ihr habt vielfach vergessen, dass ihr in eurem Inneren die Schöpfer eures Lebens seid. Deshalb kämpft ihr lieber gegen das unangenehme im Außen, wenn ihr es nicht mehr aushaltet, oder ihr resigniert und haltet es aus. Dabei besitzt jeder von euch die Kraft, mit seiner Schöpferkraft etwas anderes zu erschaffen.«

Sadhu erklärte mir daraufhin die Bedeutung von Mut: »Mut ist oft der Schlüssel für die Veränderungen des Lebens. Der Mutlose bleibt stehen, er verändert sich nicht. Er wählt den Pessimismus, der Mutige den Optimismus.«

In meinen Behandlungen benötige ich oft Mut, und ich freue mich, wenn ich ihn aufbringe. So ist es auch im Leben. Wie oft stehen wir vor Dingen, die uns nicht guttun, die uns belasten und die uns kraftlos und irgendwann krank machen. Viele bleiben in dieser Situation, in der Tatenlosigkeit, oder sie wagen noch nicht einmal ihre Wahrheit auszusprechen. Sie wählen die Mutlosigkeit. Aus Mut und Hoffnung entsteht letztlich das Vertrauen. Und aus dem Vertrauen entsteht positive Veränderung.

Sadhu erklärte weiter: »Manche Menschen erfahren bereits Heilung nur dadurch, dass sie sich an alte verdeckte Gefühle erinnern. Deshalb sei behutsam und voller Liebe, sei mutig, Gefühle zu erzeugen und zu leben. Erzeuge niemals Gefühle aus und mit der Angst. Diese haben das Potenzial der Traumatisierung.«

Akzeptanz

Ein älterer Mann von etwas über 70 Jahren kam in Begleitung seiner Frau zu mir, weil ihn seit Jahren starke Schmerzen in den Waden quälten. »Es fühlt sich an, als würden meine Waden verbrennen«, berichtete er. Nach einem kurzen Gespräch bat ich ihn, sich auf die Liege zu legen. Während ich ihn behandelte, bekam ich die Information: »Er hasst einen Menschen!« Es kostete mich viel Mut, diese Behauptung auszusprechen, und mein Ego kämpfte gegen mich und versuchte, mich zu überzeugen, das Gegenteil zu glauben, denn es passte so gar nicht zu diesem netten Opa, der so eine liebenswürdige Ausstrahlung hatte. Er widersprach auch sofort, dass das nicht sein könne. Ich müsse mich irren, er habe noch nie einen Menschen gehasst.

»Doch, ich glaube in deinem Inneren hasst du einen Menschen abgrundtief«, wiederholte ich trotz meiner Verunsicherung.

Im nächsten Augenblick bekam ich die Intuition, ihn aus seinem Leben erzählen zu lassen. Und so machten wir uns auf eine Reise in seine Vergangenheit. Der alte Herr berichtete von den verschiedenen Stationen seines Lebens, bis wir in seine Kindheit gelangten, genauer gesagt in sein 13. Lebensjahr.

»Da war doch damals was«, warf seine Frau plötzlich ein. »Weißt du noch, als du in dem Internat warst?«

Und da erinnerte er sich wieder: »Oh ja, ja, das könnte es sein.«

Er begann zu erzählen: »Ich war das Nesthäkchen der Familie, ich habe viele ältere Geschwister. Meine Familie war sehr hitlertreu, musst du wissen. Alle meine Brüder kamen in ein Internat der Hitlerjugend und wurden dort zu Soldaten erzogen, zu Offizieren ausgebildet. Das war bei uns so vorgegeben, die männlichen Nachkommen werden Offiziere. Meine Mutter hatte diese Laufbahn auch für mich vorgesehen, doch ich wollte das nicht, ich wollte bei Mama bleiben. Das durfte ich aber nicht. Und so steckten mich meine Eltern in dieses Internat, wo auch meine älteren Brüder waren.« Er hielt einen Moment inne und fuhr dann fort: »Ich tat alles, um da rauszukommen. Ich lehnte mich gegen die Obrigkeit auf, so gut ich nur konnte. Ich wollte unbedingt, dass sie mich wieder nach Hause schickten. Aber was konnte ich Knirps schon ausrichten? Sie versuchten mich zu brechen.«

Dem alten Mann traten plötzlich die Tränen in die Augen. »In diesen zwei Jahren erlebte ich die Hölle. Ich wurde gezwungen, vor den anderen nackt auf dem Kasernenplatz zu exerzieren. Meine Ehre wurde ganz tief verletzt.«

Er holte tief Luft und sagte dann im Flüsterton: »Und meinem damaligen Ausbilder, der mir das alles angetan hat, dem habe ich den Tod gewünscht. – Mein Gott, das alles hatte ich vollkommen vergessen!«

Ich spürte dieses Kribbeln auf der Haut und fühlte in meinem Inneren, dass wir die Ursache seiner Schmerzen gefunden hatten. Ich bekam folgende Intuition: »Dass du Schmerzen hast, liegt daran, weil du diesem Menschen noch nicht vergeben hast. Das, was du an eigenem Leid und Hass in dir hast, zeigt sich in deinen brennenden Waden.«

Der alte Mann schaute mich fragend an und ich erklärte ihm, wie alles zusammenhing. Dabei half mir das, was ich von Sadhu gelernt hatte. »Auch wenn ich mir das nicht vorstellen kann, wie man so einem Menschen vergibt, ist dieser Schritt für dich sehr wichtig, um das alte Leid loszulassen und gesund zu werden.«

Ich hielt meine Hände auf seinen Rücken und spürte, dass der Schmerz von dort kam und in seine Beine ausstrahlte. Und wieder erlebte ich, dass ich etwas aussprach, was ich eigentlich gar nicht sagen wollte. »Ich nehme dir für fünf Tage deine Schmerzen, damit du dich auf den Weg machen kannst und erkennst, dass dies dein Weg der Heilung ist.«

Im nächsten Augenblick waren seine Schmerzen verschwunden.

Ich kann kaum beschreiben, wie wundervoll diese Erfahrung auch für mich war. Dass dies durch die Kraft in meine Hände geschieht, wenn jemand vorübergehend oder ganz von seinen Schmerzen befreit wird, ist ein superschönes Gefühl. Der alte Mann war völlig überrascht und dankte mir. Er nahm mich in den Arm und drückte mich wie ein Vater seinen Sohn und wir waren alle sehr glücklich. Ich führte die Behandlung zu Ende und machte ihm klar, dass ich nicht derjenige sei, der über eine Heilung entscheidet.

In diesen Momenten bin ich Kanal und bekomme eine Information, die ich weitergebe. Rückblickend habe ich festgestellt, dass immer dann, wenn ich mich über meine Voraussagen erschrecke, diese auch eintreffen. Und das ist für mich Zeichen genug, dass es richtig ist, diese Botschaften weiterzugeben. So war es bei Fred der Fall und eben auch hier.

Ich schlug dem alten Mann vor, dass er herausfinden solle, wer dieser Ausbilder sei und ob er noch lebe.

»Der war ja viel älter, der müsste inzwischen schon über 100 sein. Der ist bestimmt schon tot«, war seine Antwort.

Doch er begab sich auf die Suche nach diesem Mann. Außerdem las er Bücher von Colin Tipping über Vergebung, kaufte sich seine CDs, meditierte und war ganz angetan davon. Nach fünf Tagen kamen die Schmerzen wieder, aber nicht mehr so intensiv wie zuvor.

Jeden Tag, außer am Wochenende, rief er mich an. Es entwickelte sich eine wertvolle Bekanntschaft zwischen uns. Er erzählte mir von seinen Erfolgen und was sich bei ihm veränderte: »Ich habe das Gefühl, das Feuer in meinen Beinen wird kleiner.«

Er erzählte mir, dass er das Grab seines Peinigers ausfindig gemacht und dort Blumen niedergelegt hatte. Ich war so stolz, auf ihn und wohl auch auf mich. Mein Ego feierte förmlich in meinem Innern darüber, dass ich ihm helfen konnte.

So ging das ein paar Wochen, bis eines Tages das Telefon schwieg. Auch nach drei Tagen immer noch kein Anruf von ihm. Ich machte mir schon Sorgen, dass etwas passiert sein könnte. Am nächsten Tag meldete er sich wieder und offenbarte unter Tränen: »Ich habe alles versucht. Ich hab das Grab besucht und Blumen hingebracht. Ich hab eine Kerze entzündet und versucht, mit ihm in Frieden zu kommen, versucht, das loszulassen, was er mir angetan hat. Ich hab versucht, ihm zu vergeben. Ich habe die CDs gehört und die Bücher gelesen. Und ich weiß, dass das der richtige Weg ist. Ich habe gemerkt, je mehr ich getan habe, desto mehr verschwand der Schmerz. Aber was ich auch tue, es bleibt diese Hürde, die ich nicht überwinden kann. Da sind immer diese Bilder. Je mehr ich darüber nachdenke, desto mehr fühle ich die Erniedrigung von damals. Deshalb habe ich heute Nacht eine Entscheidung getroffen ...«

Ich spürte seine tiefe Verzweiflung und er fuhr fort: »Michael, ich danke dir für alles, was du für mich getan hast. Doch es ist so schwer für mich, diesem Mann zu vergeben, dass ich die Entscheidung getroffen habe, lieber den Schmerz zu wählen.«

Noch heute trifft es mich in Mark und Bein, wenn ich an dieses Telefonat denke. Es war so schlimm für mich. Ich habe mich so elendig gefühlt. Fast wäre ich daran zerbrochen, denn ich dachte, ich hätte alles falsch gemacht, ich fühlte mich als Versager. Ich konnte damals einfach nicht akzeptieren, welchen Weg er gewählt hatte. Ich wollte doch unbedingt, dass er gesund wird.

Erst als Sadhu mit mir diese Geschichte aufarbeitete, lernte ich etwas über Akzeptanz im Allgemeinen und im Besonderen bei meiner Arbeit als Heiler. Sadhu erklärte mir: »Viele Menschen haben große Schwierigkeiten, die Erfahrungen als Teil ihres Lebens anzunehmen. Gerade wenn es schlimme Erfahrungen sind, wenn sie Verletzungen ertragen haben, versuchen sie, sich zu schützen, indem sie alle Erinnerungen, alle schlimmen Gefühle und Ängste blockieren.«

»Das ist doch völlig menschlich«, warf ich ein. »Manche Dinge sind so schlimm, daran geht man doch sonst kaputt.«

»Das Leben auf diesem Planeten besteht aus Erfahrungen. Erfahrungen, die aus Gedanken und Gefühlen entstanden sind und die dann wieder neue Gefühle nach sich ziehen.«

»Das würde ja bedeuten, dass alles, was mir passiert, mit meinen Gedanken und Gefühlen zu tun hätte. Ich kann mir nicht vorstellen, dass ein Säugling sich mit seinen Gedanken Gefühle erschafft, die dann dafür sorgen, dass seine Eltern sich nicht um das Kind kümmern oder jemand anders ihm etwas antut.«

»Das Universum ist sehr komplex, es besteht aus Potenzialen, die als Ganzes im Zustand der Inkarnation nicht begriffen werden können. Dafür fehlen dir wichtige Aspekte des Ganzen. Jeder inkarnierte Mensch hat eine Seele, sie ist gleichzeitig Energie und Potenzial. Sie unterliegt nicht dem Wandel von Raum und Zeit, sie transformiert nach Belieben. Du als inkarnierter Mensch denkst oft aufgrund deiner Erfahrungen im Zyklus von Leben und Tod. Eine Seele macht das nicht, denn sie erlebt den Tod des Körpers als Transformation, also lediglich als Veränderung der Materie. Alles, was der Mensch an Erfahrungen, Gefühlen und Gedanken erlebt hat, wird Teil seines Potenzials. Nichts geht verloren. Eine Seele ist Teil des Ganzen und strebt nach Vollkommenheit und Ausgleich. Deshalb inkarnieren Seelen auf der Erde, um hier zu Vollkommenheit und Ausgleich zu kommen. Sie arbeiten oft über viele Leben an ein und demselben Themen.«

»Was hat das noch mit Akzeptanz zu tun?«, fragte ich.

»Die Seele und du, ihr seid eins. Wenn du etwas Schlimmes erfahren hast, wenn du in deinem Leben Verletzungen ertragen hast, dann hast du die Fähigkeit, dies als Teil deines Lebens zu akzeptieren. Du musst es nicht gutheißen, du musst dich nicht darüber freuen. Du kannst dich entscheiden, diese Situation, dieses Handeln eines anderen Menschen und auch dein eigenes Handeln als einen Aspekt deines Lebens zu akzeptieren. Über die Akzeptanz entsteht der Frieden, und wahrer Frieden ist Ausgleich und Harmonie.

Ein Mensch, der Akzeptanz und Harmonie wählt, lebt sein Dasein im Gefühl des Glücks und des Wohlbefindens. Viele Menschen in heilenden Berufen bringen oft nur wenig Akzeptanz in ihrer Arbeit auf. Sie wollen um jeden Preis heilen, egal was der betreffende Mensch dazu fühlt und entscheidet.

Wähle bei deiner Arbeit die Akzeptanz, dann löst du alle deine Blockaden und hilfst anderen dabei, ihre Blockaden zu lösen.«

Erst jetzt fing ich an zu begreifen, dass ich diese Erfahrung mit dem alten Mann brauchte. Ich brauchte sie, um etwas sehr Wichtiges zu lernen: Ich bin nur ein Werkzeug, ein Dienender. Ich habe nicht die Macht, jemanden gegen seine Entscheidung zu heilen. Diese Entscheidung liegt allein in der Verantwortung jedes Einzelnen. Damals hatte ich keinen Fehler gemacht, der alte Mann hatte seine Entscheidung selbst getroffen.

Mir ist außerdem bewusst geworden, dass ich alle meine bewussten und unbewussten Gefühle immer auch aussende. Und dass sie zu mir zurückkommen.

Das, was wir oft als Krankheiten bezeichnen, nennt Sadhu »Hinweise des Universums«. Sie sollen uns anregen, zu schauen und zu transformieren, was bei uns in Disharmonie ist.

Als der alte Mann damals im jugendlichen Alter dem Ausbilder den Tod wünschte, wurde diese Energie nach außen gesendet und er lud damit als Opfer eine schwere Last auf sich. Die Erinnerungen daran waren lange blockiert, doch die Energie kehrte wie ein Bumerang jenseits von Zeit und Raum zu ihm zurück und das Universum schickte ihm einen Hinweis in Form von Schmerzen.

Die Vergebungsarbeit, seine Gedanken, sein Handeln und die veränderten Gefühle brachten ihm Linderung. Letztlich hatte er sich jedoch dagegen entschieden. Dies war sein freier Wille.

Damals stand ich vor der Entscheidung, weiter zu behandeln oder nach dieser »Niederlage« alles hinzuschmeißen. Ich entschied mich weiterzumachen. Durch Sadhu habe ich diese »Lektion« verstanden.

Heute stelle ich immer häufiger fest: Wenn ich etwas nicht akzeptieren kann, liegt es daran, dass ich die Situation negativ bewertete.

Ich habe mittlerweile gelernt, meine Einstellung zu ändern, und kann heute sagen, dass ich jedem Menschen zugestehe, krank zu bleiben, wenn dies sein gewünschter Weg ist. Sadhu sagte später einmal zu mir: »Das ist der Grund, warum du so vielen Menschen helfen kannst.«

Schamanismus

Eine Zeit lang bestanden meine nächtlichen Träume aus Begegnungen mit alten Urvölkern. Ich war zu Gast bei Priestern der alten ägyptischen Mythologie sowie bei Schamaninnen und Schamanen, die über ein sehr großes Wissen der Natur sowie der Geistigkeit und ihrer Gesetze verfügten. Sie ließen mich zuerst bei ihren heiligen Ritualen zuschauen und leiteten mich mehr und mehr an, die Rituale nicht nur bewusst zu sehen, sondern die reine Energie dieser geistigen Rituale in mir zu fühlen. Sie machten mir klar, dass wir Menschen Teil der Schöpfung sind und dass wir ein riesiges Potenzial der Transformation in uns haben. Nur wenn wir bereit sind, unser Potenzial ganz anzunehmen, ganz und gar zu fühlen, sind wir in der Lage, durch unseren Geist auch andere zu heilen.

So wurde ich in diesem Teil meiner Traumausbildung gelehrt, an mich und meine Fähigkeit zu glauben und mittels meines Bewusstseins eine Brücke zu dem Menschen, den ich gerade behandle, zu bauen. Mir wurde gezeigt, dass ich im Zustand tiefer Meditation in der Lage bin, Zusammenhänge von Krankheitsursachen zu erkennen und zu fühlen. Durch verschiedene geistige Rituale kann ich die Frequenz meines Gehirns auf einen anderen Menschen übertragen. In diesem Zustand können dann tiefgreifende Veränderungen geschehen und so die ursächlichen Gründe einer Krankheit transformiert und korrigiert werden.

Die Schamanen unternahmen zum Beispiel mit den Menschen, die sie behandelten, Reisen in die »untere Welt«, um sie wieder mit alten Gefühlen zu verbinden und gleichzeitig einschränkende Glaubenssätze und einschränkende gefühlte Wahrheiten zu verändern. Oft arbeiteten sie mit den Schätzen von Mutter Erde und der Natur zusammen, indem sie z. B. Heilsteine nutzten, um belastende Energien aus den Menschen zu entfernen und dadurch Heilung zu bewirken.

Ich erinnere mich an einen 8-jährigen Jungen, den ich in dieser Zeit behandelte. Er hatte seit jüngster Kindheit manchmal mehrfach in der Woche Migräneanfälle, die ihn völlig außer Gefecht setzten. An Schule oder Fußballspielen war dann nicht zu denken. Ich bekam die Intuition, bei ihm eine schamanische Behandlung zu machen. Ich weiß noch, wie viel Mut es mich kostete, dem Vater, einem Banker, und seiner Frau zu erklären, dass dafür im Gebet ein heiliger Raum errichtet werden müsse. Der Vater schaute mich an, als wäre ich irgendwo ausgebrochen. Die Mutter war deutlich offener und sagte resolut: »Wir machen alles, was notwendig ist.« Für den kleinen Jungen war es völlig normal und er machte vollkommen konzentriert mit.

Ich hatte ihm einen ganz normalen Stein in die linke Hand gegeben und ihn aufgefordert, alles, was zu seiner Migräne gehörte, zuerst in seinen Lungen zu sammeln. Ich erklärte es ihm so: »Stell dir vor, dein ganzer Körper besteht aus sehr vielen Bienenwaben. In manchen von ihnen sind tolle Dinge gelagert, die dich stark und gesund sein lassen, in anderen sind Dinge, die immer wieder den Kopfschmerz verursachen. Gehe jetzt durch deinen ganzen Körper und stell dir jeden Körperteil einzeln vor: Beine und Füße, Arme und Hände usw. Befiehl all den Dingen, die deinen Kopfschmerz verursachen, in deine Lungen zu gehen. Hier kommt alles in drei Mülleimer. Wenn du alles eingesammelt hast, nimmst du den Stein vor deinen Mund, holst ganz tief Luft und dann stell dir vor, dass du einen Eimer mit dem Müll ganz doll in den Stein pustest. Also tief Luft holen und dreimal den Inhalt von allen Mülleimern in den Stein pusten.«

Der Junge konzentrierte sich voll und ganz auf seine Aufgabe. Danach reinigte ich seine Chakren so, wie ich es von den Schamanen in meinen Träumen gelernt hatte, indem ich den Stein auf die einzelnen Chakren legte, die mir in meiner Intuition gezeigt wurden. Ich arbeitete sozusagen zusammen mit dem Jungen im Team, um die schlechte Energie, die seine Migräne verursachte, komplett aus ihm herauszuholen.

Das Gesicht des Vaters sprach während und nach der Behandlung, die gerade mal 30 Minuten dauerte, Bände. Er meinte, dass dies ja wohl ein schlechter Witz sei. Als die Familie meine Praxis verließ, rechnete ich nicht damit, einen von ihnen jemals wiederzusehen …

Nur drei Wochen später stand eines Abends der Vater mit dem Jungen vor meinem Haus. Der Vater erzählte mir kopfschüttelnd – weil er es immer noch nicht glauben konnte –, dass sein Sohn seit dieser Behandlung keine Migräne mehr hatte. Ich möge ihm bitte nochmals erklären, wie es genau zur Heilung kommen konnte, doch das konnte ich leider nicht. Wir fanden dennoch einen gemeinsamen Nenner, als ich ihm sagte: »Auch wenn wir es beide nicht genau erklären können, ist es nicht einfach nur schön?«
Daraufhin konnte er nur zustimmend nicken. Der Junge schenkte mir ein Bild, das er selbst gemalt hatte. Es zeigte, wie er mit seinen Kumpels Fußball spielt.

* * *

Einige Monate und viele schamanische Behandlungen später, war ich mit Christel auf Sylt im Urlaub. Wir hatten eine Ferienwohnung in Hörnum, am südlichen Ende der Insel. Eines Nachts wurde ich mitten in der Nacht wach und konnte nicht mehr schlafen. Obwohl draußen ungemütliches Wetter mit Regen und Sturm herrschte, zog mich irgendetwas an den nahegelegenen Strand. Ich wollte da nicht raus. Es war doch völliger Quatsch, bei diesem Wetter nachts allein an den Strand zu gehen! Doch es half nichts, ich konnte mich nicht dagegen wehren. Es fühlte sich an, als rebellierten alle Nerven. Es nützte nichts, ich musste los. Christel war mittlerweile auch wach geworden und meinte nur: »Pass auf dich auf und zieh dich warm an und vergiss die Regenjacke nicht!« Sie war durch meine Traumerlebnisse und weil ich dabei oft im Schlaf laut redete einiges Ungewöhnliche von mir gewohnt. So machte ich mich schließlich auf den Weg zum Strand. Da man in Hörnum an drei Seiten von Strand umgeben ist, war der Weg zum Glück nicht weit. Ohne zu wissen, was ich hier überhaupt sollte, lief ich um die Südspitze der Insel herum.

Ich war bereits ein gutes Stück gegangen, als ich plötzlich das Gefühl hatte, dass jemand hinter mir war. Ich spürte es wie ein unangenehmes Kribbeln im Nacken. Ich drehte mich um und schaute in die Richtung, aus der ich gekommen war. Es war jedoch niemand zu sehen. Ich war schon im Begriff weiterzugehen, als der Mond, der kurz durch die Wolken lugte, meinen Blick auf einen kleinen Gegenstand im Sand lenkte, der von den Wellen umspült wurde und langsam im Sand zu verschwinden drohte. Ich lief schnell die knapp 10 Meter zu der Stelle und hob den Gegenstand auf. Es war ein kreisrunder Stein von etwa 6 cm Durchmesser. Mehr konnte ich nicht erkennen, denn die nächste Wolke hatte sich vor den Mond geschoben und es war wieder dunkle Nacht. »Merkwürdig. Wie kann das sein?«, dachte ich verwundert. »Ich bin doch gerade eben hier langgelaufen und da war kein Stein! Und wenn, dann hätten die Wellen ihn doch längst in den Sand eingespült!«

Als meine sich überschlagenden Gedanken langsamer wurden, merkte ich eine totale Ruhe in mir. Kein Kribbeln mehr, keine Unruhe, einfach nur Harmonie. Ich steckte den Stein in meine Tasche und ging zurück zur Wohnung.

Als ich im beleuchteten Flur stand, staunte ich nicht schlecht. Ich hatte einen runden graubräunlichen Stein gefunden, der genau in seinem Zentrum ein gewachsenes schwarzes Herz hatte. Die Rückseite sah aus, als wenn er wie eine Frucht geerntet worden war.

Den Rest dieser Nacht träumte ich wieder sehr intensiv. Es war, als hätten sich meine verschiedenen schamanischen Lehrerinnen und Lehrer versammelt. In einer heiligen Zeremonie übergaben sie mir meinen Heilstein. Es war genau der Stein, den ich Stunden zuvor am Strand von Sylt gefunden hatte.

Seitdem habe ich viele Menschen, vor allem Kinder, mit diesem Stein schamanisch behandelt und sehr viele beeindruckende Heilerfahrungen machen dürfen. Ich erinnere mich an einen Mann, der infolge eines Schlaganfalls seinen gefühllosen Arm nicht mehr bewegen konnte und drei Tage nach der Behandlung so starke Schmerzen in seinem Arm bekam, dass er Schmerzmittel nehmen musste. Eine Woche später konnte er den Arm wieder langsam bewegen. Mit der Zeit wurde es ganz besser und er konnte die Armschlinge danach ganz ablegen.

Auch eine junge Frau behandelte ich mit diesem Stein. Sie versuchte mit ihrem Partner schon seit Jahren, ein Kind zu bekommen. Letztendlich waren alle medizinischen Möglichkeiten erfolglos geblieben. Ich behandelte sie einige Male und sie wurde immer ruhiger und unverkrampfter, wenn sie über ihren Kinderwunsch nachdachte. Schon nach wenigen Wochen war sie endlich schwanger und gebar 9 Monate später eine Tochter.

Ich habe den Eindruck, dass sich spirituell offene Menschen und in den meisten Fällen auch Kinder sehr gut und erfolgreich mit schamanischen Ritualen behandeln lassen, wohingegen eher funktional und wissenschaftlich geprägte Menschen andere energetische Behandlungsmethoden besser annehmen.

Austritt aus der katholischen Kirche

Dass ich aus der katholischen Kirche austreten wollte, hatte ich bereits im Jahr 2005 auf Ameland entschieden. Um dies jedoch auch real zu tun, bedurfte es einer ordentlichen Portion Mut, denn ich konnte es nicht heimlich machen. Ich war mir sicher, dass es schnell innerhalb der Pfarrgemeinde bekannt werden würde, schließlich war ich vor Jahren sogar im Kirchenvorstand gewesen.

Aber das, was mir am meisten Sorge bereitete, war die Reaktion von Mama. Ich hatte Angst, dass für sie eine Welt zusammenbrechen würde. Fast drei Jahre hatte ich gebraucht, bis ich mit ihr darüber sprechen und es dann endlich in die Tat umsetzen konnte. Mutter war, als ich ihr meinen Entschluss vortrug, eher sprachlos als aufgebracht, und das machte es mir sehr viel leichter.

Am 24. Januar 2007 fuhr ich morgens zum Amtsgericht nach Rheine und trat offiziell aus dem Kreis der Kirchensteuerzahler aus. Ich sah dies in diesem Moment als eine rein rechtliche Angelegenheit und wunderte mich dementsprechend, dass in mir etwas passierte. Meine Gefühle überschlugen sich und es entstand gleichzeitig ein ambivalentes Gefühl von grenzenloser Freiheit und jedoch auch eine große Verbundenheit und Dankbarkeit zu meiner bisherigen Religion. Entsprechend verwirrt setzte ich mich danach ins Auto, um wie geplant zur Firma nach Warendorf zu fahren. Ich hatte die Stadtgrenze noch nicht verlassen, da bekam ich eine dermaßen intensive Vision, dass ich bis heute nicht weiß, wer eigentlich meinen Wagen steuerte. Ich sah auf der Frontscheibe meines Fahrzeugs einen Film ablaufen, von dem ich tief berührt war. Ich wurde zum Zeugen der wahren Geschichte dieses wundervollen Menschen Jesus Christus. Nie hatte und habe ich bis heute einen Menschen gesehen, der mehr Liebe in sich trägt und diese auch ausstrahlt. Ich sah viele Dinge, die ich aus der Apostelgeschichte kannte, und doch waren einige Begebenheiten vollkommen anders. Ich sah keinen Zimmermann, sondern einen intelligenten jungen Mann, der aus dem Adel stammte und der mit einer Frau verheiratet war, die Maria aus Magdala genannt wurde. Ich sah, wie sie zusammen eine kleine Familie mit zwei Kindern hatten. Ich sah, wie er die Menschen begeisterte, weil aus ihm die reine Liebe sprach. Er machte keine Unterschiede zwischen Mann und Frau und behandelte alle gleich freundlich. Sein Handeln war von großer Wertschätzung geprägt und immer mehr Menschenmassen wurden von ihm und seiner Lehre angezogen. Das sorgte letztendlich für so viel Unmut bei den Herrschenden und bei den bisherigen Priestern, dass sie alles unternahmen, um ihn zu beseitigen. Letztendlich erlebte ich auch seine Verurteilung als Aufrührer des Volkes und seine Kreuzigung. Ich sah, dass seine Auferstehung eine Auferstehung des Geistes war und nicht des Fleisches. Während ich das alles sah, weinte ich haltlos, am Anfang aus tiefer Rührung, später aus tiefer Traurigkeit. Die Vision endete erst, als ich auf meinem Parkplatz in der Firma stand. Mein Hemd und die Krawatte waren von meinen Tränen durchtränkt bis auf die Haut. Noch nie hatte ich so viel geweint. Ich war fix und fertig. Und noch etwas war absolut seltsam. Ich war den Weg, für den ich sonst ca. 55 Minuten benötige, diesmal in nur 40 Minuten gefahren. Ich brauchte den ganzen Tag, um mich davon zu erholen.

In den nächsten Tagen – die ganze Sache ging mir nicht mehr aus dem Kopf – merkte ich eine deutliche Veränderung meiner energetischen Kraft. Die Wahrheit über den Meister der Liebe, wie ich Jesus Christus ab diesem Moment nannte, hatte eine Tür geöffnet, die meine energetischen Fähigkeiten beflügelte, die ich fortan mit ganz viel Liebe einsetzte.

Sterbebegleitung

Je mehr ich behandelte und je bekannter ich wurde, desto häufiger kamen schwer erkrankte Menschen auch von weit her zu mir in meine Praxis. Viele von Ihnen hatten die medizinischen Therapiemöglichkeiten komplett ausgeschöpft und teilweise durch die anstrengenden Therapien jetzt kaum noch Kraft. Andere waren auch durch ihr Alter bereits so geschwächt, dass kaum noch etwas an Veränderung zu erreichen war. Oft merkte ich dies schon recht bald und so wurde manche Behandlung, die mit dem Wunsch nach Heilung begonnen hatte, zu einer Sterbebegleitung.

Anfang 2007 kam ein sehr freundlicher älterer Pastor aus Norddeutschland in meine Praxis. Er wurde von einem Fahrer gebracht, weil er zu alt war und zusätzlich wegen eines Gehirntumors selbst nicht mehr fahren durfte. Er kam direkt zur Sache und sagte lächelnd: »Wenn man so alt ist wie ich, sollte man keine Zeit vergeuden.« Ihm war zu Ohren gekommen, dass ich einen seiner Bekannten von seinem Krebsleiden befreit hatte. Ich musste ihm deshalb gleich den Zahn ziehen, dass nicht ich derjenige bin, der entscheidet, ob jemand von Krebs geheilt wird oder nicht. »Ich stehe dem Menschen bei und versuche alles in meiner Macht Stehende zu tun, um ihm zu helfen, aber ich bin immer nur ein Werkzeug. Nur das Göttliche heilt«, erklärte ich ihm.

»Ja, das weiß ich«, entgegnete er, »und dennoch ist es manchmal so, dass Schmerzlinderung eintreten kann, wo die Medizin nicht mehr hilft.«

Als ich den alten Mann behandelte und ihm meine Hände auf den Kopf legte, bekam ich sofort die Intuition, dass seine Zeit gekommen war und er bald sterben würde. Ich fühlte, dass der Tod sich bereits in seiner Nähe aufhielt. Ich bekam den Hinweis, dass er vorher noch etwas zu klären hatte.

Bei geschlossenen Augen sah ich in meinen inneren Bildern zwei Jungs, die Fußball spielten. Einer von ihnen hatte rotes Haar. Sie spielten aber nicht mit einem Fußball, sondern mit einem merkwürdigen eiförmigen Ding, das aussah wie ein Football, der aus einem ganz sonderbaren Stoff war. So etwas hatte ich noch nie gesehen.

»Das ist kein Ball, das ist eine Schweinsblase«, klärte mich der alte Pastor lächelnd auf, als ich ihm davon erzählte. »Damit haben wir früher Fußball gespielt in der Zeit, wo es keine Fußbälle gab.«

Ich bat ihn, sich an die längst vergangene Zeit zu erinnern. »Mit dem rothaarigen Jungen hatte ich mich damals immer in der Wolle. Ich war noch ein kleiner Bub. Das muss über 70 Jahre her sein! Wir zwei schenkten uns nichts und haben immer nur geschaut, wie wir dem anderen Schaden zufügen konnten.«

Nach der Behandlung sagte ich ihm, es sei wichtig, dass er sich mit dem rothaarigen Jungen auseinandersetze. Irgendetwas schien auch nach 70 Jahren noch nicht geheilt zu sein.

So fuhr der alte Mann mit dieser Erinnerung aus Kindertagen nach Hause.

Zwei Wochen später ließ er sich erneut zu mir fahren und berichtete als Erstes, dass seine Kopfschmerzen deutlich nachgelassen hätten. Dann erzählte er mir von seinen Erkenntnissen: »Ich habe noch mal über alles nachgedacht. Ich erinnere mich an die damalige Zeit. Es kam alles wieder hoch. Der rothaarige Junge war das Kind, welches ich gehasst habe in meinem Leben!«

Ich war erstaunt, denn er war so ein netter Pastor. »Ich habe mein Leben lang versucht, einen Weg der Liebe und der Achtung Menschen gegenüber zu gehen. Bei ihm ist da etwas wohl noch nicht im Frieden. Was können wir da machen?«, fragte er mich.

Ich bat ihn, sich hinzulegen. Dann legte ich meine Hände auf seinen Kopf. Ich brachte ihn in eine tiefe Entspannung und führte ihn intuitiv zurück in seine Kindheit und zu der Begegnungen mit dem verhassten Jungen von damals. Hier konnte er sich nun gedanklich mit diesem Jungen vertragen und damit seinen Frieden finden. Der

Pastor weinte leise und war ganz gerührt von dem Gefühl des Friedens, welches er nun in sich spürte.

Als er ging, nahm er noch einmal meine Hände und fragte: »Bitte, sag mir dein Gefühl. Kann man bei mir noch etwas tun oder ist meine Zeit gekommen?« Ich zögerte einen Moment, da es mir schwerfiel, diese Frage wahrheitsgemäß zu beantworten. Aber da ich bereits bei der ersten Behandlung die Intuition bekam, antwortete ich ihm: »Ich glaube, die Zeit ist gekommen heimzugehen. Du wirst in Freude empfangen werden.« Ich hatte Tränen in meinen Augen.

Er umarmte mich und dankte mir. Drei Tage später rief mich seine Haushälterin an. Er war abends wie immer ins Bett gegangen und am Morgen nicht mehr erwacht. Der alte nette Pastor war in dieser Nacht ohne Schmerz und Angst selig für immer eingeschlafen.

* * *

Einige Monate später begleitete ich einen lieben, jungen Nachbarn. Franjo stand in der Blüte seines Lebens, als ihn der Krebs befiel. Seine Kinder waren noch nicht einmal erwachsen.

Er wusste von meinen ungewöhnlichen Erfahrungen der letzten Jahre und wie ich seitdem über das Göttliche sprach. Und obwohl er zugab, wenig mit all dem anfangen zu können, bat er mich, ihn zu behandeln. Er meinte, es könne nicht schaden, neben der medizinischen Versorgung auch diesen Weg zu gehen. Da waren wir einer Meinung. Wir trafen uns einige Male in meinem Holzhaus und zuerst arbeiteten wir daran, Dinge aus seinem Leben für ihn in Frieden zu bringen, während ich ihn dabei energetisch behandelte. Seine Erkrankung nahm leider einen sehr schnellen Verlauf, weshalb wir uns in den letzten Wochen vor seinem Tod fast ausschließlich damit beschäftigten, ihm ein würdevolles Sterben ohne Angst und

Schmerzen zu erschaffen. Er machte sich mehr Sorgen um seine Frau und die noch jungen Kinder als um sich selbst. Ich versuchte ihn zu trösten: »Mach dir keine Sorgen. Deine Frau ist stark und sie werden es schaffen, alles zu verarbeiten.«

Eines Tages fragte er mich, ob er mein Behandlungshaus für sich allein nutzen dürfe in der Zeit, wenn ich arbeiten war. »Ich kann es nicht erklären, aber die Energie in deinem Holzhaus macht mich richtig ruhig und ich kann entspannen und nachdenken.« Natürlich hatte ich nichts dagegen. Im Gegenteil, es freute mich, dass er sich hier wohlfühlte.

Es war Mai und ich weilte gerade in Hamburg auf einem Kongress, als Christel mich anrief und mich informierte, dass Franjo sich noch von seinen Kindern und seiner Frau verabschiedet hatte, ehe er sich in sein Krankenbett legte und ganz friedlich für immer einschlief.

* * *

Ich erlebte, dass die schwerkranken Menschen, die ich begleiten durfte, sehr oft nicht für sich gegen die Krankheit kämpften, sondern für ihre Liebsten, die Familie, die Freunde, die ihren geliebten Menschen nicht verlieren wollten und geschworen hatten, gemeinsam zu kämpfen. Sie steckten oft noch mehr als der Betroffene selbst in großem Entsetzen und in der Traurigkeit. Meistens konnten die Kranken mit mir viel besser über ihre Gefühle zum Tod sprechen, wenn die Familie nicht dabei war, denn viele Sterbende wollen bis zuletzt ihre Lieben nicht enttäuschen.

Da ich immer häufiger mit schwerkranken Menschen arbeitete, durfte ich zum Glück auch zahlreiche Wunder erleben. Viele bekamen Zeit geschenkt, andere wurden trotz schlechter Aussichten wieder ganz gesund. Mit einigen arbeitete ich bis zu ihrem Tod zu Hause, im Hospiz oder im Krankenhaus. Ihnen Frieden zu bringen, die Schmerzen zu lindern und ihnen die Angst vor dem Übergang zu nehmen oder manchmal nur ihre Hand zu halten brachte oft so viel für sie – und auch für mich. Der Tod hat seinen Schrecken für mich längst verloren, denn ich bin ihm schon viele Male begegnet. Er ist oft wie ein Freund, der jemanden in den ewigen Frieden begleitet. Ganz oft sieht man es auf den Gesichtern der Sterbenden: In dem Moment, wo sie gehen, entspannen sie vollkommen und sehr viele gehen mit einem Lächeln.

Einladung zu João de Deus nach Brasilien

Mit Barbara aus Budapest verband mich seit unseren Erlebnissen im Restaurant Karma eine Freundschaft. Wenn ich geschäftlich in der Nähe war, versuchten wir uns zu sehen. Bei einem dieser Treffen erzählte Barbara, dass sie seinerzeit mit Kato, ihrer spirituellen Lehrerin, über mich und ihre damaligen Erfahrungen im Restaurant gesprochen hatte. Kato habe damals gesagt, dass es gut wäre, wenn ich auch sie einmal treffen würde. Jedoch sei das zum jetzigen Zeitpunkt noch zu früh, denn ich müsse zuvor noch einiges lernen. Ich akzeptierte dies und machte mir weiter keine Gedanken darüber.

Einige Monate später kam es zu einem weiteren Treffen in Budapest und dieses Mal besuchten wir Kato. Sie war deutlich älter als ich und praktizierte in ihrer großen Wohnung in der Innenstadt. Es war geplant, dass sie mich mit ihrer speziellen Art der Fußreflexzonentherapie behandelte. Als wir an ihrer Tür schellten und sie uns die Tür öffnete, war ich wie vom Donner gerührt. Vor mir stand genau die Frau, die ich in einem Traum in der Kristallstadt von Lemuria in ihrem kleinen Matrosenkleidchen gesehen hatte. Sie war für mich in dem Traum wie eine Lehrerin gewesen. Wie konnte das sein, dass sie jetzt vor mir stand?

Kato begrüßte uns sehr freundlich und ich war überrascht, dass sie sogar ein wenig deutsch sprach.

Bevor es zur Behandlung kam, wurde uns Kaffee angeboten und Kato berichtete, dass sie seit einigen Tagen wieder sehr unter ihrer chronischen Ohrenentzündung leide. Ihr lief Eiter aus dem Ohr und sie fragte mich, ob ich vielleicht auch etwas für sie tun könnte. Ich behandelte sie daraufhin, indem ich meine Hand auf ihr Ohr legte. Sofort setzte bei mir das Gefühl von körperlichem Schmerz ein, der sich von meiner Hand bis in meinen Oberarm zog. Ich hatte das Gefühl, etwas sehr Belastendes aus ihr herauszuziehen. Es dauerte nur wenige Minuten, bis sich in mir ein Gefühl von Harmonie breitmachte.

Anschließend bekam ich meine Behandlung. Kato massierte dabei eher meine Füße, als dass sie die Reflexzonenpunkte drückte, aber ich empfand es auf jeden Fall als sehr angenehm. Sie sprach währenddessen aus, was sie an Informationen aus meinem Inneren bekam, und Barbara übersetzte es für mich ins Deutsche. Ich war sehr überrascht, was sie alles von meinen Lebens- und Krankheitserfahrungen wusste. Hier und da veränderte sie energetisch Dinge und meinte, dies helfe meinem Körper bei seiner eigenen Heilung.

Wir blieben bis zum Abend Katos Gäste und konnten so nach einem gemeinsamen Abendessen dabei sein, als Kato mit einem Dutzend Frauen ihre wöchentliche Meditation abhielt. Da ich kein Ungarisch sprach und Barbara während der Meditation auch nicht für mich übersetzen konnte, verstand ich kein einziges Wort. Das störte mich aber keineswegs, denn ich war fasziniert, welche Energie von Kato ausging. Mir lief ein Schauer nach dem anderen den Rücken herunter und ich spürte ein ständiges Kribbeln.

Meine Erinnerung an das Matrosenmädchen aus meinem Traum hatte ich an diesem Tag für mich behalten, denn ich wollte nicht als spiritueller Spinner dastehen.

Als ich mich am nächsten Morgen mit Barbara traf, erzählte sie mir, dass Kato ihr frühmorgens in einem Anruf mitgeteilt hatte, dass ihre Schmerzen und die Entzündung über Nacht abgeklungen seien. Kato bat uns, noch einmal bei ihr vorbeizuschauen, bevor ich meine Heimreise antrat.

Später bedankte sie sich überschwänglich, drückte mich und lud mich ein, sie bei meinem nächsten Besuch in Ungarn auf ihre Datscha zu begleiten, die ca. zwei Autostunden ostwärts von Budapest lag. An diesem Ort auf ihrem Grundstück sei eine besondere Energie der heiligen Mutter Maria spürbar. Hier beteten zwei Mal im Monat viele Frauen bei jedem Wetter zu Maria. Es sei regelrecht zu einem kleinen Wallfahrtsort für einige Frauen geworden. Es gebe jedoch leider auch eine sehr destruktive, blockierende Energie, die die Frauen seit einigen Jahren durch ihre Gebete zu harmonisieren versuchten. Man hatte ihr aus der geistigen Welt mitgeteilt, dass diese Blockade durch meine Energie und Fähigkeiten leicht gelöst werden könne. Obwohl ich keine Ahnung hatte, was ich da machen sollte, versprach ich ihr wiederzukommen.

Einige Monate später ergab sich dann die Gelegenheit und ich reiste wieder nach Budapest. Von dort aus fuhr ich mit Barbara zu Katos Datscha auf dem Land. Ich hatte zu diesem Zeitpunkt immer noch keinerlei Idee, was mich dort erwarten würde. Als wir am Abend ankamen, war ich sehr überrascht, dass wir eine Gruppe von mehr als zehn Frauen in der Datscha antrafen. Einige von ihnen hatten es sich bereits auf Matratzen, die überall in den Räumen verteilt lagen, für die Nacht bequem gemacht. Erst jetzt wurde mir bewusst, dass diese Datscha kein vornehmes großes Ferienhaus war, sondern ein sehr altes, teilweise baufälliges kleines Haus mit wenigen einfachen Räumen und ohne große sanitäre Anlagen. Man hatte in einem angrenzenden Schuppen lediglich eine einfache Toilette und Waschgelegenheit installiert.

Ich wollte mir schon eine der Matratzen als Schlafplatz aussuchen, als Kato mich bat, in einem bestimmten Raum auf einem robusten Tisch zu nächtigen. Sie meinte, wir sollten die Matratze einfach auf den Tisch legen. Kato sah unsere fragenden Gesichter und erklärte, dies sei der Platz der Wunder. An diesem Tisch hatte sie als kleines Kind vor Jahrzehnten gerade ihre Hausaufgaben gemacht, als sie bemerkte, dass plötzlich die Wände des Raumes und das Dach wegflogen und sie sich in der geistigen Welt befand. In der Zeit danach passierten weiter unerklärliche Dinge. Wenn ihre Oma mit ihr zum Krankenhaus ging, war sie dort regelmäßig ohnmächtig geworden, während gleichzeitig bei einigen Patienten nicht erklärbare Heilungen stattgefunden hatten. Mit der Zeit hatten dann ihre Verwandten und auch Mitarbeiter des Krankenhauses ihre heilerischen Fähigkeiten mehr und mehr erkannt.

Bevor Kato sich auch zum Schlafen zurückzog, bat sie mich, ihr morgen von meinen Träumen, die ich hier an diesem Platz haben würde, zu berichten. Ich fragte mich langsam, wer hier verrückt war, aber ich tat ihr den Gefallen und schlief also auf einem Tisch.

Am nächsten Morgen, stellte ich fest, dass ich gut geschlafen hatte und entgegen meiner Befürchtung nicht vom Tisch gefallen war.

Beim Frühstück saß ich zwischen einem Dutzend Frauen an einem einfachen Tisch mit Eckbänken, als Kato wissen wollte, was ich denn nachts geträumt hatte. Ich antwortete: »Das war nichts Besonderes, ich war irgendwo in einem Urwald.«

»Was hast du da gesehen?«, fragte sie weiter. Am Tisch war es plötzlich mucksmäuschenstill geworden. Alle lauschten gespannt Barbaras Übersetzung ins Ungarische.

»Ich habe nicht viel gesehen. Lange Baumstämme, die auf einem mit Moos bedeckten Untergrund standen. Die Kronen der Bäume waren sehr dicht, nur sehr wenig Sonnenlicht fiel hindurch.«

»Hast du sonst noch etwas gesehen?«, fragte Kato nochmals nach.

»Ja, da waren so Zeichen an den Bäumen, als wenn jemand sie mit Kreide aufgemalt hätte.« Ich beschrieb die beiden Zeichen, die ich erkannt hatte: »Auf einigen Bäumen waren zwei Dreiecke gemalt, auf anderen zwei geschlängelte Linien und dazwischen ganz viele kleine Striche, so als würde Wasser zwischen den Linien durchfließen.«

Kato holte daraufhin von einem der Schränke die Pappe eines alten Zeichenblocks. Barbara sagte: »Kannst du die Zeichen aufmalen?« Ich konnte nicht nachvollziehen, was das alles sollte, aber ich folgte der Bitte. Als ich die Zeichen grob aufmalte, brach ein Spektakel los, als hätte jemand im Lotto gewonnen. Einige der Frauen hielt es nicht mehr auf ihren Sitzen. Ich verstand die Welt nicht mehr. Dann drehte Kato die Pappe, auf der ich gerade die Zeichen gemalt hatte, um und ich sah auf der Rückseite die gleichen Zeichnungen. Kato musste sie schon vor Wochen aufgemalt haben.

Barbara übersetzte für mich Katos Erklärung: Vor acht Jahren war ihr Sohn mit seiner Frau, die zu dieser Zeit an Brustkrebs litt, bei einem Heiler mit dem Namen João de Deus in Brasilien gewesen. Der Heiler hatte sie damals mehrfach behandelt und auch operiert und sie war wie durch ein Wunder wieder gesund geworden. Als die beiden sich nach wenigen Wochen verabschiedeten, um nach Ungarn zurückzureisen, gab João de Deus ihrem Sohn ein Geschenk für seine Mutter mit. Dieses Geschenk war jedoch nicht für sie persönlich. João de Deus sagte, das Medium in seiner Mutter werde genaue Hinweise bekommen, um dieses Geschenk an einen jungen Mann aus Deutschland weiterzugeben, der ihr noch begegnen werde. Dieses Geschenk – das Dreieck der Casa de Dom Inácio – solle als eine Einladung nach Brasilien für den Mann aus Deutschland verstanden werden.

Kato hatte schon länger geahnt, dass ich dieser Mann war, aber erst jetzt, als ich das Gleiche träumte wie sie, war sie sich sicher.

Ich hatte bis zu diesem Tag noch nie von João de Deus gehört und machte mich erst mal im Internet und auf YouTube kundig.

Obwohl ich Kato versprochen hatte, João bald in Brasilien aufzusuchen, vergaß ich es auch schnell wieder. Ich hatte immer so viel zu tun und außerdem konnte ich nicht so recht glauben, dass er wirklich mich gemeint hatte, als er die Einladung aussprach.

Gut, ich hatte energetische Fähigkeiten und ich behandelte Menschen und konnte ihnen auch oft helfen, aber nicht zuletzt trug meine Angst vor dem Unbekannten dazu bei, dass ich erst mal nicht nach Brasilien flog …

Ich erkenne meine Blockade der Einsamkeit

Mein dritter Jakobsweg sollte anders werden als die beiden vorherigen. Zweieinhalb Wochen hatte ich mir dafür eingeplant und mir dieses Mal vorgenommen, auf der Nordroute an der Atlantikküste am Golf von Biskaya zu wandern. Diese Nordroute galt als eine der schönsten des Jakobsweges. Im Sommer 2008 ging es mit gepacktem Rucksack und Wanderschuhen mit dem Flugzeug von Köln über Mallorca nach Bilbao. Ich ließ mich vom Flughafen direkt zu meinem Hotel in der Stadt bringen, denn ich war nicht mehr der Typ, der jede Nacht im Refugio übernachten wollte. Mir war mehr danach, für mich die Ruhe zu genießen und mir nach einem kräftezehrenden Marsch auch etwas an Komfort zu gönnen.

Die erste Etappe von Bilbao bis ans Meer führte zunächst, bis ich Portugalete erreichte, durch eine ziemlich trostlose Gegend mit Ruinen und einem riesigen Industriegebiet. Es herrschte schönster Sonnenschein, doch trotz des sommerlichen Wetters begegnete ich an diesem Tag auf dem ganzen Weg keinem einzigen Jakobspilger. Das passte zwar irgendwie zu dieser trostlosen Gegend, allerdings war ich es nicht gewohnt, auf dem Jakobsweg überhaupt niemanden zu treffen. Ich bereute schon, den Weg bis zur Küste nicht mit der Bahn oder dem Bus gefahren zu sein. »Wenn ich erst mal an der Küste bin, wird das bestimmt besser«, dachte ich.

Der Weg führte oft am Strand oder direkt oben an der Steilküste entlang. Manchmal war er so schmal, dass ich genau hinsehen musste, um den 50 cm breiten Pfad nicht zu übersehen. Stellenweise war sogar etwas Talent im Klettern erforderlich. Wohin ich auch kam, es war atemberaubend schön.

Auf meinen letzten beiden Pilgerreisen waren immer Menschen um mich herum, ohne dass ich etwas dafür tun musste. Doch in diesem Jahr, auf dieser Küstenroute schien ich der einzige Pilger weit und breit zu sein. Ich versuchte alles, ging sogar entgegen meinem Plan zur Übernachtung in ein Refugio, um vielleicht dort mit jemandem in Kontakt zu kommen, aber auch das war vergeblich. Zumindest an diesem Tag war ich der einzige Übernachtungsgast in einem Schlafraum mit über 20 Betten.

Die Einsamkeit erwischte mich mit voller Wucht, was mich zwischendurch an den Rand der Verzweiflung brachte. Dazu kam, dass ich mich im politisch unruhigen Baskenland befand, wo zu dieser Zeit die baskische Untergrundorganisation ETA immer wieder auffällig wurde. Ich hatte das zwar vorher gehört, jedoch hatte ich nie damit gerechnet, dass ich davon etwas mitbekommen würde. Doch leider war das eine Fehleinschätzung …

In Laredo war ich auf dem Weg zu einer Fähre, die mich über den Ría de Treto nach Santoña bringen sollte, als ich einen sehr lauten Knall in der Umgebung hörte. Ich konnte zwar die Himmelsrichtung ausmachen, jedoch sah ich nichts.

Ein paar Minuten später fuhren mehrere Polizeiwagen mit hohem Tempo und Blaulicht und Sirene an mir vorbei. Dann bemerkte ich zwei junge Frauen, anscheinend auch Jakobspilger, die aus der Richtung, in die die Polizei fuhr, flüchtend auf mich zu rannten. Sie schrien mich auf Deutsch an, ich solle auch wegrennen. Ich war verdutzt, denn ich sah zunächst überhaupt keinen Grund dafür. »Da hinten ist eine Bombe explodiert und da wird geschossen!«, riefen sie hysterisch. Keuchend blieben sie bei mir stehen und hielten sich sogar an mir fest. In diesem Moment hielt neben uns ein weiteres Polizeifahrzeug und der aussteigende Polizist verscheuchte uns wild gestikulierend von der Straße. Wir sollten nach links in den Wald rennen. Als der Polizist dann auch noch richtig ärgerlich zu werden schien, weil ich immer noch stehen blieb, um ihm Fragen zu stellen, wurde auch ich nun allmählich unruhig. Ich lief hinter den Frauen her, die bereits den nahen Wald erreicht hatten. Dort warteten sie auf mich und zusammen gingen wir in den schmalen Waldstreifen, auf dessen anderer Seite der Strand begann. Bis auf die Sirenen hörten wir nichts. Mit einem ganz mulmigen Gefühl hielten wir uns einige Zeit in diesem Wald auf. Ich fragte die beiden nun genau, was sie gesehen hatten, und erfuhr, dass sie letztendlich genau wie ich auch nur die Explosion gehört hatten. Dass geschossen wurde, hatten ihnen andere auf der Flucht zugerufen.

Als wir uns nach gut einer halben Stunde beruhigt hatten, machten wir uns auf den Weg zum Strand, um von dort vielleicht doch noch die Fähre nach Santoña zu erreichen. Als wir gerade über den Strand liefen, um an die Wasserlinie zu kommen, kam ein Geländewagen der Polizei auf uns zu und wieder wurden wir unfreundlich in den Wald getrieben. Jetzt hatten wir richtig Angst. Was war da los, was war da geschehen?

Also verbrachten wir weitere eineinhalb Stunden wartend und bangend in diesem 200 m breiten Waldstück. Mittlerweile wurde es Abend, die Sirenen waren verstummt. Ich machte den Vorschlag, zu den Häusern, die in der Nähe des Waldes lagen, zu gehen, um hier um Hilfe anzufragen. Die beiden Frauen und ich schlichen langsam voran, um nicht wieder einem Polizisten in die Arme zu laufen, der uns anschreit und wegscheucht. Bei einem der Häuser hatten wir Glück – es öffnete uns ein netter deutscher Ingenieur, der in Laredo zeitweise an einem Projekt arbeitete. Er bat uns hinein und wir bekamen erst mal einen Kaffee. Nun erfuhren wir auch, was eigentlich passiert war. Die ETA hatte mal wieder eine Bombe hochgehen lassen, um für die Unabhängigkeit des Baskenlandes zu kämpfen. Zum Glück wurde immer zuvor über die Medien eine Warnung herausgeben, so dass zwar das Lebensmittelgeschäft, das es diesmal betroffen hatte, zum großen Teil zerstört war, jedoch hatte es keine menschlichen Opfer gegeben.

»Die Fähre fährt heute sicher nicht mehr«, sagte der Ingenieur. »Ich kann euch aber anbieten, euch mit meinem Auto über die Schnellstraße die 12 km nach Santoña zum Refugio zu bringen.« Wir nahmen dankend sein Angebot an. Wir standen immer noch unter Schock, als wir im Refugio ankamen. So hatte ich es mir nicht vorgestellt, in Kontakt mit anderen Pilgern zu kommen …

Am nächsten Morgen ging ich alleine weiter. Die beiden Frauen wollten sich heute von den Strapazen des gestrigen Tages ausruhen und noch eine Nacht länger bleiben.

Ich lief am Strand entlang in Richtung La Sorrozuela, als ich erneut von einem diesmal sehr netten Polizisten aufgehalten wurde. Man hatte wieder eine Warnung bekommen. Diesmal war die Bombe anscheinend in einer Kiste auf dem Strand abgestellt. Aus sicherer Entfernung sah ich, wie ein kettengetriebenes Fahrzeug die Kiste abtransportierte. Nach ca. 3 Stunden konnte ich endlich meinen Weg fortsetzen. Mein Gemütszustand war jetzt miserabel. Was machte ich eigentlich in diesem Land? Ich stellte fest, dass der landschaftlich schönste Weg für mich nur noch eine Katastrophe war. Ohne wirkliche Freude wanderte ich noch weiter bis Santander. Zwar hatte ich noch sieben Tage Zeit bis zu meinem Rückflug, allerdings quälte mich meine Einsamkeit. Sie fraß mich fast auf, je mehr ich mich damit befasste; und daraus resultierend bekam ich starkes Heimweh.

Es wäre ein Leichtes gewesen, zu behaupten, ich hätte wegen der Bomben Angst. Innerlich wusste ich, dass dies nicht der Wahrheit entsprach. Sie hatten zweifelsohne meine Einsamkeit verstärkt, jedoch waren sie nicht der wahre Grund, warum ich schließlich das Reisebüro anrief, um alles umzubuchen und vorzeitig die Heimreise anzutreten.

Noch am selben Tag setzte ich mich in den Bus zurück zum Flughafen nach Bilbao. Dort verbrachte ich noch eine Nacht im Hotel, um am nächsten Morgen nach Köln zu fliegen, von wo aus ich mit einem Mietwagen nach Hause fuhr.

Ich stand bereits im Hausflur, als ich Christel von meinem Handy aus anrief. »Wie ist es?«, fragte sie. Auch sie machte sich Sorgen wegen der Bomben. Sie hatte ja alles mitbekommen, weil wir jeden Tag telefoniert hatten. Und dann stand ich direkt hinter ihr. Eine Ausrede brauchte ich nicht mehr, denn alle waren erleichtert und froh, dass ich gesund wieder zu Hause war. Doch der Glücklichste war in diesem Moment ich, denn mein Heimweh hätte mich fast umgebracht.

In den Tagen danach wurde mir bewusst, dass ich auf eine meiner größten Blockaden geprallt war. Ich wusste, dieses Mal hatte ich sie nur wahrgenommen und war davor eingeknickt. Ich nahm mir vor, ab jetzt mit allen Mitteln daran zu arbeiten, sie lösen zu können.

Energetische Operationen

Claudia, die ich in meiner Praxis kennengelernt hatte, erzählte mir von Stephen Turoff, einem berühmten Heiler aus England, der eine »Healing Clinic« in Danbury, ca. 40 km von London entfernt, hatte.

Claudia war mit ihrem Partner bereits zwei Mal dort gewesen. Sie war ganz begeistert von den Behandlungen und von der Energie der Liebe, die in diesem Zentrum allgegenwärtig spürbar war. Stephen schien ein Heiler wie João de Deus zu sein, durch den auch eine Gruppe hochspezialisierter, erfahrener Entitäten (Geistwesen) wirkte. Im Internet hatte ich mich mittlerweile über beide informiert. Im Gegensatz zu João de Deus, der als Volltrancemedium arbeitete (die Entität übernimmt sein komplettes Bewusstsein, der Mensch João ist während der Behandlung geistig nicht anwesend), wirkten die Geistwesen bei Stephen Turoff eher durch sein erweitertes Bewusstsein, so dass er während der Behandlungen immer komplett anwesend war.

Als ich den Namen Stephen Turoff hörte, fühlte es sich an, als würde ein Eimer voller Energie über mir ausgekippt. Tiefe Berührung mit gleichzeitiger Ganzkörpergänsehaut. Ich wusste instinktiv, es war ein sicheres Zeichen, dass ich mich darum kümmern sollte.

Aber ich nach England? Um Gottes willen! Das war schon wieder so weit weg und außerdem hatte ich wenig Zeit. Also verdrängte ich mal wieder alles und vergaß diesen Heiler ganz schnell.

Meine Tante, eine sehr spirituelle Frau, hatte zu der Zeit Brustkrebs. Als ich bei ihr zu Besuch war, kamen wir ins Gespräch über alternative Heilmethoden und da war plötzlich wieder der Name dieses Heilers aus England präsent. Ich erzählte ihr von Stephen Turoff und sie war sofort Feuer und Flamme: »Michael, da muss ich unbedingt hin!«

Da sie kein Englisch sprach, bat mich meine Tante darum, sie zu begleiten. Eigentlich hatte ich mit dem Thema ja bereits abgeschlossen, doch ich mochte meine Tante sehr und sie wollte wegen ihrer Krankheit dort hin. Außerdem bemerkte ich in dem Moment wieder dieses starke Kribbeln überall ...

Wir mussten mehrere Wochen warten, bis wir bei Stephen Turoff einen Termin bekamen. Er behandelte nur an drei bis vier Tagen im Monat und war offensichtlich sehr gefragt.

Mit Buchung der Flüge begannen meine Träume, die drei Wochen vor unserem Abflug immer intensiver wurden und stetig mehr meiner Schlafzeit einnahmen. Es war immer der gleiche Traum, in dem ein lichtvolles Geistwesen zu mir kam und mir wiederholt freundlich sagte: »Es wird Zeit, dass du dich entscheidest.«
Es drückte sich ziemlich kompliziert aus, so dass ich zunächst nicht wusste, worum es überhaupt genau ging. Wozu sollte ich mich denn entscheiden?

Am Freitag vor unserem Flug – unser Termin war am darauffolgenden Montag – war ich auf dem Nachhauseweg von der Arbeit. Es war ein warmer Sommerabend und ich freute mich auf das Wochenende. Während ich fuhr, merkte ich, wie meine Konzentration merklich abnahm und meine Gedanken mehr und mehr um meine Träume der letzten Tage/Wochen kreisten. Dabei drängte sich wiederholt der Satz »Entscheide dich, ob und wie du den Lebewesen dienen willst!« auf. Ich versuchte vergebens diese Gedanken wegzuwischen, doch bald fühlte ich mich wie benebelt. So konnte ich auf keinen Fall weiterfahren, sonst würde ich nicht heil zu Hause ankommen. Kurzerhand bog ich in den nächsten Waldweg ab und stellte mein Auto an den Straßenrand. Dann lief ich abseits etwas tiefer in den Wald und setzte mich auf einen Baumstumpf. Dort blieb ich fast zwei Stunden und betete und meditierte.

Ob und wie dienen – was meinten die genau damit? Was für eine Entscheidung sollte ich da treffen? Ich versuchte in mich hineinzufühlen, um eine Antwort zu bekommen. Als ich innerlich ruhiger wurde, kamen wieder die Worte: »Entscheide dich, ob und wie du dienen willst.«

»Was meint ihr mit ›Dienen‹?«, wollte ich nun wissen, indem ich diese Frage einfach laut aussprach.

Die Antwort kam prompt, so als wenn jemand durch meine eigenen Gedanken zu mir spricht: »Die geistige Welt fragt dich, ob du deinen Körper zur Verfügung stellst, damit geistige Wesen durch dich heilen können.«

Meine Vermutung hatte sich damit bestätigt, denn um diese Art zu behandeln ging es bei João de Deus wie auch bei Stephen Turoff. Und beide hatten mich allein dadurch sehr berührt, dass ich nur ihre Namen hörte.

Als ich mich darauf einließ, mir vorzustellen, dass ein oder mehrere Geistwesen in meinen Körper, meine Gedanken und meine Gefühle eingreifen, überkam mich ein Gefühl der Panik. Meine größte Sorge war, die Kontrolle über mich und mein Handeln zu verlieren. Andererseits spürte ich auch sehr wohlwollende Gefühle, wie Liebe und Vertrauen, die stärker wurden und die Angst langsam verdrängten. Wie sollte ich mich entscheiden?

Ich zögerte, doch nach kurzer Überlegung stand mein Entschluss fest: »Ich bin bereit, meinen Körper zur Verfügung zu stellen, damit andere Wesen durch mich heilen. Aber nur unter der Voraussetzung, dass ich dabei mein Bewusstsein behalte und in jedem Moment die Kontrolle über mich und meinen Körper habe.«

Sobald ich es ausgesprochen hatte, fiel aller Druck von mir ab und ich war wieder ganz klar.

Als ich eine halbe Stunde später zu Hause ankam, wurde ich schon auf dem Hof von meinem völlig aufgelösten Pflegesohn André empfangen. »Um Gottes Willen, es ist ein Drama passiert, du musst unbedingt helfen!«, schallte es mir entgegen.

»Was ist denn passiert?«

»Sina! Sie hat sich den Schwanz gebrochen!«

Sina war unser Berner Sennenhund, ein ganz liebes Tier. Sie musste gerade in dem Moment durch das große Gartentor gelaufen sein, als der Wind die Tür zuschlug und ihre Rute einklemmte.

»Haben Hunde da überhaupt Knochen drin? Kann da überhaupt was brechen?«, dachte ich nach. Leider kannte ich mich mit der Anatomie eines Hundes überhaupt nicht aus.

Zu Hause liefen alle wie aufgescheuchte Hühner herum. »Was machen wir denn jetzt?«, fragte Christel mit Tränen in den Augen. »Es ist Freitagabend, der Tierarzt hat bestimmt nicht mehr auf.«

»Bitte Michael, kannst du Sina nicht helfen?«, flehte André mich an.

»Komm, wir schauen, was wir tun können«, sagte ich und forderte André auf, mit Sina in meinen Praxisraum im Holzhaus im Garten zu kommen. Dort hob ich den verletzten Hund vorsichtig auf Andrés Schoß und setzte mich gegenüber auf einen Hocker. Sina blieb ganz ruhig sitzen. Ihre Rute war kerzengerade, wie mit Beton ausgegossen, und an einer Stelle ca. 10 cm lang dick geschwollen.

Ich schloss meine Augen, wie ich es immer mache, wenn ich meine Hände auflege, und bat einfach darum, dass die göttliche Energie durch meine Hände fließen möge. Es dauerte nur Sekunden, da tauchte vor meinem inneren Auge eine Gestalt auf, die aussah wie Gandhi. Ein kleiner, schlanker indischer Mann mit seiner kleinen Nickelbrille und eingehüllt in einen weißen Kittel – so als wäre er ein Arzt. Er fragte mich, ob ich meine Hände für ihn zur Verfügung stellen würde. Im ersten Moment stieg wieder diese Angst in mir auf, doch die wurde schnell eingeholt von ganz viel Liebe, die meine Ängste wie in einer riesigen Welle einfach wegspülte. Ich war tief berührt und voller Vertrauen und signalisierte diesem Geistwesen, das ich Gandhi-Arzt nannte, meine Zustimmung.

André bekam von alledem gar nichts mit, denn das alles geschah in meinen Gedanken, in der geistigen Welt.

Wie ich da mit geschlossenen Augen auf meinem Hocker saß, merkte ich, wie ich – schwupps – aus meinem Körper heraustrat und neben mir stand. Das kannte ich ja schon von meinen Erfahrungen bei den Astralreisen. Doch dieses Mal war es anders, denn ich konnte vor meinem inneren Auge Gandhi-Arzt dabei beobachten, wie er mit meinen Händen begann, die geschwollene Stelle von Sinas Rute zu behandeln und ganz vorsichtig zu massieren. Das Merkwürdige war, dass ich in diesem Moment zwar meinen Händen aus der Position neben meinem physischen Körper zusehen konnte, wie sie Sinas Rute massierten, ich konnte sie jedoch nicht fühlen.

Nach 30 Sekunden war alles schon wieder vorbei und ich war so schnell wieder in meinem Körper, wie ich herausgetreten war. Während der ganzen Zeit umgab mich eine tiefe Liebe, die mich komplett erfüllte. Gandhi-Arzt dankte mir für meine Liebe und verneigte sich.

Ich öffnete meine Augen und begutachtete Sinas Rute und war erstaunt, denn die Schwellung war komplett verschwunden! Der Hund sprang von Andrés Schoß herunter und lief herum und wedelte. Sina war wie durch ein Wunder geheilt, so dass André mit ihr eine Stunde später in der Ems baden gehen konnte, als wäre nichts gewesen.

Das alles war für mich sehr beeindruckend und mir war sofort klar, dass die Meditation im Wald und meine dort getroffene Entscheidung mit all dem zu tun hatten.

* * *

Am Montagmorgen in der Früh flogen meine Tante Anneliese und ich nach London. Schon auf dem Weg zum Flughafen hatte ich das Gefühl, dass heute ein besonderer Tag werden würde. Mein Herz fühlte sich so groß und frei an wie selten zuvor. Vom Flughafen London-Stansted ging es mit dem Taxi nach Danbury. Während der

Fahrt spürte ich auf einmal einen stechenden Schmerz in meinen Fingerkuppen. Anfangs betraf es nur wenige Finger, später schmerzte es in allen zehn Fingern. Ich versuchte zu verstehen, was hier gerade vor sich ging. In meiner Fantasie kam plötzlich der Gedanke, dass an meine Fingerkuppen Fäden genäht würden. Sofort machte sich wieder eine durchdringende Angst breit: »Die machen mich zu einer Marionette!« Aber auch hier hatte die Angst nur vorrübergehend die Macht. Schnell stiegen absolut befreiende Gefühle in mir hoch und es entstand ein schon fast unbegrenztes Vertrauen. »Hier wird mir kein Leid zugefügt, alles ist gut«, war ich jetzt sicher. Meine Tante, der ich davon berichtete, hörte aufmerksam zu, konnte jedoch nicht viel dazu sagen.

Gegen 9 Uhr erreichten wir die »Healing Clinic« in Danbury, die eher eine Praxis als eine Klinik war. Es war noch geschlossen und wir waren die Ersten. Ein junger Mann, der drinnen aufräumte, ließ uns schon herein und wir setzten uns in das große Wartezimmer, in dem mindestens 20 Stühle standen. Später am Vormittag war dieser Raum mit mindestens 40 Menschen völlig überfüllt. Viele saßen einfach mitten im Wartezimmer auf dem Fußboden.

Unser Termin war erst um 12 Uhr. Da aber in der Umgebung noch kein Café geöffnet hatte, in dem wir die Wartezeit hätten überbrücken können, blieben wir einfach die verbleibenden drei Stunden hier. Was in dieser Zeit Merkwürdiges passierte, begann wieder mit einem Schmerz, diesmal in meinem linken Zeigefinger. Im Gegensatz zu vorher fühlte ich jetzt keine Angst in mir. Ich schaute gespannt auf meinen Finger und sah, wie seitlich langsam ein dunkelroter Strich entstand, so als würde eine unsichtbare Macht ihn der Länge nach aufschneiden. Es tat etwas weh, jedoch floss kein Blut. Ich zeigte dies meiner Tante, die den entstehenden roten Strich genauso beobachtete wie ich. Sichtlich bewegt sagte sie: »An diesem Platz passieren Wunder.« Sie schloss die Augen und begann sofort mit allerlei Gebeten zur heiligen Mutter und zu Christus.

Ich beobachtete weiterhin aufmerksam meinen Finger und spürte, wie kurz darauf der Schmerz nachließ. Die rote Narbe verblasste und die Haut nahm wieder eine normale Farbe an. Eine Erklärung hatte ich auch dieses Mal nicht.

Als wir durch einen Helfer aufgerufen wurden, mussten wir uns schon im Vorraum entscheiden, ob Stephen uns während der Behandlung berühren darf, was wir beide durch unsere Unterschrift auf einem Formular bestätigten. Dann begleitete ich meine Tante, die ja kein Englisch sprach, zu ihrer Behandlung. Stephen forderte sie auf, ihre Bluse zu öffnen, und sie zeigte ihm die Stelle, wo einmal ihre Brust gewesen war. Er sagte mit einer starken sichtbaren Traurigkeit zu mir: »Schau dir an, was man ihrem Körper angetan hat.« Er legte seine Hände auf die Stelle, wo früher ihre Brust gewesen war, und betete im Stillen. Als er den Raum verließ und mich direkt ansah, schüttelte er leicht den Kopf, so als wolle er sagen: »Hier kann ich leider nicht mehr helfen.«

Kurz danach hatte ich meinen Behandlungstermin. Ich saß alleine auf der Behandlungsliege und wartete. Als Stephen Turoff hineinkam und mich ansah, sagte er: »You are a healer. What's your problem?« Woher sollte er wissen, dass ich ein »Heiler« bin? Ich antwortete: »Ich habe das Gefühl und die Angst, dass ich keine Kinder zeugen kann.«
»Leg dich hin, zieh die Hose herunter«, sagte er barsch, als wenn er in Eile wäre.
Ich gehorchte und Stephen nahm vom Tischchen neben der Liege so etwas wie ein Skalpell. Er tauchte es in eine Schale mit Wasser, bevor er mir damit im Bereich der linken Leiste die Haut mit einem wenige Zentimeter langen Schnitt aufritzte. Danach rieb er mit der bloßen Hand einiges von dem Wasser in die Wunde, als wolle er sie reinigen. Claudia hatte mir berichtet, dass nach der Intervention oft Entzündungen entstehen könnten, die in der Regel ohne weiteres Zutun kurze Zeit später heilten. Sie meinte, das gehöre zur

Heilung. Ich konnte den Schnitt zwar spüren, es war jedoch eher ein leichtes Brennen als ein Schmerz. Mir fiel auf, dass er bei seiner »Operation« wenig feinfühlig, sondern eher rabiat zupackte und arbeitete. Kaum hatte er das Skalpell aus der Hand gelegt, legte er seine beiden Hände auf die Wunde und betete leise für vielleicht drei Minuten. Dann verließ er ohne ein Wort den Raum. Das Ganze hatte gerade mal sieben Minuten gedauert.

Ich ging zurück ins Wartezimmer, um meine Tante zu holen, als mich ein Mann ansprach. Er war aus Recklinghausen mit seiner kranken Tochter gekommen und hatte mitbekommen, dass wir auch Deutsche waren. Neugierig fragte er mich, wie wir es empfunden hätten, und ich berichtete ihm von meiner Behandlung. Er machte mich darauf aufmerksam, dass die meisten, die hierherkommen, mindestens zwei Behandlungen an einem Tag buchen würden. Das hatte uns vorher leider niemand gesagt.

Da wir noch sehr viel Zeit bis zu unserem Rückflug hatten, buchte ich nach Absprache mit meiner Tante für den frühen Nachmittag jeweils einen weiteren Termin. Ich zumindest wollte gerne wissen, was er bei der Behandlung gemacht hatte.

Das Wartezimmer war nach wie vor überfüllt. Daher entschieden wir uns, bis zu unserem nächsten Termin in ein nahegelegenes Café zu gehen.

Gerade als ich für meine Tante einen Tee bestellt hatte, überkam mich eine dermaßen starke Müdigkeit, dass ich meine Augen nicht mehr aufhalten konnte. Ich wollte mir eigentlich noch etwas zu essen bestellen, doch das schaffte ich nicht mehr. Meine Tante, die total fit war, nahm mich in den Arm und ich legte meinen Kopf auf ihre Schulter und schlief direkt ein. Eineinhalb Stunden schlief ich fest und traumlos, als ich wie aus einer Narkose erwachte. Als ich meine Augen öffnete, bemerkte ich, dass meine Tante zwischenzeitlich ihren Arm um mich gelegt hatte. Sie hatte vermutet, dass dies nicht eine einfache Müdigkeit war, und in der Zwischenzeit gebetet.

Nun mussten wir uns beeilen, denn in einer halben Stunde war bereits unser zweiter Behandlungstermin. Meine Tante bekam wieder eine energetische Behandlung mit dem Auflegen seiner Hände, ohne dass Stephen ein Skalpell oder sonstige Werkzeuge für eine Operation nutzte. Als ich an der Reihe war, wollte ich als Erstes von Stephen Turoff wissen, was er heute Morgen gemacht hatte. Er antwortete: »Ich habe deine Lymphe gereinigt. Du kannst Kinder zeugen, du musst nur abnehmen.«

Dann fragte er mich, ob ich sonst noch ein Problem hätte, und diesmal schilderte ich ihm kurz meine Herzprobleme der Vergangenheit. Ich sollte meinen Oberkörper freimachen. Dabei riss er mir schon fast das Hemd auf, weil ich nicht schnell genug die Knöpfe öffnete. Es folgte die gleiche Prozedur wie am Vormittag: Er ritzte meine Brust auf, wusch alles mit Wasser und legte seine Hände auf. Als er damit fertig war, sagte er: »Du hast ein Problem mit deinen Augen.«

Ich bestätigte, dass ich eine Lesebrille benötigte, was zu einer kurzen Standpauke führte, ich solle nicht so eitel sein. »Es gibt etwas, was dich aufhält, tief in Menschen hineinzusehen. Soll ich das für dich verändern?«, fragte er.

Ich nickte. Im nächsten Moment nahm er eine kleine, mit Wasser gefüllte Plastikflasche, die vorne einen kleinen Ausguss hatte. Dann schob er ziemlich rabiat mein unteres und oberes Augenlied auseinander und drückte sehr viel kaltes Wasser in mein geöffnetes Auge. Ich war völlig überrascht und hatte zwischenzeitlich das Gefühl, mein Augapfel würde rausfallen. Nach dem rechten Auge kam mein linkes Auge dran und danach folgte wieder die energetische Behandlung, indem er je seine Hände über meine Augen legte. Als er fertig war, ging er auch dieses Mal ohne Verabschiedung.

Im Taxi zum Flughafen schlief ich wieder, jedoch nicht mehr so komatös wie noch am Vormittag.

Als wir spätabends wieder daheim waren, wartete Christel bereits auf mich. Ich erzählte ihr gerade von den Geschehnissen des Tages, als sie mich fragte, ob ich ihr die Hände auflegen könnte, da sie schon den ganzen Tag starke Halsschmerzen hatte.

Ich fing an, sie zu behandeln, und folgte dabei der klaren Intuition meiner Gedanken. Mit meinem Fingernagel deutete ich einen seitlichen Schnitt an ihrem Hals an. Ich hatte das Gefühl, mit meinen Fingern in meiner Fantasie die Entzündung aus ihrem inneren Hals herausstreichen zu müssen. Christel spürte das Einritzen leicht, ließ es jedoch genauso geschehen wie das leichte Massieren. Dann legte ich noch kurz meine Hände auf ihren Hals und nach wenigen Minuten war die Behandlung vorbei. Noch am selben Abend war Christel schmerzfrei.

In der Folge behandelte ich viele Menschen auch mit dieser Methode und bekam aus der geistigen Welt viele weitere Fähigkeiten und Geschenke im Bereich der energetischen Behandlungen. Oft ist es heute so, dass nicht nur die energetische Intervention durchgeführt wird, sondern dass ich während der Behandlung aus der geistigen Welt zusätzlich Informationen zur Ursache der Problematik bekomme, die den Menschen helfen, ihre inneren Ungleichgewichte gezielt zu bearbeiten und in Harmonie zu bringen.

Frieden und Liebe mit Papa

Von Zeit zu Zeit besuchte ich Christiane Waldermann, die mir schon am Anfang meiner Veränderung sehr oft geholfen hatte. Christiane war für mich immer eine wundervolle Lehrerin der spirituellen und geistigen Welt. Ich vertraute ihr, denn sie wusste immer, was mir passiert war, ohne dass ich etwas darüber erzählen musste.

Christiane meinte, dass es an der Zeit sei, die alten Seelenverträge zwischen mir und meinem Vater aufzulösen, damit wir beide endlich in Harmonie kommen könnten. Ich fühlte mich bis zu diesem Zeitpunkt von meinem Papa oft nicht gesehen und beachtet. Aus meiner Sicht drehte sich bei ihm immer alles um meinen älteren und meinen jüngeren Bruder. Christiane erklärte, ich würde einige Dinge, die sich zwischen uns ereignet hätten und noch immer ereigneten, nicht richtig verstehen und einordnen. »Es ist nicht alles so, wie es manchmal auf den ersten Blick ausschaut«, sagte sie zu mir. Sie forderte mich auf, mir meinen Vater vor meinem inneren Auge vorzustellen und mir bewusstzumachen, dass ich in diesem Moment ein ehrliches Zwiegespräch mit seiner Seele halten würde. »Sprich ehrlich über deine Gefühle und sei offen für Frieden.« Sie öffnete für uns einen energetischen Kanal und verließ dann für einige Zeit den Raum.

Ich ging in Meditation und stellte mir meinen Vater vor. Es gelang sehr schnell und ich schaute in ein freundliches Gesicht. Ich erinnerte mich zuerst daran, dass es schön war, dass Papa mich vor einigen Jahren gebeten hatte, ihn zu behandeln, und dass seine Hüft- und Rückenschmerzen deutlich gelindert werden konnten. Auch dass er bald danach das Morphium absetzen konnte, schien uns beide zu freuen.

Christiane hatte mir eindringlich gesagt, ich solle ehrlich über meine Gefühle zu ihm sprechen. Und so sagte ich meinem Vater: »Papa, ich leide sehr darunter, dass du mich scheinbar nie wirklich siehst. Immer hast du nur den Blick auf meine beiden Brüder. Ich wünsche mir so sehr, dass du mal stolz auf mich bist und mich in den Arm nimmst.« Ich wurde sehr traurig und fing an zu weinen. »Ich habe es wahrscheinlich nur vom Hauptschüler zum Geschäftsführer gebracht, um einmal zu erleben, dass du stolz auf mich bist und mir auf die Schulter klopfst.« Das Bild meines Vaters in mir weinte nun auch. Plötzlich nahm ich in mir in meiner Intuition eine Botschaft wahr, die von ihm zu sein schien. Das Bildnis von ihm in meinem Kopf weinte dabei zwar immer noch, es drückte dennoch völlige Liebe aus. So hatte mich mein Vater noch nie angesehen.

Die Botschaft lautete: »Michael, vor Anbeginn der Zeit wolltest du in deinem jetzigen Leben aus eigener Kraft in die Stärke kommen. Dies wolltest du erfahren. Deine Seele hat mich gebeten, dir dabei zu helfen, und aus Liebe zu dir habe ich dich nicht so beachtet wie deine Brüder und dir meine Liebe gezeigt. Dies zu tun war so schwer für mich, dass ich deshalb Parkinson bekommen habe.«

Jetzt weinten wir beide haltlos, denn mein Vater trug über lange Jahre diese Krankheit. Eine Krankheit, die auch davon geprägt ist, Gefühle immer schwerer zeigen zu können. Ich schrie ihm fast entgegen: »Lass uns damit aufhören, ich entbinde dich von diesem Seelenvertrag! Lass uns unsere Liebe zeigen. Lass uns Vater und Sohn sein, die sich lieb haben!« Es folgte eine tiefe Vergebung zwischen uns. Er vergab mir all die Gefühle der Missachtung, die ich ihm in Gedanken und Taten gezeigt hatte, und ich vergab ihm, dass er mir bis zu diesem Moment nie gezeigt hatte, dass er mich wirklich liebte.

Als ich die Augen öffnete saß Christiane nehmen mir und war selbst erfüllt von Rührung und voller Freude. Dieses große Medium hatte natürlich alles mitbekommen.

Wir sprachen darüber und ich fragte sie, was jetzt zu tun sei, ob ich meinen Vater jetzt darauf ansprechen sollte. »Mach nichts, warte einfach ab, was passiert. Alles wird sich jetzt verändern. Du wirst schon sehen«, war ihre Antwort.

Ungefähr zwei Wochen später, ich mähte gerade an einem Samstagmorgen den Rasen hinter unserem Haus, stand plötzlich mein Vater in der Gartentür und sagte: »Ich wollte mal sehen, ob ich hier nicht vielleicht einen Kaffee bekomme.«

Vater und ich sahen uns eigentlich nur zu besonderen Anlässen, obwohl wir im gleichen Stadtteil gar nicht so weit auseinander wohnten. Es war der Beginn einer neuen Nähe. Ich hatte Papa bis dahin höchstens die Hand gegeben, wenn wir uns sahen. Danach – er besuchte mich jetzt übrigens öfter – konnte ich ihn sogar auf die Wange küssen. Mein Gefühl zu ihm hatte sich von Grund auf geändert. Es war geprägt von Ehre und Wertschätzung. Dieser Mann hatte in seinem Leben nur gearbeitet, er hatte für seine Familie ein Haus gebaut. Er ging, wenn es die Arbeitslage in der Firma zuließ, zwölf Stunden pro Tag arbeiten und hatte dann noch seinen Schrebergarten, in dem er fleißig Gemüse und Kartoffeln anbaute. Er hatte das alles für uns gemacht, hatte sich für uns krumm malocht.

Ungefähr zwei Jahre später, am Morgen des 1. Weihnachtstages, hatte ich die Gelegenheit, ihm in einem 4-Augen-Gespräch zu sagen, wie schön es doch sei, dass wir beide wieder eine liebevollere Vater-Sohn-Beziehung lebten. Er sagte: »Ich hab euch drei immer gleich viel geliebt. Ihr seid schließlich meine Jungs.«

Ich lächelte.

Das Medizinrad und Gaias Schätze

Anfang Mai 2009 dachte ich noch keine Sekunde darüber nach, in diesem Jahr wieder auf dem Jakobsweg zu wandern. Das hatte ich innerlich abgehakt. Dann begannen jedoch die Träume, in denen mich sehr liebevolle geistige Wesen baten, auch in diesem Jahr auf den Jakobsweg zu gehen. Diese Wesen verbanden mich immer noch in vielen Nächten in meinen Träumen mit tollen geistigen Heiltechniken und geistigen Fähigkeiten. Mein erster Gedanke war: »Das kann doch nicht euer Ernst sein! Ich bin doch letztes Jahr völlig gescheitert, als ich vor lauter Heimweh von dort geflohen bin!«

Die Träume ließen mich trotzdem nicht los. Über Wochen wurde ich fast jede Nacht damit nahezu malträtiert.

»Geh wieder auf den Jakobsweg! Eineinhalb Wochen reichen. Es ist wichtig für dich!« Mir wurde nahegelegt, nach Pamplona zu fliegen, um von einem Ort namens Zubiri zu meinem 4. Jakobsweg aufzubrechen.

Diese Strecke kannte ich bereits von meiner ersten Pilgerreise im Jahr 2006. Ich war überhaupt nicht begeistert, denn das bedeutete wieder große Anstrengungen für mich. Von Zubiri führt nämlich ein für meinen Geschmack sehr steiler Weg auf einen Bergkamm hinauf, auf dem etwa 40 Windräder stehen. Danach geht es wieder steil bergab. Das war leider keine leichte Etappe.

Die Träume wurden jedoch so intensiv – ich sah mich dort auf dem Weg wandern –, dass ich letztlich meinen Widerstand aufgab und Flug und Hotel buchte, um mich drei Wochen später auf den Weg nach Spanien zu machen.

Eine Woche vor Reisebeginn bekam ich wie aus dem Nichts plötzlich Schmerzen in der Hüfte. So etwas hatte ich noch nie vorher gehabt. Es schmerzte so stark, als wäre die Hüfte entzündet. Was wollten die mir damit sagen? Sollte ich nun doch nicht auf den Jakobsweg gehen? Was hatte das zu bedeuten? Ich überlegte hin und her. Da das Flugticket nicht besonders teuer gewesen war und ich das Hotel auch nur bezahlen brauchte, wenn ich dort übernachten würde, entschied ich mich, zu Hause zu bleiben.

Doch in meinen Träumen wurde mir von den Wesen gesagt, ich solle auf jeden Fall die Reise antreten, wenn dies mein Wille sei. Es sei ein Weg des Glaubens und des Vertrauens.

Na gut. Da ich den Informationen aus meinen Träumen mittlerweile vertraute, begab ich mich trotz Hüftschmerzen auf meinen vierten Jakobsweg. Dieses Mal flog ich von Düsseldorf über Madrid nach Pamplona.

Von zu Hause hatte ich für die erste Nacht das Airport-Hotel von Pamplona gebucht, weil es ganz in der Nähe des Flughafens lag und ich erst am frühen Abend landen würde. Ich fühlte mich schon bei meiner Abreise deutlich gehandicapt. Als ich jedoch dort ankam, wurde der Schmerz in meiner Hüfte immer stärker. Vom Taxi bis zum Hotel war es nicht weit und dort hatte ich ein Zimmer im Erdgeschoss. Lediglich einige wenige Treppenstufen waren zu bewältigen. Doch schon diese kleine Hürde bedeutete für mich Schmerzen, die kaum auszuhalten waren. Es fühlte sich an, als würde bei jeder Treppenstufe jemand mit einem Messer in meine Hüfte stechen. »Das kann doch nicht wahr sein!«, dachte ich mit schmerzverzerrtem Gesicht und kämpfte mich tapfer zu meinem Zimmer.

Da mein Hotel kein Restaurant hatte, beschloss ich, mit dem Bus in die Stadt zu fahren. Die Bushaltestelle befand sich zum Glück nur wenige Meter vom Eingang entfernt. In der Altstadt von Pamplona fand ich ganz in der Nähe der Haltestelle ein nettes Restaurant. Während ich mir mein Abendessen schmecken ließ, überlegte ich, die nächsten Tage abzuwarten, um dann zu entscheiden, wie es weitergehen sollte. Mir war zu diesem Zeitpunkt absolut klar, dass ich so auf keinen Fall den steilen Berg hochlaufen konnte. Das war von vorherein zum Scheitern verurteilt.

Da ich ja schon mal in Pamplona gewesen war, kannte ich mich ein bisschen aus – so dachte ich jedenfalls. Doch an diesem Abend stellte ich mich an, als wäre ich das erste Mal in meinem Leben im Ausland …

Als ich mich auf den Rückweg machte, fragte ich sicherheitshalber den Busfahrer, ob er zum Airport-Hotel bzw. zum großen Elektromarkt fahren würde, der direkt gegenüber dem Hotel lag. Er nickte und so bestieg ich mit einem guten Gefühl den Bus, der mich zum Hotel zurückbringen sollte. Doch Fehlanzeige! Dieser Bus fuhr überall hin, nur nicht dahin, wo ich hinwollte. Ich war wohl doch in den falschen Bus gestiegen. Dann wechselte der Fahrer und es schien, dass ich mich immer weiter von der Stadt entfernte. Als ich mich schließlich irgendwo in den mir völlig unbekannten Ausläufern von Pamplona befand, stellte der Busfahrer auch noch das Fahrzeug ab. Er vermittelte mir auf Spanisch und mit vielen Handzeichen, das hier Endstation sei und ich den Bus verlassen müsse. Ich hatte mich total verirrt und nun stand ich mit schmerzenden Hüften in irgendeinem Vorort. Das konnte ich jetzt überhaupt nicht gebrauchen, wo ich doch gar nicht laufen konnte und mir jeder Schritt höllisch wehtat!

Zum Glück fuhren in der Nähe noch andere Busse. Und so setzte ich mich mit einer riesigen Wut im Bauch in den erstbesten Bus und stieg beim nächsten Hotel, das ich sah, aus. Ich dachte mir, dass ich von dort ein Taxi rufen könnte. Es war für mich die einzig erkennbare Möglichkeit, wie ich zu meinem Hotel zurückkommen konnte. Mein Handy hatte ich zwar dabei, aber das nützt leider nur wenig, wenn man nicht weiß, wo man anrufen soll.

Als ich spätabends endlich in meinem Hotel eintraf, war ich völlig fertig. Ich hatte Schmerzen ohne Ende und wusste nicht, wie es am nächsten Morgen weitergehen sollte. Und so hatte ich eine unruhige Nacht vor mir. Ich träumte immer wieder, ich solle auf den Weg gehen, ich sei richtig hier. Und es sei wichtig, dass ich das mache. Ich solle Vertrauen haben. Es sei ein Weg des Glaubens.

Das alles hatte ich ja vor meiner Abreise auch schon geträumt. War es immer noch wahr? Ich konnte es mir nicht so recht vorstellen.

Am nächsten Morgen stand ich nun da in meiner Wanderkluft. Was anderes hatte ich ja ohnehin nicht mit und eigentlich hatte sich mein Ego überlegt, das Ganze als Schnapsidee abzutun und die Wanderung abzubrechen, bevor sie gestartet war. Nach Hause wollte ich aber auch nicht sofort wieder, das war mir zu dumm. So kam ich auf die Idee, ans Meer zu fahren, mich in ein Hotel direkt am Strand einzumieten, die Knochen hochzulegen und Gott einen guten Mann sein zu lassen. Für mich stand fest, dass ich den Berg nicht hochkommen würde. Ich schaffte ja nicht mal vier Treppenstufen!

Ich rief mir ein Taxi. Doch auch wenn es einen Teil in mir klar zum Strand zog – ich wusste nicht, wo das Taxi mich letztlich hinbringen sollte. Nach Zubiri auf den Jakobsweg oder zum Bahnhof, damit ich ans Meer fahren konnte? Immer wieder hallte die Botschaft in meinem Kopf: »Es ist für dich ein wichtiger Weg des Glaubens.«
Schließlich hörte ich auf meine innere Stimme, die mir sagte, dass ich mich ja auch noch heute Abend zum Bahnhof bringen lassen könnte, wenn es absolut nicht mehr ginge. Es schien zwar völlig aussichtslos, dass ich den Berg hochkam, doch ich wollte es wenigstens versuchen.

Nun stand ich da mit meinem Rucksack und meinen Schmerzen. Auf was hatte ich mich da nur wieder eingelassen? Ein Weg des Glaubens und Vertrauens. Ich konnte es einfach nicht glauben und war dennoch gespannt, was das zu bedeuten hatte.
Langsam, Schritt für Schritt ging ich vorwärts den mir vertrauten Weg. Anfangs war der sandige Pfad noch ziemlich flach, doch je näher ich dem Berg kam, desto hügeliger wurde die Landschaft. Und meine Schmerzen nahmen stetig zu.
Es waren nur wenige Menschen unterwegs – eher ungewöhnlich für diese Jahreszeit. In der Ferne konnte ich vor mir einen Wanderer ausmachen und etwa 100 Meter hinter mir lief ein einzelner Pilger,

der mich wahrscheinlich bald überholen würde. Sonst sah ich weit und breit keine Menschenseele.

Mein Blick schweifte über die schöne Landschaft und blieb an einem Meer von Sonnenblumen hängen, das neben meinem Weg auftauchte. Ich kramte meine Kamera aus dem Rucksack und machte Fotos. Ein wunderschöner Anblick.

Am Wegesrand wuchsen verschiedene Pflanzen, wie Scharfgarbe, und andere Gewächse, die ich jedoch nicht bestimmen konnte. Doch irgendetwas stimmte hier nicht, irgendetwas war anders. Um die Pflanzen herum sah ich Farben schimmern, die da nicht hingehörten. »Was ist denn jetzt los?« Verwundert rieb ich mir die Augen. Ich drehte mich um, weil ich dachte, dass dieses ungewöhnliche Farbenspiel von der Sonne kam, doch es war im Schatten genauso.

Da wurde mir bewusst, dass es die Aura der Pflanzen sein musste, die ich wahrnahm. Bei Menschen und vor allem bei Tieren hatte ich die Aura schon mal gesehen, aber bei Pflanzen bisher noch nicht.

Jetzt konzentrierte ich mich bewusst auf die Farben und ich spürte plötzlich, wie diese Energie der Farben und der Aura in mich hineinflog – durch meine Augen in mich hinein und von dort aus weiter durch meinen Körper direkt in meine Hüfte. Von einer Sekunde auf die andere waren die Schmerzen in der Hüfte weg. Sie waren mit einem Mal komplett verschwunden! Ich war sprachlos und konnte es kaum fassen. Ich war zutiefst gerührt. Für mich war es ein Wunder!

Dies war wieder ein Moment, in dem ich mich fragte: »Was will das Universum mir damit zeigen? Was wollen sie mir damit sagen?« Ich hatte keinerlei Erklärung.

Überglücklich, ja fast schon beschwingt darüber, dass ich wieder schmerzfrei laufen konnte, setzte ich nun meinen Weg fort und jeder Gedanke an einen Strandurlaub war wie weggeblasen. Stattdessen machte ich mir unzählige Gedanken und versuchte zu verstehen, was da gerade passiert war. Auf einmal nahm ich eine Stimme in mir wahr, ähnlich wie damals, als ich bei Heike auf der Liege lag und meine Fähigkeiten geschenkt bekam. Dieses Mal bemerkte ich jedoch sofort, dass dies keine Stimme war, die ich durch meine Ohren hörte. Es war eine wundervolle, liebliche weibliche Stimme, die aus meinem Inneren zu mir sprach. Der kritische und ungläubige Teil in mir schaute sich dennoch zu allen Seiten um. Aber die wenigen Pilger, die sich mit mir auf dem Weg befanden, waren viel zu weit entfernt. Sie hätten schon laut schreien müssen, damit ich sie höre.

Dann begann die Stimme zu erzählen: »Ich möchte dir etwas über Homöopathie beibringen. In der Homöopathie geht es um Schwingungen, um Frequenzen. Ein gesunder Mensch schwingt in Form einer Sinuskurve, alles ist in Harmonie. Bei einem kranken

Menschen dagegen ist die Schwingung nicht im Ausgleich. Es ist keine vollkommene Harmonie da und folglich auch keine ausgewogene Sinuskurve.«

Sie erklärte mir, wie homöopathische Medikamente hergestellt werden und was es mit den verschiedenen Potenzen auf sich hat: »Ein homöopathisches Medikament ist umso wertvoller, je stärker es verdünnt wird, also je höher die Potenzierung ist. Das Gift der Ursprungspflanze wird so stark verdünnt, dass es physikalisch nicht mehr messbar ist, aber trotzdem ist seine ihm eigene vollkommene Schwingung in dem Medikament vorhanden. Im Grunde genommen ist in dem Medikament jetzt ebenfalls eine nicht harmonische Schwingung vorhanden. Und diese trifft bei passender Dosierung auf die ebenso nicht harmonische Schwingung der Krankheit. Das Zusammentreffen dieser beiden ergibt dann wieder vollkommene Harmonie. Darum urteile niemals über Gifte oder Tiere, die giftige Substanzen absondern, denn sie können zu großen Heilbringern werden.

Deshalb sind viele homöopathische Mittel so effektiv und helfen so schnell. Sie bekämpfen nicht die Krankheit, sondern sie heilen durch die geistige Formel minus und minus ergibt plus. Manchmal verschlimmert sich für einen kurzen Zeitraum der Zustand für den Patienten. Dies nennt man Erstverschlimmerung. Das kommt daher, dass der Organismus des Menschen kurzfristig mit beiden Herausforderungen umgehen muss, bis sich die Transformation der Heilung im Körper physikalisch ganz umgesetzt hat. So funktioniert Homöopathie. Letztendlich sind es alles Frequenzen und Schwingungen, die Heilung bringen.«

Ich bekam noch viele Informationen zu den wichtigen Prozessen bei der Herstellung eines homöopathischen Medikamentes und sie zeigte auf, worauf es bei der Pflege und Ernte der Pflanzen ankommt: »Es ist wichtig, sich durch seine Gedanken und Worte für das zu bedanken, was die Pflanze zur Verfügung stellt, und darauf zu achten, dass man nur so viel von einer Pflanze erntet, damit sie überleben und weiter wachsen und austreiben kann. Es kommt in hohem Maße auf den stetigen Fluss des Lebens an. Diesen zu erhalten ist das höhere Ziel. Nur dadurch kann diese Kraft über sehr lange Zyklen erhalten bleiben und auch in der Pflanze wachsen. So etwa wie bei Weinreben, die Jahre der Reife brauchen, um die besten Trauben zu erzeugen, um dann irgendwann über die Jahre ihre Leistungsfähigkeit zu verlieren und schließlich abzusterben. Bis dahin hat sich aus ihnen schon lange eine neue Generation von Reben gebildet, die dann wiederum ihrer kraftvollen Blütezeit entgegengehen. So bleibt die reine Kraft der positiven Schwingung zwischen dem nie endenden Rhythmus von Geburt und Tod immer vorhanden.«

Lange hörte ich der Stimme gebannt zu und ich fühlte viel stärker als damals in ihr eine sehr liebevolle Persönlichkeit. Das ließ mich diesmal vorsichtig fragen, wer da zu mir spricht. Die Antwort kam sofort: »Für mich gibt es viele Namen, aber du kennst mich unter dem Namen Gaia.«

»Mutter Erde«, stimmte ich zu.

»Ja, dies ist einer meiner vielen Namen und eine meiner Aufgaben. Ich bin jedoch viel mehr, ich bin auch der Hort der Elemente und ich steuere ihr gemeinsames Wirken, um die stetige Harmonie der Schwingungen auf dem Planeten Erde zu bewahren. Ich bin auch ein Teil des Ganzen, erschaffen aus dem All und ich bin genau wie du ein Schöpfer. Meine Schöpfungen unterscheiden sich von deinen jedoch in Ausdehnung, Masse und Höhe der Frequenz. Du erschaffst in erster Linie für dich selbst und wirst hierdurch zum Multiplikator für andere. Das, was du erschaffst, hat die größten Auswirkungen auf die Menschen und Ereignisse in deinem Leben und deinem direkten Umfeld, obwohl alles, was du erschaffst, zusammen mit den Schöpfungen der anderen Lebewesen auch Einfluss auf das große Ganze dieses Planeten hat.

Ich hingegen bin auf diesem Planeten der Schöpfer allen Lebens und allen Seins. Kein Blatt an einem Baum wächst ohne mein Zutun. Meine Schöpfungen haben direkte Auswirkungen auf alles, jedoch nicht auf mein Sein. Ich bin bei dir, um dich mit dem zu verbinden, was du schon immer als Wissen in dir hattest, nicht um über dich zu bestimmen.

Wenn du es willst, werde ich mich dir in einer ganz besonderen Art offenbaren. Ich werde dich lehren, auf dass du die Lehre weitergibst. Es ist an der Zeit, dich mit wichtigem verborgenem Wissen zu verbinden.«

Dann erklärte sie weiter: »Das gesamte Universum, sozusagen alles, was ist, – und das beinhaltet auch alles Leben auf der Erde – befindet sich in einem stetigen Wandel der Schwingung. Die Schwingung steigt von Generation zu Generation an und der aufmerksame Mensch wird dies allein daran beobachten und wahrnehmen können, weil immer intelligentere Menschen mit immer mehr Fähigkeiten geboren werden. Die spirituelle Welt hat dafür schon vor einigen Jahren Begriffe wie z. B. Kristall- oder Sternenkinder erschaffen. Diese neuen Kinder verfügen über eine viel höhere Grundschwingung als der Rest der Bevölkerung. Sie zeichnen sich oft durch sehr große Fähigkeiten aus, die jedoch von der breiten Masse der Menschen und von eurem System noch nicht erkannt werden. Oft werden diese Kinder, die manchmal nicht so recht in ihre Umwelt zu passen scheinen, als krank abgestempelt. Es wird noch einige Generationen dauern, bis ihre besonderen Fähigkeiten erkannt und im Sinne des Gemeinwohles genutzt und eingesetzt werden. Bei vielen dieser Menschen, die oft als hochsensibel gelten, versagen zuweilen die alten, für ältere Menschengruppen hochwirksamen homöopathischen Medikamente, weil diese in einer Schwingungsbreite wirksam sind, die weit unter dem liegt, wo sich die Kinder schon von Geburt an befinden. Deshalb werden in der Zukunft viele neue Substanzen für homöopathische Medikamente entdeckt, genauso wie die Verbreitung von Techniken, die den Menschen ermächtigen, wieder selbst die Hilfen der Natur über seine Geistigkeit nutzbar zu machen. Ein altes Wissen wird in den nächsten Generationen wieder Einzug halten, so dass der Mensch mit dem Mut, verstehen zu wollen, wieder begreifen wird, dass die Erde direkt vor der Haustür oder dem Lebensplatz die passenden Heilkräuter für Linderung und Heilung wachsen lässt.«

Zuletzt gab Gaia mir liebevoll den Rat, auf meinem weiteren Weg die Pflanzen, die sich mir durch das Sichtbarmachen ihrer Aura offenbarten, in Wertschätzung zu ernten. Hiermit würden sich die Seele der Pflanze und die Kraft der Blüte mit mir verbinden und besondere Prozesse der Transformation erzeugen.

So lief ich nun auf dem Weg und war anfangs auch durchaus gewillt, diese Aufgabe zu erfüllen. Ich holte sogar meine Nagelschere aus dem Rucksack, um vorsichtig die Blüten zu ernten, und leerte einen Plastikbeutel, in dem ich sonst meine Wäscheklammern transportierte, um die Blüten aufzubewahren. Doch als ich einige Zeit später die nächste Pflanzenaura wahrnahm – es war die Aura des Klatschmohns –, stand in unmittelbarer Nähe ein Schild, auf dem ein Blumenstrauß und eine Hand, die nach den Blumen griff, aufgemalt waren. Drüber war ein großes rotes Kreuz gezeichnet. Das Schild drückte ganz klar aus: Blumen pflücken verboten! Und was machte ich? Als braver Bürger steckte ich meine Nagelschere zurück in den Rucksack und holte stattdessen meine Kamera aus der Tasche, um die Pflanze zu fotografieren. Meine Angst, mit irgendjemandem Ärger zu bekommen, war größer als mein Vertrauen, was mir in dem Moment aber nicht bewusst war. Das Universum hatte mir eine Chance gegeben und ich hatte versagt.

Du magst jetzt vielleicht denken: »Was muss der Kerl eigentlich noch erleben, um seiner Aufgabe nachzugehen und es einfach zu tun und zu vertrauen?« Aber ich dachte nur: »Auf diesem Weg laufen Tausende Menschen – wenn da jeder Blumen pflücken würde, wäre bald alles kahl!« Es war verboten, also ließ ich es sein.

Ich setzte meinen Weg fort. Es war ruhig um mich herum. Ich machte einige Fotos und genoss völlig beseelt und sehr glücklich meine Gesundheit und die neu gewonnene Vitalität. Der Abstieg verlief auch problemlos. Weder meine Knie noch meine Hüfte schmerzten und deshalb entschloss ich mich, auch in diesem Jahr den Umweg über Eunate zu nehmen, um mich in der kleinen Marienkapelle für meine heutige Genesung zu bedanken. Hier meditierte und betete ich lange und erst am späten Nachmittag machte ich mich wieder auf, um in Puente la Reina ein Hotel zu suchen.

Ich hatte kaum an einem anderen Ort eine so starke Marienenergie gefühlt. Ich konnte es nicht erklären. Obwohl Gaia und Mutter Maria völlig unterschiedlich zu sein schienen, hatte ich das Gefühl, dass sie zusammen wirken.

Am nächsten Tag brach ich früh auf. Hier waren deutlich mehr Menschen unterwegs und viele überholten mich, da sie viel schneller liefen als ich. Der Weg führte an einem Flussbett entlang und von dort aus über einen Pfad rechts steil nach oben. Durch Erosion aufgrund vergangener Regengüsse war der Pfad an einigen Stellen eher zu einem schwierig zu bewandernden Geröllfeld geworden. Fahrradpilger konnten hier nur noch schieben bzw. mussten zeitweise ihr Rad sogar tragen.

Als ich nun begann, den steilen Pfad hinaufzusteigen, machten mir meine Unbeweglichkeit und mein Übergewicht sehr zu schaffen. Selbst die jüngeren und schlanken Pilger hatten hier deutliche Probleme. Plötzlich konzentrierte sich mein Blick auf eine ganze Schar von Blumenrabatten mit blauen Knospen. Wiederum bemerkte ich die Aura, die um die Pflanzen herum schimmerte. Und auch diese Energie strömte durch meine Augen und erfüllte mein Innerstes in einem Augenblick. Ich war verblüfft und fragte mich sofort, wie diese Pflanze wohl diesmal bei mir wirken würde. Ich fotografierte sie sogleich. Ein Ernten mit Ehre und Wertschätzung gestand ich mir immer noch nicht zu. Die Wirkung setzte dennoch in den nächsten Minuten ein. Ich verfügte plötzlich über ganz neue Kraft, so als hätte ich mich gerade erst frisch auf den Weg gemacht. Ich konnte in der nächsten halben Stunde sogar einige der jungen Leute, die zuvor an mir vorbeigelaufen waren, wieder einholen und sogar überholen. Ganz kurz meldete sich wieder Gaia zu Wort: »Die Energie und Schwingung dieser Pflanze dient dazu, neue körperliche Kraft zu bekommen, was auch sehr gut für Menschen ist, die aufgrund einer Erkrankung Kraft verloren haben. Außerdem ist es eine sehr gute, kräftigende Unterstützung für diejenigen, die durch Therapien, die den Körper im Ganzen belasten, wie zum Beispiel Chemotherapie, all ihre Kraft verloren haben.«

Der Tag war wundervoll. Ich fühlte mich frisch und genoss die Wanderung. So ging es weiter. Manchmal sah ich Pflanzen und ihre Aura, die in mich zu gehen schien. Oft spürte ich jedoch keine Veränderung und bekam auch keine Information von Gaia. Ich fotografierte dennoch alle.

Am dritten Tag meiner diesjährigen Wanderung erreichte ich das Städtchen Estella. Ich spürte eine Vorfreude in mir, denn ich wusste, dass es hier ein kleines Freibad gab. Die Vorstellung, mich bei den warmen Temperaturen von fast 30 Grad dort abzukühlen und ein wenig zu schwimmen, ließ mich innerlich lächeln. Ich nahm mir ein Hotel in der Nähe und machte mich danach sofort auf, um den Rest des Nachmittags im Freibad zu verbringen. Es war einfach toll. Ich fühlte mich pudelwohl und genoss den Tag.

Nachdem ich am frühen Abend in einem Restaurant in der Stadt noch etwas gegessen hatte, ging ich zurück zum Hotel. Plötzlich spürte ich, dass wie aus dem Nichts innerhalb einer Minute und maximal zehn zurückgelegten Metern mein rechter großer Zeh immer dicker wurde und zu schmerzen begann. Es war ein pochender, immer unangenehmer werdender Schmerz. Durch meine vorne offenen Sandalen konnte ich dabei zusehen, wie sich der Zeh zusehends aufblähte und richtig anschwoll. Mittlerweile tat jeder Schritt weh und ich wunderte mich, warum das geschah. Ich war weder irgendwo angestoßen noch hatte mich ein Insekt gestochen noch war sonst etwas passiert. Den Rest des Weges zum Hotel humpelte ich. Zeitweise hatte ich sogar Sorge, der Zehennagel würde abspringen.

Im Hotel angekommen besorgte ich mir in der Bar eine Tüte mit Eiswürfeln. Das Eis hielt nicht lange und im Zimmer gab es leider keine Minibar, um etwas zu kühlen. So versuchte ich die ganze Nacht immer wieder mit nassen Handtüchern mir zumindest etwas Linderung zu verschaffen. Ich war so sauer, dass ich mich noch nicht einmal selbst behandeln konnte.

Am nächsten Morgen musste ich einsehen, dass an ein Weitergehen auf dem Jakobsweg nicht zu denken war. Mein Zeh war so dick geschwollen, dass ich keine Chance hatte, damit in meine Wanderstiefel zu kommen. Außerdem tat jeder Schritt weh. Nach kurzer Überlegung, was ich jetzt machen könnte, kam ich zu dem Ergebnis, dass ich als Erstes ein anderes Hotel mit Minibar und einige Kühlpacks zum Wechseln benötigte. Außerdem musste ich unbedingt starke Schmerzmittel kaufen. Allerdings war Sonntag – wo sollte ich da etwas bekommen?

Ich checkte aus und machte mich stark humpelnd auf den Weg zum Tourismusbüro, von dem ich annahm, dass mir dort zumindest bezüglich eines Hotels geholfen werden konnte, als mich ein Mann um die 40 auf dem Bürgersteig überholte. Er hatte wohl an der Jakobsmuschel an meinem Rucksack bemerkt, dass ich Pilger war. Ich hatte Schwierigkeiten zu laufen und gleichzeitig meine Wanderschuhe zu bändigen, die unförmig an meinem Rucksack hin und her baumelten. Er fragte mich auf Deutsch, ob er mir helfen könne. Ich war verwundert, denn dass mich hier jemand in lupenreinem Deutsch anspricht, hatte ich nicht erwartet. Ich war sehr dankbar und bejahte. Bevor er mir den Rucksack mit den Schuhen abnahm, ging er in die Hocke und schaute sich meinen Fuß an. »Das können wir so nicht lassen«, meinte er. Es stellte sich heraus, dass der Mann ein deutscher Apotheker war und zusammen mit seiner spanischen Frau ganz in der Nähe eine Apotheke betrieb.

Er nahm mich mit in die Apotheke und versorgte dort meinen Fuß mit Salbe und einem leichten Verband. Die Salbe, einen Ersatzverband sowie eine kleine Packung mit 10 Schmerztabletten gab er mir mit. Als ich ihn nach einem Gelkühlkissen fragte, gab er mir eins und zusätzlich noch zwei kleine.

»So kannst du auf keinen Fall weiterlaufen«, warf er ein. »Es wäre besser, den Fuß hochzulegen und Montag einen Arzt aufzusuchen.« Ich besprach mit ihm meinen Plan, mir ein Hotel mit Minibar zu suchen, damit ich die Packs auch kühlen konnte. Er nickte: »Dann bringe ich dich zur Touristeninformation, die wissen am besten Bescheid und können dir da helfen.«

Wenige Minuten später saß ich in seinem Wagen und er fuhr mich bis vor die Tür. Ich fragte, was ich ihm für alles bezahlen solle, doch er meinte, es sei in Ordnung, er helfe gern einem Pilger.

Er trug noch meinen Rucksack bis in die Touristeninformation und verabschiedete sich dann. Ich konnte nur »Vielen, vielen Dank« sagen.

Hinter dem Tresen kam sofort die Dame hervor und brachte mir einen Stuhl, damit ich mich setzen konnte. Auch sie hatte sofort mein Handicap bemerkt. Sie fragte, wie sie mir helfen könne.

»Gibt es hier in der Nähe ein gutes Hotel mit Minibar und vielleicht sogar einem Schwimmbad?« Dass dieses Hotel sicher viel teurer sein würde, war mir in diesem Moment völlig egal, denn ich hatte festgestellt, dass der Schmerz in kaltem Wasser deutlich nachließ.

Die Dame führte daraufhin ein paar Telefonate und es dauerte nicht lange, bis sie ca. 6 km entfernt ein schönes Hotel mit tollem Ausblick und einem schönen großen Pool für mich gefunden hatte. Die Zimmer waren mit Minibar ausgestattet, so dass ich problemlos die Kühlpacks kalt bekommen würde. Sie hatte auch explizit nach einem Zimmer im Parterre gefragt, weil ich ja nicht so gut laufen konnte.

Die nette Mitarbeiterin des Tourismusbüros bestellte mir ein Taxi und kurze Zeit später brachte mich eine freundliche Taxifahrerin zum Hotel. Als ich zahlen wollte, sagte sie nur: »Von verletzten Pilgern nehme ich kein Geld.« Ich war sehr verwundert und bedankte mich bei ihr. Ein Taxifahrer, der jemanden umsonst fährt, das hatte ich noch nie erlebt. Mir wurde bewusst, dass mir heute offensichtlich alle, die mir begegneten, besonders liebevoll und darüber hinaus kostenlos halfen.

Im Hotel bekam ich ein wunderschönes Zimmer im Erdgeschoss. Hier konnte ich mich ausruhen, das Bein hochlegen und meinen Zeh kühlen. Die Schmerztabletten waren bald aufgebraucht und der Schmerz wurde danach wieder zu meinem stetigen Begleiter. Nur wenn ich tagsüber den Fuß in den kalten Pool hielt, war es erträglich.

Insgesamt blieb ich drei Nächte dort. In der dritten Nacht erlebte ich den beeindruckendsten Traum, den ich jemals hatte.

In diesem Traum war ich in Südamerika Gast eines Urstammes der Anden. Ein Medizinmann aus Nordamerika begleitete mich und war gleichzeitig so etwas wie mein Übersetzer und Mentor. Als ich mich verwundert zeigte, meinte er nur, ich würde die Technik des geistigen Reisens ja bereits kennen. Er könne hier sein und mich begleiten, weil er in seiner Heimat im Zustand tiefer Meditation verweile und sein Geist gerade eine Astralreise mache.

Das Beeindruckendste war, dass ich in diesem Traum, der real nur sechs Stunden gedauert haben konnte, weil ich in dieser Nacht nur sechs Stunden schlief, insgesamt zwei Mondphasen lang, also umgerechnet ca. 59 Tage mit den Menschen zusammenlebte. In dieser Zeit lernte ich viel über ihre Bräuche und die heiligen Steinkreise. Fast jeden Abend saßen wir Männer stundenlang in der Schwitzhütte. Es war mörderisch heiß. Es wurde gesungen und anscheinend konnten die anderen einem über ihren Geist und über ihre Gebete helfen, wenn man es selber nicht mehr aushielt, nur noch raus wollte. Der Medizinmann sagte zu mir: »Wenn der Schmerz am größten ist, kann dein Geist fliegen. Du kannst die innersten Räume in dir erreichen und dich jenseits von Zeit und Raum aufhalten.«

Wir wurden alle von tiefem Schmerz und Enttäuschung lang zurückliegender Verletzungen gereinigt.

Es war sehr beeindruckend, der Gast eines Volkes zu sein, das beispielhaft großzügig war, obwohl es selbst nur das Notwendigste hatte. Jeder war um mein Wohlsein bemüht, was mich mit Ehre und tiefer Wertschätzung erfüllte. Sie behandelten mich wie einen auserwählten Krieger, der für das Volk eine besondere Aufgabe übernimmt. Sie lehrten mich ein jahrtausendealtes Ritual, das man Medizinrad nannte. Es bestand im Jahr 2009 noch aus 36 Steinen, die in einer rituellen Segnung mit teilweise uralten Energien des Universums beziehungsweise der Erde verbunden wurden. Dabei repräsentiert jeder einzelne Stein eine besondere Energie und hat seinen bestimmten Platz im Medizinrad.

Das Medizinrad wurde seit über zweitausend Jahren in einer genau festgelegten einzigartigen Form mit einem äußeren und einem inneren Kreis, die mit vier Seelenpfaden verbunden waren, gelegt. Es variierte zwar in der Größe, die Position der Seelenpfade jedoch wurde immer nach den vier Himmelsrichtungen ausgerichtet. Manchmal war es von der Grundfläche so groß, dass es in das Zelt des Schamanen passte, manchmal war es so groß, dass es der Heilige Platz im Zentrum des Stammes war, der zwanzig und mehr Meter im Durchmesser maß. Immer wenn die Steine oder Mineralien in Vollkommenheit vereint waren, entstand ein besonderes energetisches Feld der Transformation, das in der Lage war, durch Schwingungserhöhung heilende Frequenzen und aus den Geschenken der Natur einzigartige Arzneien zu erzeugen. Verletzte Menschen – zum Beispiel jemand, der sich bei der Jagd verletzt hatte – wurden innerhalb des Medizinrades behandelt und dort gepflegt. Betagte Menschen, die ihrem Tod ins Auge sahen, zogen sich zurück, um an einem besonderen Ort, der ein riesiges Medizinrad aufwies, ihre letzte Reise zu beginnen. Die heiligen Orte waren teilweise über große Strecken verteilt, weil das Volk je nach Jahreszeit zu anderen Plätzen weiterzog. In meiner Zeit bei diesem Volk lernte ich, dass der Fluss der Energie für jeden im Stamm eine feste, wichtige Komponente war und dass die Menschen diese Energie auch als Verbindung zu den Ahnen begriffen. Die Energie des Schöpfers wurde durch die Natur, die Elemente und die ewig fließende Energie des Lebens verstanden. Ich erkannte schon nach wenigen Tagen, dass diese Menschen, wenn es um das Verständnis von Energie und die Macht der Geistigkeit ging, viel weiter entwickelt waren als wir in unserer heutigen Zeit.

Als ich am nächsten Morgen aus diesem Traum erwachte, war ich zunächst verwirrt und fühlte mich wie gerädert und völlig kraftlos. Mein Fuß war immer noch voller Schmerz. Ich setzte mich erst mal nach draußen auf die Terrasse vor meinem Zimmer, um frische Luft zu atmen und um den Kopf klarzubekommen.

Ich erinnerte mich an unzählige Erfahrungen, die ich unmöglich in sechs Stunden erlebt haben konnte. Im Kreis der Ältesten erhielt ich wichtige Informationen, die von Lippe zu Ohr weitergegeben wurden:

»Dieses Medizinrad muss sich ab der Wintersonnenwende des Jahres 2012 verändern, um dem neuen Zeitalter des Wassermanns, welches das Zeitalter der Fische ablöst, Ehre zu erweisen. Im neuen Zeitalter des Wassermanns wird sich die Quelle der Kundalini-Energie von Tibet nach Chile in Südamerika verlagern. Der Prozess der Wanderung der Schlange des Lichts von Tibet nach Chile wird Jahrzehnte dauern und hat bereits vor vielen Jahren begonnen. Im Zeitalter des Wassermanns wird die Welt eine wichtige Veränderung erfahren, die für unseren Entwicklungsprozess von größter Wichtigkeit ist. Im neuen Zeitalter wird die Unterdrückung der Weiblichkeit geheilt und die Frauen werden das Joch der Unterdrückung durch die Männlichkeit ablegen. Es wird wieder die göttliche Weiblichkeit zur Blüte gelangen. Deshalb wird das Medizinrad des Wassermannzeitalters ab der Wintersonnenwende 2012 eine weitere Energie – die der göttlichen Weiblichkeit – bekommen. Diese hat die Position im nördlichen Quadranten rechts neben dem Hüter des Nordens. Durch die neue Vollkommenheit dieses Medizinrades wird sich die Frequenz auf eine neue Ebene der Schwingung erhöhen, so dass sich dann auch durch geistige Prozesse heilbringende und unterstützende Arzneien herstellen lassen. Deshalb wurden dir die verschiedenen Pflanzen gezeigt und offenbart. Vergiss dabei nie: Das passende Heilmittel wächst als Pflanze, immer in deinem direkten Wohnumfeld.«

Ich war sehr dankbar, denn ich spürte, dass dieses mir vermittelte Wissen extrem wertvoll war.

Als ich die Ältesten fragte, warum ich all dieses Wissen von ihnen bekommen würde, antworteten sie: »Du selbst hast dich vor Beginn der Zeit bereiterklärt, ein Lehrer der neuen Zeit zu werden. Es ist uns eine Ehre, dich mit dem alten Wissen zu verbinden.«

Während ich später beim Frühstück saß, klingelte mein Handy. Ich freute mich, als ich sah, dass Heike mich anrief. »Entschuldige bitte, dass ich dich auf deinem Weg störe, aber ich habe heute Nacht einen ganz komischen Traum gehabt. Und darin hatte ich das Gefühl, dass es dir nicht gutgeht. Ich glaube, ich muss dir das erzählen.«

»So ganz gut, geht es mir zurzeit leider nicht. Da hast du völlig recht. Was hast du denn Komisches geträumt?«, fragte ich.

»Ich hab geträumt, dir geht's nicht gut und du sollst deinen Fuß in den Schlamm eines Flusses halten.«

»Das ist ja mal wieder spooky, dass du weißt, dass es meinem Fuß nicht gutgeht«, sagte ich trotz meiner Schmerzen lächelnd. Ich kannte Heike seit einigen Jahren und ich wusste, dass sie eine tolle spirituelle Lehrerin war und darüber hinaus auch ein großes Medium. Sie hatte mir ihren Traum so genau wie möglich geschildert und ich fühlte innerlich, dass jetzt die Hilfe kam, um die ich in den letzten Tagen in meinen Meditationen und Gesprächen mit Gott so oft gebeten hatte. Dass sie durch Heike kam, wunderte mich nicht. Sie hatte mich ja schon im Jahr 2005 »gerettet«.

Ich sollte also meinen Fuß in den Schlamm eines Flusses eingraben, hatte sie gesagt. Ich vertraute Heike sofort, und anders als sonst ging ich diesmal, ohne zu zögern, nach dem Frühstück zur Rezeption. Dort erfuhr ich vom hilfsbereiten Personal, dass der nächstgelegene Fluss durch Estella floss. Also checkte ich gleich aus und saß eine halbe Stunde später – voller Hoffnung und trotzdem skeptisch – im Taxi nach Estella.

Mein Taxifahrer war ein junger Mann mit Drei-Tage-Bart. Leider war er nicht so gesprächig und nickte nur, als ich ihm auf Englisch sagte, dass ich nach Estella zu dem River (Fluss) wollte. Während der Fahrt sah ich plötzlich vor meinem inneren Auge einen kleinen Wasserfall bzw. eher einige Stromschnellen, wo das Wasser über Steine im Fluss rasant nach unten lief. Instinktiv wusste ich: Hier muss ich hin! Mit Händen und Füßen versuchte ich dies dem Taxifahrer zu erklären, mit dem englischen Wort »Waterfall« konnte er nichts anfangen und den spanischen Begriff »Cascada« kannte ich nicht. So ließ ich mich direkt an der Stadtbrücke des Flusses absetzen. Ich bezahlte und lief einen gepflasterten Weg hinunter an den Fluss. Mein Fuß schmerzte wieder höllisch. Die Wanderschuhe hatte ich diesmal im Rucksack verstaut und einen meiner Treckingstöcke an den Rucksack gebunden. Den anderen nutzte ich als Krücke. Unter der Brücke lehnte ich mich schmerzerfüllt über ein Geländer am Fluss und betete.

»Ich bin bereit, alles zu machen, aber lasst bitte die Stelle, wo ich hinmuss, nicht mehr weit sein. Ich schaff das sonst nicht mehr!«

Mittlerweile war der Schmerz bis hoch in meine Wade gezogen. Ich schaute nach links und rechts und folgte dann einfach meiner Intuition. Der Weg führte in der Nähe des Flusses entlang und war eingebettet zwischen mächtigen Bäumen, die einen Park mit großen Grasflächen umrandeten. Mein Blick war die ganze Zeit auf den Fluss gerichtet. Und siehe da! Schon nach etwa 200 Metern erkannte ich etwas außerhalb des Weges die Stelle, die ich in meiner kurzen Vision während der Taxifahrt gesehen hatte. Ich humpelte geradewegs dort hin. Meinen Rucksack stellte ich an einen Baum, bevor ich die letzten Meter zum Fluss runterging. Je näher ich ans Ufer kam, desto matschiger und schlammiger wurde es. Ich zog mir einen dicken abgebrochenen Ast heran und setzte mich darauf, um meinen Fuß ins Wasser zu halten. Der Untergrund war an dieser Stelle sehr morastig und ich hatte keine Mühe, meinen Fuß tief im Schlamm zu versenken. Das kühle Nass wirkte sofort schmerzlindernd. Was für eine Wohltat!

Ich sagte laut eher zu mir selbst, denn es war ja sonst niemand in meiner Nähe: »So, jetzt bin ich hier.« Zunächst passierte nichts … Obwohl es unbequem auf dem Ast war, versuchte ich mich zu entspannen und schloss die Augen, um zu meditieren. Die Veränderung, die dann einsetzte, begann mit einem Kribbeln am ganzen Körper. Plötzlich hatte ich das Gefühl, dass Sadhu, der heilige Mann aus meinen Träumen, neben mir sitzt. Ich spürte das erste Mal im Wachzustand seine Anwesenheit und dies erzeugte bei mir große Freude, aber auch Angst, weil mein Ego gerade wieder auf Hochtouren lief: »Das bildest du dir doch ein! Als wenn das jetzt so schnell geheilt werden könnte! Und überhaupt – du sitzt hier im Dreck und badest deinen Fuß im Morast … Du machst dich doch lächerlich!« Meine Angst war zu groß, als dass ich es wagte, meine Augen zu öffnen. Andererseits wusste ich ja von Sadhu persönlich, dass er ein Geistwesen war und dass er sich hier auf der Erde ohnehin aufgrund seiner Schwingung nicht materialisieren konnte. So entspannte ich mich wieder und versuchte tief in mein Innerstes zu hören. Als ich nach einiger Zeit ganz ruhig geworden war – Sadhu und das Kribbeln waren nach wie vor präsent –, hörte ich seine unverwechselbare Stimme zu mir sagen: »Es ist Zeit, dass ich dich fragen soll, ob du bereit bist, der Erde zu dienen?«

Es war ein ganz feierlicher Moment und ich antwortete mit voller Überzeugung: »Ja, das bin ich.«

Ich spürte Sadhus Freude. Dann fing er an zu beten und forderte mich auf, seine Sätze zu wiederholen. Es war ein sehr seltsames Gebet. Bisher kannte ich Elemente wie die des Wassers, Feuers, der Luft und der Erde. Er betete jedoch zu völlig anderen Elementen, von denen ich noch nie etwas gehört hatte. Er rief zum Beispiel das Element der aufrecht wachsenden Pflanzen im Wasser zu Hilfe und das Element der Mikroben des Wassers, welches er bat, die Erneuerung der Zellen einzuleiten. Währenddessen kühlte ich meinen Fuß im Fluss und wiederholte sein Gebet Satz für Satz. Ich spürte genau, es ging darum, meinen Fuß zu heilen. Als das Gebet geendet hatte, sagte er zu mir, dass ich nun aufstehen und durch das Wasser zu einer kleinen, etwa zwei bis drei Quadratmeter großen grasbedeckten Insel mitten im Fluss, der maximal 60 cm tief war, gehen solle. Laut antwortete ich: »Ich kann das nicht. Ich kann nicht mal laufen, ohne dass mir was wehtut, geschweige denn über spitze Steine in diesen Stromschnellen gehen. Das kann ich niemals schaffen!«

Sadhu sagte unbeirrt: »Das ist der Weg des Glaubens. Es ist deine Möglichkeit, deinen Geist heilig werden zu lassen und an der Schöpfung der Heilung beteiligt zu sein.«

Wieder begann ein Kampf zwischen Ego und dem Gefühl der tiefen Berührung und Liebe. Der Teil, der es machen wollte, versuchte mich zu beruhigen: »Es ist nicht tief und du kannst gut schwimmen, was kann denn schon passieren, außer dass du nass wirst.«

So stand ich auf, öffnete meine Augen und machte den ersten Schritt. Dabei fixierte ich zielstrebig die kleine Insel. Ich schaute nicht zurück, sondern konzentrierte mich darauf, meine Schritte so zu wählen, dass ich auf dem steinigen Untergrund einen möglichst sicheren Stand hatte. Wenn ich mit dem Fuß irgendwo anstieß, tat es anfangs noch ziemlich weh. Doch mit jedem meiner vorsichtigen Schritte wurde es besser. Nach wenigen Minuten hatte ich die sechs Meter bis zur Insel geschafft. Dort drehte ich mich um, doch ich war ganz allein. Kein Sadhu. Und auch sonst war keine Menschenseele zu sehen. Meine Enttäuschung hielt sich in Grenzen, denn ich hatte natürlich nicht wirklich erwartet, dass Sadhu am Ufer sitzen würde. Ich ging vorsichtig wieder zurück und durchquerte den Fluss. Jetzt ging es schon viel besser und der Schmerz war nicht mehr zu spüren. Als ich aus dem Wasser stieg, sah ich auf meinen Fuß. Meine Freude war übergroß, denn der Fuß war völlig abgeschwollen und die Haut von blässlicher Färbung. Der entzündete Zeh, der mir noch vor einer Stunde große Schmerzen bereitet hatte, war vollkommen geheilt. Ich zog mich am Rande des Weges um, denn ein Teil meiner Kleidung war vom Schlamm sehr verdreckt. Dann suchte ich mir einen Platz im Park und legte mich ins Gras, um über das gerade Erlebte und über meinen Traum der letzten Nacht nachzudenken. Ich schlief darüber ein. Alles hatte doch sehr viel mehr Kraft gekostet, als ich mir zugestehen wollte.

Ich träumte wieder und sah Sadhu, der voller Freude und sehr stolz auf mich war. Er erklärte mir die Zusammenhänge des Traumes mit meiner Entscheidung, der Erde zu dienen, und warum es außerdem wichtig für mich sei zu lernen, wie man aus den Früchten der Erde in vollendeter Wertschätzung die Energie entnimmt. »Deshalb wurdest du eingeladen, die Blüten zu ernten. Die Energie des Fotos reicht zwar aus, um deren Schwingung in einem Medizinrad, in Essenzen oder auf Globuli aufzuschwingen, bedenke jedoch, dass du fast jeden Tag Menschen durch dich selbst mit diesen Energien behandeln könntest. Wenn du es als Schöpfer entscheidest, lasse sie zu einem Teil von dir werden, indem du dich ganz in Ehre mit ihnen verbindest.«

Selbst die Heilung war ein wichtiger Teil, der zur Erfüllung meiner Aufgabe nötig sei, erklärte er mir. »Diese Heilung wird dir helfen, andere Lebewesen und selbst Mutter Erde Heilung zu bringen. Das Medizinrad des Wassermannzeitalters verfügt über ein hohes energetisches Potenzial. Es bietet nicht nur wundervolle Möglichkeiten, Menschen Heilung zu bringen, sondern es ist in der Lage, Wunden, die der Mensch der Erde zugefügt hat, zu heilen. Gestern, am 18.07.2009, ist in Nachterstedt in Sachsen-Anhalt ein Teil eines Dorfes in der Erde versunken. Hier hat der Mensch Jahrzehnte zuvor durch sein rücksichtsloses Eindringen in die Natur durch einen groß angelegten Braunkohleabbau der Erdkruste großen Schaden zugefügt. Es wurde letztendlich nicht nur das Leben in der Natur, sondern auch das einiger Menschen zerstört. Diese Wunde der Erde und in der Schöpfung muss energetisch verschlossen werden.

Und du sollst Menschen nicht nur das Wissen um die heilenden Möglichkeiten durch das Energetisieren von Essenzen vermitteln, sondern sie darin unterrichten, damit sie selbst Medizinräder legen können. So wird mit jedem Medizinrad der neuen Zeit eine energetische Unterstützung geschaffen, damit die göttliche Weiblichkeit schneller zur Blüte gelangen kann. Wenn die Zeit gekommen ist, wirst du von Mutter Erde gerufen, an bestimmten Plätzen um den verwundeten Erdpunkt in Nachterstedt Medizinräder zu legen. Die Menschen, die dir dabei helfen, werden die sein, die du in dieser Technik und in der Schwingungserhöhung ihrer selbst unterrichtet hast. Alles folgt seiner Bestimmung und du bist bei allem geführt.«

Noch scheint die Zeit nicht gekommen, doch ich warte voller Vertrauen.

Ich konnte mir gar nicht vorstellen, dass sich Menschen von mir ausbilden lassen wollten, doch Sadhu ermutigte mich: »Dir haben die hochschwingenden Heiler, Priester und Schamanen der geistigen Welt wundervolle Möglichkeiten der geistigen Heilung vermittelt, auf die ganz viele Interessierte bereits warten. Biete ein Jahresseminar an, in dem du ihnen dieses Wissen vermittelst, und vergiss nie, sie gleichzeitig darin zu unterstützen, mehr Harmonie und Frieden in sich zu erschaffen. Denn das ist der einzige Weg zur Schwingungserhöhung und zum Aufstieg in ein höheres Sein.«

Als ich aufwachte, war es bereits früher Nachmittag. Ich entschied mich, heute hier eine Unterkunft zu suchen und morgen den Weg zurück Richtung Pamplona zu laufen. Diesmal würde ich jede der neun Pflanzen, deren Aura ich sehen und fühlen durfte, in Wertschätzung ernten.

Es dauerte noch eineinhalb Jahre, bis ich das erste Energietherapeuten-Seminar – so wollte ich es nennen – anbot. Ich wollte über ein Jahr lang einen Sonntag im Monat mit einer festen Gruppe an den Themen der Teilnehmer arbeiten, um sie auf eine höhere Schwingungsebene zu bringen und sie in den geistigen Heiltechniken inklusive im Legen eines Medizinrades zu unterrichten. Ich hatte mir eine Gruppe von 12 Personen vorgestellt. Kaum hatte ich darüber gesprochen, als bereits die ersten Anmeldungen eingingen. Letztendlich gab ich in diesem Jahr sogar zwei Seminare, weil ich doppelt so viele Anmeldungen bekommen hatte.

Erste Behandlung im Medizinrad

Als ich von diesem Jakobsweg nach Hause kam, hatte ich natürlich viel zu erzählen. Christel und auch André, unser damals 14-jähriger Pflegesohn, waren ganz interessiert und ich erzählte ihnen alles, was ich erlebt hatte.

Zu dieser Zeit hatte André ziemlich große Probleme mit tiefsitzenden Aggressionen. Es war teilweise sehr anstrengend für seine Mitmenschen, aber auch er litt sehr darunter. Ich hatte die Idee, mit ihm einen Vater-und-Sohn-Ausflug zu unternehmen und ihn bei dieser Gelegenheit in einem Medizinrad zu behandeln. André war begeistert von der Idee und wollte dabei mithelfen, das Medizinrad zu legen, und auch darin behandelt werden. Wir überlegten uns, eine Fahrradtour nach Lingen an die Ems zu machen. Da wir eine Nacht im Zelt übernachten wollten, nahmen wir alles Notwendige an Ausrüstung in Packtaschen mit und fuhren an einem Samstag im Spätsommer des Jahres 2009 los, an der Ems entlang Richtung Lingen. Nach ca. 30 km suchten wir auf einer Wiese direkt am Flussufer einen passenden Platz und bauten zusammen das Zelt auf. Am frühen Abend machten wir uns daran, ein ca. vier Meter im Durchmesser großes Medizinrad zu legen. André suchte passende Steine am Flussufer, während ich mit Hilfe eines Kompasses und einiger Schnüre die Kreise und die Seelenpfade markierte. Als André sah, wie genau man jede Position eines Steines ausmessen musste, fragte er: »Woran erkennen wir, dass wir keinen Fehler gemacht haben?«

Ich erinnerte mich an meinen Traum, in dem mir alles beigebracht worden war und der Schamane damals zu mir gesagt hatte, Mutter Natur sei allgegenwärtig und mache sich oft durch Naturschauspiele bemerkbar. Also antwortete ich ihm, dass wir die Natur bitten könnten, uns einen Hinweis zu geben. Dazu fassten wir uns an den Händen und ich formulierte in einer Art Gebet unsere Bitte. Dann legten wir gemeinsam die Steine in das Medizinrad – ich energetisierte sie und André legte sie an die passende Stelle. Das Ritual dauerte fast eineinhalb Stunden. Als wir fertig waren, wollte André wissen: »Wie zeigt uns die Natur, dass wir alles richtig gelegt haben?«

Dazu fiel mir die Geschichte aus der Bibel ein, in der ein Baum aus dem Nichts heraus gebrannt hatte. »Lass uns mal in der Nähe suchen, vielleicht entdecken wir etwas Seltsames in der Natur. Vielleicht bricht irgendwo ein Ast ab.«

Wir gingen also los und schauten uns in der Umgebung um. Jedoch konnten wir auch nach einer Viertelstunde nichts entdecken. André war ein bisschen enttäuscht. »Es ist wichtig, dass wir Vertrauen haben«, versuchte ich ihn zu beruhigen.

Als wir zu unserem Platz zurückkehrten, entstand plötzlich direkt über unserem Medizinrad in ungefähr zwei Meter Höhe eine weiße Wolke mit einem Durchmesser von sicher acht Metern und einer Höhe von ein bis zwei Metern. Wir beobachteten dieses beeindruckende Schauspiel staunend mit offenem Mund, Sekunden später lagen wir uns voller Freude in den Armen. Mutter Gaia hatte uns einen Hinweis geschickt! Zum Glück hatte ich ausreichend Zeit, die Wolke zu fotografieren.

Sie hatte sich aus dem Nichts am ansonsten blauen Himmel gebildet und war nach wenigen Minuten genauso schnell wieder verschwunden.

Jetzt konnte die Behandlung nur noch ein Erfolg werden! Ich behandelte André mit meinem Heilstein. Er machte ganz konzentriert mit, um all die negativen Energien, die ihn aggressiv sein ließen, in sich zu sammeln und dann in den Heilstein zu pusten. Genau im richtigen Moment entspannte er sich völlig.

In der Zeit danach fühlte er sich erheblich ruhiger. Auch auf uns, die Familie, und seinen Mitmenschen gegenüber wirkte er viel ausgeglichener.

Meditations- und Reiki-Lehrer

Ohne nach ihm zu suchen, begegnete ich 2009 Peter Michael Dieckmann. Er war damals ein »harter Bulle« – er arbeitete als Zielfahnder beim LKA. Er schrieb Bücher über Reiki, hielt Seminare und Vorlesungen. Christel hatte bei ihm ein Seminar besucht und berichtete, dass Peter für eine Vorlesung, die sie organisiert hatte, nach Rheine kommen würde. »Da musst du unbedingt hin!«

Ich war neugierig und nach ihren vielen Erzählungen wollte ich Peter nun kennenlernen, also ging ich hin.

Peter war ein netter Typ, klar und offen. Was ich aus der Vorlesung mitnahm, war jedoch völlig anders als das, was ich bisher von Heikes Reiki-Heilkunst bei mir selber erfahren hatte. Reiki war für Peter nicht nur Handauflegen und das Spenden von universeller Lebensenergie, sondern in erster Linie Meditation. Er praktizierte Reiki vor allem für sich selbst. Mit sich und in sich. Es war für ihn nicht nur zur Weitergabe an andere bestimmt.

Ich war beeindruckt von seiner unkonventionellen Art. Er wirkte sehr bodenständig, nicht so spirituell, obwohl er genau darüber sprach. In seiner Vorlesung verdeutlichte er, dass es auf unser eigenes Leben ankommt, auf unser Glück, welches wir nur in uns erschaffen können. Dabei könne uns Meditation und Reiki, das wir uns selbst geben, helfen. Obwohl ich ja schon seit vier Jahren energetisch arbeitete, machte er mich wirklich neugierig, mehr zu erfahren. Doch sollte ich jetzt erneut Reiki lernen? Ich praktizierte ja nach meiner Auffassung schon etwas deutlich Erweitertes und Kraftvolleres.

Nachdem Heike zur Reiki-Lehrerin ausgebildet worden war, hatte ich als ihr erster Schüler den ersten Reiki-Grad bei ihr gemacht. Ich empfand es als Ehre. Insgesamt gab es drei Reiki-Grade, in denen man in starke Energien der Liebe des Schutzes und der Kraft eingeweiht wurde. Außerdem konnte man auch über die Ferne energetische Prozesse einleiten und allumfassende Lebensenergie spenden. Was mir jedoch damals auf ihrer Liege während meiner ersten Reiki-Behandlungen an energetischen Fähigkeiten geschenkt worden war, war völlig anders. Die Energie wurde nicht nur von mir zum Menschen gesandt, sondern es entstand ein wechselseitiges Fließen. Ich spendete Heilenergie und konnte gleichzeitig den realen wie auch den gefühlten Schmerz der Menschen sowie die Energie der Krankheit als solche in mir fühlen.

In meine Gedanken hinein sagte Christel zu mir: »Es wäre gut für unsere Partnerschaft, wenn du dich zum Seminar anmelden würdest.«

Ich liebte Christel, aber es fiel mir zunehmend schwerer, mich in unserem Haus in unserer Gemeinschaft glücklich zu fühlen. Leider hatten wir uns langsam voneinander entfernt.

Schließlich ging ich zu Peter und sagte ihm, dass ich gerne am Seminar für den 2. Grad teilnehmen würde, da ich den 1. Grad bereits hatte.

Es dauerte noch einige Monate, bis ich zum Ende des Jahres an die Nordsee nach Schillig fahren konnte, wo das Wochenendseminar in einem schönen Hotel direkt am Strand stattfand.

Während des Seminars erkannte ich, dass Peter unter Meditation etwas anderes verstand, als nur in der Ruhe mit geschlossenen Augen dazusitzen und dabei Mantren oder »Om« aufzusagen. Er schaffte es, die Menschen behutsam durch seine gefühlvollen Worte und durch die passende Musik ins Gefühl zu bringen und sie dazu zu bewegen, über sich und ihre Themen und Probleme nachzudenken. Er bestärkte sie darin, ins Tun zu kommen, um endlich Veränderungen in ihrem Leben zu bewirken. Ich war tief bewegt von diesem Menschen Peter, der keine Angst davor hatte, auch von sich und seinen Problemen, und wie er sie gelöst hatte, zu erzählen.

Am zweiten Tag forderte uns Peter in der Meditation auf: »Mach dir bewusst, was deine Krücke in deinem Leben ist! An was hältst du noch immer fest, obwohl es dich lähmt?«

Anschließend gingen wir schweigend mit ihm hinunter an den Strand, um in einem Ritual unseren Willen zur Veränderung zu bekunden. Auf dem Weg zum Strand sollten wir bei uns und in unseren Gefühlen bleiben und uns genau bewusstmachen, ob und was wir wahrhaftig verändern und loslassen wollten. Ich konnte nicht denken, ich spürte nur einen starken Druck auf der Brust, der mich schwer atmen ließ.

Am Strand stellten wir uns alle in einem Halbkreis auf und wir konnten nacheinander nach vorne treten und der Gruppe sagen, von welcher Krücke wir uns befreien wollten. Dazu bekam derjenige, der vorne stand, von Peter eine Krücke aus Holz in die Hand gedrückt.

Als ich der zweiten Teilnehmerin, die dieses Ritual für sich machte, zusah, nahm plötzlich ein Gedanke so großen Raum in mir ein, dass ich an nichts anderes mehr denken konnte. Gleichzeitig fühlte ich ein Gefühl der völligen Befreiung und ich konnte wieder atmen. Der Gedanke war einerseits total befreiend, andererseits machte er mir auch sehr viel Angst. Ohne lange zu überlegen, stürmte ich nach vorn und bekam als dritter Teilnehmer von Peter die Krücke in die Hand. »Sag uns, was deine Krücke ist und was du tun wirst, um sie loszulassen.«

All meinen Mut zusammennehmend sagte ich, was mir gerade durch den Kopf ging: »Ich bin seit über 20 Jahren verheiratet. Meine Frau Christel und ich haben uns jedoch leider immer mehr voneinander entfernt. Wir haben schon getrennte Schlafzimmer, weil ich nachts neben ihr nicht mehr zur Ruhe komme und schlafen kann. Wir haben immer mehr unterschiedliche Interessen. Sie liebt es, wenn immer jemand bei uns zu Besuch ist, und ich sehne mich nach 60 Stunden Arbeit in der Woche einfach mal nach Ruhe und Entspannung. Ich glaube, wir machen uns beide gegenseitig unglücklich. Ich glaube, wir lieben uns heute anders als damals, als wir geheiratet haben. Ich spüre keine Anziehungskraft mehr, kein Glück mehr, keine Freude mehr, nach Hause zu kommen, wenn ich von der Arbeit komme. Dennoch habe ich große Angst, sie zu verlassen und zu verletzen.«

Peter fragte mich: »Was ist deine Krücke?«

»Meine Ehe ist meine Krücke«, antwortete ich.

»Was willst du tun?«

»Ich werde Christel sagen, dass ich mich von ihr trennen werde.« Da war es raus. Endlich hatte ich das ausgesprochen, was in meinem Kopf schon seit Monaten herumgeisterte.

»Wann wirst du es tun?«, fragte er weiter.

»Direkt, wenn ich nach dem Seminar am Sonntag nach Hause komme.«

Dann nahm Peter mich mit und wir entfernten uns etwa 15 m von der Gruppe. Peter verband mir die Augen, während ich meine Krücke starr festhielt. Er sagte eindringlich zu mir: »Gib all deine Angst in deine Krücke hinein, gib hier alles hinein, was dich bisher aufhält, deinen Weg der Harmonie zu gehen.«

In meinen Gedanken gab ich alles ab und als ich fertig war, schleuderte ich meine Krücke weit weg. Jetzt stand ich allein auf meinem neuen Weg, ganz allein und in Dunkelheit. Ich ging anfangs orientierungslos und behutsam und langsam wie ein Blinder Schritt für Schritt in Richtung der Gruppe. Plötzlich wusste und spürte ich, dass ich den Mut bekommen würde, den ich brauchte, um wahrhaftig zu sein. Ich wusste genau, dass ich zu Hause nicht erst den Koffer aus dem Wagen ausladen durfte, sondern dass ich sofort zu Christel gehen würde, um ihr meine Wahrheit zu sagen.

Für den Rest des Seminars war ich gedanklich überwiegend abwesend, weil ich mit dem beschäftigt war, was mir bevorstand. Am Samstagabend gab es im Hotel ein nettes Beisammensein der Seminarteilnehmer. Wir lernten uns kennen und verbrachten die Zeit mit netten Gesprächen. Auch da war ich zwischendurch immer wieder abwesend und in mich gekehrt. Mein Ego lief auf Hochtouren, um mich von meinem Plan abzubringen. Gedanken wie »Du wirst Christel todunglücklich machen! Ihr werdet einen Rosenkrieg erleben! Alles wird zu Bruch gehen! Die Kinder werden daran zerbrechen! Wie soll das eigentlich finanziell laufen? Ihr werdet das Haus verlieren!« usw. wechselten sich ab. Ein Gedanke war dabei besonders stark: Christel hatte mir doch geraten – nein, sie hatte mich eindringlich gebeten, zu Peters Seminar zu gehen, um unsere Ehe zu retten. Jetzt hatte ich mich gerade entschieden, sie zu zerstören …

An diesem Abend verabschiedete ich mich schon früh von der Gruppe und ging noch an den Strand. Es war kalt und windig, einfach ungemütlich. Ich wusste, dass es richtig war, für mich einen neuen Weg zu gehen. Ich hatte jedoch große Angst vor dem, was dadurch ausgelöst werden würde. Ich schwor mir, alles zu tun, damit es keinen Rosenkrieg geben würde. Ich wollte Christel nicht verletzen, ich liebte sie doch noch immer. Ich entschloss mich, unsere bisherige Partnerschaft durch Fairness und Wertschätzung zu ehren. Insgeheim hoffte ich vielleicht, dass wir uns wieder annähern würden, wenn ich erst mal ausgezogen war.

Der letzte Seminartag verging wie im Fluge und ich war der Erste, der nach dem Ende abreiste. Ich raste mit dem Auto nach Hause. Ich wollte es hinter mir haben. Während der Fahrt legte ich mir Worte zurecht, wie ich es Christel beibringen konnte, um sie dann wieder zu verwerfen und einen neuen Anlauf zu nehmen. Meine Knie wurden weich und weicher, als ich mich unserem Haus näherte.

Ich erinnerte mich an die innere Botschaft aus der Krückenübung: »Lade nicht erst den Koffer aus, dann hast du keinen Mut mehr. Gehe direkt zu ihr, nimm sie in den Arm und sag ihr deine Wahrheit.«

Nachdem ich auf den Hof gefahren war, ging ich wie ferngesteuert direkt nach oben. Eines unserer Pflegekinder rannte an mir vorbei und ich streichelte im Vorbeigehen seinen Kopf, als er mich freudig begrüßte.

Christel hatte mitbekommen, dass ich zurück war, und rief mir von oben auf der Treppe entgegen: »Schön, dass du da bist, ich habe den Kaffeetisch schon gedeckt.«

Im Flur begegneten wir uns. Als sie mich sah, wich das Lächeln aus ihrem Gesicht und sie wurde ganz ernst. Christel kannte mich genau und sah sofort, dass etwas nicht stimmte.

Ich sagte es geradeheraus: »Christel ... ich werde mir eine Wohnung suchen und erst mal ausziehen.«

Wir fingen beide an zu weinen. Ein extrem tiefer Schmerz erfüllte in diesem Moment uns beide. Die Zeit der Trauer hatte begonnen ...

Später erzählte ich ihr alle Einzelheiten. Immer wieder weinten wir. »Willst du dich scheiden lassen?«, fragte sie.

Darüber hatte ich noch gar nicht nachgedacht. »Ich muss mich finden, ich muss wieder glücklich werden. Deshalb ziehe ich erst mal aus.«

In den folgenden Wochen suchte ich mir in Warendorf, wo ich arbeitete, eine Wohnung. Christel half mir sogar beim Umzug und beim Einrichten.

Nach meinem Umzug fuhr ich wenigstens drei Mal die Woche nach Rheine. Christel und ich arbeiteten dann unsere bisherige Ehe, unsere Gefühle und Erfahrungen auf. Das ging fast ein Jahr lang so. Manchmal schrien wir uns aus erlittener Verletzung an, meistens weinten wir dabei viel, nahmen uns in den Arm und trösteten uns gegenseitig. Niemals trennten wir uns am späten Abend im Streit.

In Warendorf hatte ich eine harte Zeit, denn die Einsamkeit machte mir sehr zu schaffen. Wenn ich nicht zu Christel fuhr, arbeitete ich nach Möglichkeit immer bis nach 20 Uhr. Dann holte ich mir meistens zwei Portionen Gyros vom Griechen, fraß mich voll, um dann total müde ins Bett zu fallen. Ich wollte dem Gefühl entgehen, das sich in mir ganz deutlich festgesetzt hatte: Ich bin hässlich, unausstehlich und ein schlechter Mensch. Nur wenn ich andere behandelte, fühlte ich mich anders.

Irgendwann lehrte Sadhu mich, dass es gut wäre, mich selbst zu akzeptieren und anzunehmen. Ich übte es morgens im Bad vor dem Spiegel, wenn ich mich rasierte. Zu Anfang rasierte ich mich mit dem Gefühl: »Ich will dich nicht kennen, du bist ein Scheißkerl!« Später sagte ich dann: »Ich kenne dich nicht, ich rasiere dich trotzdem.« Doch nach einiger Zeit war es mir möglich, mein Spiegelbild anzulächeln, und ich konnte mich annehmen und mir einen guten Tag wünschen. Ich fing an, mich so zu akzeptieren, wie ich war. Mit meinen Ängsten, meinem Gewicht, mit dem, was ich alles in meinem Leben falsch gemacht und anderen angetan hatte.

* * *

Ich durchlief bei Peter alle drei Seminare, manche sogar mehrfach. Zusammen mit Christel nahm ich sogar bei Peter an der einjährigen Ausbildung zum Reiki- und Meditations-Lehrer teil. Meine Abschlussarbeit vor 40 Menschen widmete ich meiner Trennung von Christel. Ich ehrte unsere Beziehung und diese besondere Frau. Die Frau, die von meiner Ehefrau zu meiner besten Freundin geworden war.

Direkt nach Abschluss der Lehrerausbildung begann ich, selbst Seminare in Reiki zu geben, in denen ich mit den Teilnehmern an ihren eigenen Problemthemen arbeitete. Mit der Zeit ließ ich mehr und mehr von meinem Wissen um Behandlungstechniken aus der geistigen Welt in die Seminare einfließen und nannte es »Torus Balance Healing«. Dieses Seminar bildet das Fundament eines gesunden und glücklichen Lebens in Freude und eigener Verantwortung.

Hierzu könnte ich noch so viel schreiben, doch diesem Thema werde ich ein eigenes Buch widmen: »Torus Balance Healing und das Erschaffen der drei Säulen für ein glückliches Leben«.

Berufliche Veränderung

In der Zeit, als ich mich nach der Trennung von Christel langsam selbst annehmen konnte, trat Beate in mein Leben. Ich hatte sie in meiner Praxis kennengelernt, als ich sie und ihren ältesten Sohn behandelte. Ich sah in ihre Augen und wusste, welches Leid ihr widerfahren war. Beide hatten traumatische Erfahrungen durchgemacht.

Sie liebte und verehrte mich so, wie ich war, und wurde einige Jahre später meine Ehefrau.

Der Inhaber der Firma, für die ich als Geschäftsführer tätig war, teilte mir im Frühjahr 2010 mit, dass er meinen üblichen Zeitvertrag zum Jahresende nicht verlängern wollte. Ich hätte den Biss, den er sonst bei mir geschätzt hätte, verloren. Ich war für ihn zu zahm geworden und außerdem zu freundlich. An sein Versprechen, das er mir vor einigen Jahren unter Männern gegeben hatte, konnte er sich leider nicht mehr erinnern. Er hatte mir damals eine Anstellung auf Lebenszeit versprochen, weil ich ihm durch mein Handeln ein mehrere Millionen Ertrag bringendes Unternehmen zu einem Spottpreis beschafft hatte. Nun sagte er, es sei besser, sich zu trennen, und überließ mir die Entscheidung, direkt freigestellt zu werden oder noch bis Mitte des Jahres zu bleiben.

Mit einer gehörigen Portion Wut im Bauch und gleichzeitig weichen Knien verließ ich sein Büro. In mir tobten von jetzt auf gleich sorgenvolle Gedanken und Gefühle. Hatte ich mich bisher immer über meinen Beruf definiert, musste ich das nun wohl oder übel loslassen. »Was soll ich denn jetzt machen? Wo bekomme ich denn jetzt einen neuen Job her, in dem ich nur annähernd so viel verdiene? Wer will mich denn schon haben, wo ich doch nur Hauptschüler bin!«

Ermattet setzte ich mich an meinen Schreibtisch und starrte wie versteinert lange Zeit nur auf die Wand. »Was wird Beate dazu sagen?«, schoss es mir durch den Kopf. »Wie soll es jetzt bloß weitergehen?«

Beate nahm die Nachricht viel gelassener auf als ich. Sie erinnerte mich daran, dass sich die Situation in der Führungsebene in den letzten Jahren sehr zum Negativen verändert hatte. Ja, es stimmte – ich bedauerte schon länger, dass die tiefe Freundschaft und das gegenseitige Vertrauen unter uns Geschäftsführungskollegen einen deutlichen Riss bekommen hatte. »Es passt doch schon lange nicht mehr. Jetzt kommt sicher etwas Besseres auf dich zu!«, meinte Beate optimistisch.

Ihren Optimismus konnte ich leider nicht teilen. Mehr und mehr fühlte ich mich ausgestoßen und ungerecht behandelt und badete die nächsten Tage zusammengesunken in meinem Leid. Das verursachte dann noch zusätzlich, dass ich eine sehr schmerzhafte Bauchspeicheldrüsenentzündung bekam, die mich einige Tage außer Gefecht setzte. Danach ging ich wieder ins Büro, wo schon bald einige meiner engeren Mitarbeiter meine Niedergeschlagenheit bemerkten und mich darauf ansprachen.

Ich nutzte die Zeit im Büro, um zu überlegen, wie ich weiter vorgehe, wo und als was ich mich bewerben wollte. In den Nächten arbeitete ich mit Sadhu meine aktuellen Erfahrungen auf und erkannte, dass letztendlich alles eine Resonanz meines Selbst war. Ich hatte mich doch schon seit langem in der disharmonischen Situation nicht mehr wohlgefühlt.

»Das Drama ist hier nicht so, wie es auf den ersten Blick scheint. Erst nach dem Loslassen kann das völlig Neue – für den nächsten Lebensschnitt und für meine Fähigkeiten Passende – entstehen«, meinte Sadhu. »Folge deinem Gefühl und denke groß und glücklich!« Als er dies sagte, veränderte sich plötzlich meine Matrix. Dabei wurde mir immer mehr bewusst, dass ich niemals wieder abhängig von einem Unternehmer sein wollte, der erst alles verspricht und es dann doch nicht hält.

So entstand mein Plan der Selbstständigkeit, den ich sofort mit den mir bekannten Mitteln der Schöpferkraft unaufhörlich positiv affirmierte, und nur wenige Tage später rief ein Headhunter an, der Führungskräfte für Firmen vermittelte. Eine Woche später trafen wir uns zu einem Vorstellungsgespräch in einem Hotel am Münsteraner Bahnhof. Das Gespräch verlief absolut positiv. Ich machte ihm klar, dass ich nur als selbstständiger Unternehmensberater gewillt sei, eine Aufgabe in dem Unternehmen anzutreten. Außerdem würde ich eine Strategie mitbringen, die das Unternehmen langfristig nach vorne brächte. Ich hatte anscheinend Eindruck auf den guten Mann gemacht, denn er vereinbarte noch während unseres Gesprächs ein Treffen mit dem Inhaber des suchenden Unternehmens.

Dieses Treffen, an dem auch die Mitglieder der Geschäftsführung teilnahmen, fand einige Wochen später in einem abseits der Firma gelegenen Hotel statt. Zuerst präsentierte ich detailliert meine Pläne für eine Umstrukturierung eines wichtigen Teilbereichs der Firma. Ich skizzierte offen ihre Probleme und legte Lösungsansätze auf den Tisch. Ich lotete aus, ob das Unternehmen bereit und in der Lage war, Millioneninvestitionen zu tätigen, und diskutierte geschäftliche Risikoabwägungen. Die Führungsriege hatte angebissen. Sie waren sehr interessiert. Als das geschafft war und sie zu der Frage übergingen, wie ich mir eine Mitwirkung meinerseits in ihrem Unternehmen vorstellen könnte, präsentierte ich mit einem Gefühl des vollsten Vertrauens das, was ich bereits seit Wochen für mich affirmiert hatte: Erneut machte ich klar, dass ich nicht an einer Anstellung in der Geschäftsleitung oder Führung interessiert sei, sondern dass ich mein Know-how ausschließlich als Unternehmensberater in der Regel für maximal drei Tage in der Woche einbringen könne, weil sich meine Firma zukünftig mit projektbezogener ganzheitlicher Unternehmensberatung, spirituellen Seminarkonzepten und Workshops beschäftigte. Einige der Anwesenden zogen die Augenbrauen hoch und ich konnte ihnen deutlich ihre Verwunderung ansehen. Als ich dann auch noch von meiner energetischen Gabe erzählte, und dass ich Menschen in meiner Heilerpraxis behandele, indem ich ihnen meine Hände auflege, klappten förmlich die Unterkiefer nach unten und sie starrten mich mit offenem Mund entgeistert an. Sie hatten bislang den Ausführungen eines in der Branche durchaus bekannten Geschäftsführers eines der Vorzeigeunternehmen gelauscht, doch das, was ich ihnen jetzt präsentierte, hatten sie nicht erwartet. Der Inhaber jedoch, der die Reaktionen seiner Kollegen genau beobachtet hatte, blieb ruhig und sehr interessiert. Er hatte viele Fragen und wollte wissen, welche Gaben das genau waren und wie ich sie bekommen hatte. Im weiteren Verlauf berichtete er von seinen eigenen Erfahrungen mit einer Unmenge an Warzen, die nach zweimaligem chirurgischem Entfernen immer wiederkamen, bis eine Frau mit heilenden Händen diese durch eine energetische Behandlung unproblematisch entfernen konnte. Für ihn war das alles sehr spannend und überhaupt nicht abwegig. Zum Abschluss sagte er: »Ich weiß, dass es Dinge gibt zwischen Himmel und Erde, die nur schwer zu erklären sind, und dennoch sind sie da.«

So endete das erste Treffen und wir vereinbarten eine beiderseitige Bedenkzeit.

Schon nach wenigen Tagen, weit vor dem angepeilten Telefontermin, rief mich der Inhaber an. Er bekundete sein großes Interesse an einer Zusammenarbeit, gerade auch wegen meiner ganzheitlichen spirituellen Fähigkeiten, die er gern für seine Firma nutzen wollte. Er offenbarte mir, dass er sich schon seit längerem mit geistigen Gesetzen beschäftigte und wie man diese gewinnbringend für die Firma einsetzen könnte. Nach wenigen Wochen, einigen Telefonaten und verschwiegenen Treffen waren wir uns einig und ich hatte nicht nur einen festen Drei-Jahres-Vertrag für mich verhandelt, sondern dazu eine erheblich höhere Vergütung bei weniger Arbeitsleistung. Was mich am meisten freute, war meine neue Unabhängigkeit, und dass ich nun zwei Tage in der Woche für Behandlungen Zeit hatte. Alles war so gekommen, wie ich es mir erhofft hatte.

Mitte des Jahres verließ ich meine alte Wirkungsstätte. Ich gehörte zwar noch bis Jahresende zum Unternehmen, war nun jedoch bei vollen Bezügen freigestellt. Die Firma organisierte eine kleine Ausstandsfeier und ich sah in viele traurige Gesichter. Ich war letzten Endes für viele wohl zu einem anderen, vielleicht angenehmeren Menschen geworden.

Das nächste halbe Jahr mit ganz viel freier Zeit nutzte ich nun, um Meditationsabende zu geben, Workshops im Familienstellen anzubieten, Menschen zu behandeln, Reiki-Seminare vorzubereiten und natürlich damit, Teilnehmer zu akquirieren. Als es im Folgejahr mit meiner Unternehmensberatung nach dem endgültigen Ausscheiden aus der alten Firma richtig losging, hatte ich mir in der Zwischenzeit mit meinen spirituellen Dingen ein tragfähiges zweites Standbein geschaffen. Es war genau das eingetreten, was Sadhu mir eines Nachts im Traum verständlich gemacht hatte: »Erfolgreich wird man nicht dadurch, dass man sich versteckt oder zaudert, sondern nur durch stetiges Tun und Handeln in Hoffnung und Zuversicht.«

Jeder ist der Schöpfer seines Lebens

Meine Wohnung in Warendorf hatte ich zwischenzeitlich aufgegeben und war zu Beate gezogen. Dort konnte ich in der Zeit meiner Freistellung in einem schönen Raum behandeln. Hier machte ich auch meine ersten energetischen Operationen oder besser gesagt Interventionen, da hierbei ja nicht real, sondern geistig eine Veränderung herbeigeführt wird. Nach meinem Besuch bei Stephen Turoff in England hatte ich auch auf diesem Gebiet verschiedene Ausbildungen in meinen Träumen durch Gandhi-Arzt bekommen.

Eines Tages besuchte mich Sandra, eine junge Frau von 25 Jahren, bei der ich sofort sah, dass sie eine Perücke trug. Sie war völlig am Boden zerstört und verstand die Welt nicht mehr. »Michael, das musst du dir mal vorstellen. Da sagt mir der Arzt, dass ich nur noch ein halbes Jahr zu leben hätte, und schickt mich nach Hause, weil er nichts mehr für mich tun kann!« Sie schluchzte: »Ich bin doch erst 25, ich will noch Kinder haben. Ich kann doch jetzt nicht sterben! Seit ich ein kleines Mädchen bin, wünsche ich mir, Kinder zu haben. Und da sagt der Arzt, dass das nicht möglich ist, weil der Tumor in meinem Kopf inoperabel ist und ich in einem halben Jahr wahrscheinlich sterbe!«

Sie erzählte mir ihre Leidensgeschichte und dass sie bereits zwei Kopfoperationen durchgemacht hatte, der Tumor jedoch immer wieder erneut gewachsen war.

Ich war erst mal geschockt und versuchte ganz ruhig zu bleiben. Dabei hörte ich in mich hinein, denn ich wollte jetzt nichts Falsches sagen. Ich sprach aus, was mir in meiner Intuition als Erstes in den Sinn kam: »Das entscheidet aber nicht der Arzt, das entscheidest nur du.«

Sie schaute mich mit großen Augen fragend an. In diesem Moment erinnerte ich mich daran, was mir Beate über ihre Nahtoderfahrung, die sie vor Jahren erlebt hatte, als sie überfallen worden war, berichtet hatte. »Wenn ich Beate Glauben schenken kann –

und ihr vertraue ich absolut –, dann ist es so, dass das kein anderer entscheidet – auch kein Arzt, sondern nur du entscheidest, ob du stirbst. Sie wollte damals unbedingt zurück, um sich um ihre noch kleinen Kinder zu kümmern, und ist zurück ins Leben gegangen.«

»Ich will unbedingt leben, ich will Kinder haben und heiraten. Ich habe einen tollen Mann«, sagte sie verzweifelt.

»Dann lass uns doch mal anfangen zu schauen, warum du das Problem mit deinem Gehirntumor hast und warum du nun sterben sollst. Irgendwas muss ja dahinterstecken.«

Sandra legte sich auf die Liege und ich bekam das Gefühl, dass es absolut wichtig war, sie an dem Heilungsprozess zu beteiligen, ihr sozusagen eine Hausarbeit zu geben – etwas, was sie mit positiven Gedanken für sich tun konnte. Und plötzlich kam mir folgende Atemmeditation in den Sinn, die sie so oft wie möglich praktizieren sollte:

Konzentriere dich auf das Sonnenlicht.
Atme ruhig ein und aus.
Bei jedem Einatmen nimmst du das Licht in dich auf
und schickst es an die Stellen in deinem Kopf,
wo die kranken Zellen sind.
Bei jedem Ausatmen atmest du die Dunkelheit
und die kranken Zellen aus.
Jedes Mal eine Zelle mehr,
bis alle kranken Zellen weg sind.

Ich wies sie an, direkt diese Übung zu machen, während ich energetisch mit ihr arbeitete. Erst legte ich meine Hände auf ihren Kopf und sofort entstand ein schmerzhaftes Kribbeln in meinen Händen, das immer weiter den Arm hinauf zog. An der Schulter angekommen wurde es zu einem Kribbeln, das mir seitlich rechts und links innerhalb des Körpers bis zu den Fußsohlen lief. Hier verließ mich die belastende Energie. Sie floss in die Erde. Als ich den Impuls dazu bekam, bat ich Gandhi-Arzt um eine energetische Operation.

Auch wenn es hieß, eine Operation sei nicht mehr möglich, musste es ja nicht gleichzeitig bedeuten, dass energetisch nichts mehr machbar war. Sandra schöpfte wieder Hoffnung. Die Tatsache, dass sie jetzt selbst etwas anderes tun konnte, als nur ihr Testament zu schreiben, erzeugte so etwas wie eine neue kleine Pflanze der Hoffnung. Sandra besuchte mich einige Male und ich behandelte sie, operierte sie immer auch energetisch und versuchte im Gespräch mit ihr herauszubekommen, warum ihr als junge Frau solch ein Drama widerfuhr.

Sie erzählte mir ihr ganzes Leben – von ihrer Kindheit und Schule, ihren Eltern, dass sie bei ihrer Oma wohnte, und schließlich auch vom Hund der Familie. Ich suchte bei diesem Gespräch nach einem energetischen Impuls, etwas, wo ich hellhörig wurde, weil es mit der Ursache für ihre Krankheit zu tun haben könnte.

»Bei uns in der Familie ist das ganz merkwürdig«, begann sie einmal. »Ich war ein paar Wochen nicht mehr bei meinen Eltern gewesen und als ich letztens nach Hause kam, fragte ich sie, wo denn unser Hund ist. Flocki hatte mich immer sofort freudig begrüßt, wenn ich zur Tür hereinkam, doch er war nirgends zu sehen oder zu hören. Meine Eltern haben nur herumgedruckst und nichts gesagt. Ich ließ jedoch nicht locker, bis sie irgendwann damit rausrückten, dass Flocki bereits vor zwei Wochen gestorben war!«

Sandra war mit Flocki groß geworden und sie war völlig schockiert gewesen, dass ihre Eltern, obwohl sie jeden Tag mit ihnen telefonierte, nichts davon gesagt hatten.

Während sie dies erzählte, fühlte ich plötzlich eine starke Energie in und auf mir. Die bekannte Ganzkörpergänsehaut zeigte mir, dass diese Informationen wichtig waren. Doch was hatte der Hund mit Sandras Krebs zu tun? Dazu hatten weder ich noch Sandra eine Idee. So entließ ich sie an diesem Tag mit dieser Frage aus der Behandlung. Ich bat sie, zu überlegen und reinzuspüren, ob ihr dazu etwas bewusst wurde.

Am nächsten Tag rief Sandra mich an: »Michael, mir ist da etwas aufgefallen.« Ich war total neugierig und sie fuhr fort: »In unserer Familie, ich meine der ganzen Familie, auch mit Onkeln und Tanten, gibt es ein Problem. Alle haben ein Problem mit Trauer! Wenn jemand stirbt, darf nicht darüber geredet werden, die Trauer wird einfach verdrängt.«

Bumm! Ich stand komplett unter Strom! »Ja, damit hat es was zu tun«, sagte ich eifrig. »Es scheint ein Sippenproblem zu sein. Wir müssen da unbedingt dran. Nächste Woche schauen wir uns das genauer an.«

In der Zwischenzeit ging Sandra wie in den Wochen zuvor oft an einen See, um hier für sich die Lichtmeditation zu praktizieren. Eine Woche später kam sie wieder zu mir in die Praxis und wir arbeiteten weiter an dem Thema Trauer. Für Sandra stand fest, dass die Ursache für ihre Krankheit in der Familie zu suchen war. Eine Trauerphase löste die andere ab, aber das Thema Tod wurde totgeschwiegen. Niemand in der Familie war anscheinend fähig zu trauern bzw. Trauer auszuhalten.

Ich stellte ihr Fragen – genau wie Sadhu das mit mir machte –, um sie ins Gefühl zu bringen. Und mit einem Mal rief sie erschrocken: »Um Gottes willen! Ich habe mich als Nächste zur Verfügung gestellt! Du erzählst doch immer von der Seele ... Meine Seele hat sich aus Liebe zu meiner Familie bereiterklärt, die Nächste zu sein, die ihnen die Möglichkeit gibt, die Traurigkeit endlich anzunehmen!«

Sie weinte leise vor sich hin. Nach einer Pause fragte sie mich: »Was mache ich denn jetzt?«

»Du meldest dich einfach ab bei dem Job!«, antwortete ich spontan. Allerdings wusste ich in dem Moment nicht, wie das genau funktionieren sollte. Ich wollte ihr aber zunächst einmal die Angst nehmen und ihr Hoffnung machen.

»Und wie mache ich das?«, wollte sie wissen.

Ich dachte kurz nach, hörte in mich, bat im Stillen um eine Information und plötzlich sprudelte es aus mir heraus. Ich gab es

Sandra genau so weiter, wie ich es empfing: »Du bist ein Teil Gottes und du hast die Macht. Du – also deine Seele – hast diesen Job angenommen, also kannst du ihn auch wieder abgeben, wenn du dich dazu entscheidest, deinen Glaubenssatz zu ändern und zu sagen: ›Ich löse mich im Hier und Jetzt von dieser Aufgabe auf allen Ebenen. Ich wähle die Freiheit von Bedingungen und die Gesundheit. Ich bin gesund!‹«

Nun lief auch Sandra ein Schauer über den Rücken. Sie stand von der Liege auf, stellte sich mitten in den Raum und sagte laut mit fester Stimme: »Ich löse mich im Hier und Jetzt von dieser Aufgabe und entscheide mich für Freiheit von allen Bedingungen auf allen Ebenen und für meine Gesundheit! Ich bin gesund!« Währenddessen legte ich ihr die Hände auf den Rücken und stützte sie.

In den folgenden drei Monaten meditierte Sandra weiterhin regelmäßig. Sie war noch insgesamt sieben Mal bei mir. Dabei behandelte ich weiter ihren Tumor und führte energetische Operationen durch.

Dann wurde wieder ein MRT (Magnetresonanztomographie) durchgeführt. »Der Arzt war leicht schockiert, weil der Tumor nicht mehr sichtbar war, sondern an dieser Stelle nur noch ein Schatten zu sehen war. Er konnte sich das nicht erklären und wir sollten das nächste Mal abwarten«, berichtete Sandra erfreut.

Beim nächsten MRT weitere sechs Wochen später war der Tumor vollständig verschwunden. Ihr behandelnder Arzt war fast schon enttäuscht darüber gewesen, dass seine Prognose, Sandra hätte noch sechs Monate zu leben, dermaßen danebengegangen war. Er hatte gemeint: »Als gesund gelten Sie aber erst nach 7 Jahren.«

Wegen dieser Aussage war Sandra richtig sauer auf den Arzt. Mein Kommentar dazu war: »Er ist wohl nur verunsichert, weil er etwas erlebt hat, was sich aus seinem medizinischen Sachverstand nicht erklären lässt. Ich bin ganz sicher, er freut sich, dass du nun diese Diagnose hast.«

Besuch bei João de Deus in Deutschland

Die Zeit verging und es waren mittlerweile fast drei Jahre vergangen, seit ich von Kato die Einladung nach Brasilien erhalten hatte. Eines Tages hörte ich von meinem Freund Georg, dass João de Deus nach Alsfeld in Deutschland kommen würde, um dort zu behandeln. Das war erheblich näher als Brasilien und so fuhren Georg, seine Freundin Daniela, Beate und ich im November 2011 für einen Tag dorthin.

Meine Freude über die bevorstehende Begegnung schlug leider rasch um in eine negative Haltung – 100 Euro Eintritt pro Person und dann waren dort Tausende weißgekleidete Menschen in einer riesigen Halle. Wir hatten wie anscheinend viele andere auch keinerlei Ahnung von dem Procedere. So ließen wir uns von einem Ordner in einen Meditationsraum führen, in dem wir zusammen mit vielen anderen Menschen in den nächsten Stunden mit geschlossenen Augen meditieren sollten. Das hatte keiner von uns so gewollt bzw. vorhergesehen.

Nach zweieinhalb Stunden Meditation war jeder von uns beeindruckt, denn nicht nur mir war die Zeit wesentlich kürzer vorgekommen. Wir alle hatten das Gefühl, dass höchstens eineinhalb Stunden vergangen waren.

Nach der Meditation durften wir uns dann in die Schlange einreihen, die zu João de Deus führte. Er saß in einem roten Sessel und die Menschen verweilten nur einen kurzen Augenblick bei ihm, ehe sie weitergingen. Ich war schon ganz gespannt, wie es sich für mich anfühlen würde, in seiner Nähe zu sein.

Als ich an der Reihe war, ging ich bewusst ganz nah an ihn heran. Er sah extrem behäbig, um nicht zu sagen dick aus. Morgens, als er in die Halle kam und die Anwesenden begrüßt hatte, war er mir deutlich agiler und schlanker vorgekommen. Ich berührte kurz seine linke Hand und vernahm, dass er etwas sagte, was von jemandem übersetzt wurde. Ich hörte noch das Wort »Reinigung«, als ich augenblicklich in Tränen ausbrach und mir die Beine versagten. Helfer brachten mich in einen Nebenraum, wo sich drei mediale Menschen energetisch mit mir beschäftigten. So etwas hatte ich noch nie erlebt. Von einer Sekunde auf die andere war ich völlig platt, als wenn mich jemand komplett umgekrempelt hätte. Ich brauchte einige Zeit, bis ich wieder etwas stabiler war und ruhte mich in einem Restaurant aus.

Nachmittags hatten wir noch mal die Möglichkeit, João zu begegnen, und obwohl ich ein mulmiges Gefühl hatte, ging ich wieder zu ihm. Dieses Mal berührte ich ihn nicht. Als ich kurz vor ihm anhielt, sagte der Übersetzter nur: »Du weißt ja, dass du nach Brasilien eingeladen bist.«

Es sollte allerdings noch ein weiteres Jahr und weitere Anstöße brauchen, bevor ich tatsächlich nach Brasilien reiste.

Essenzen

Auf einer Esoterikmesse hatte ich bei der spirituellen Malerin mit dem Künstlernamen Ashanar ein Seelenbild bestellt, welches sie speziell für mich anfertigte. Sie hatte mir damals schon gesagt, mein Bild komme erst dann zu mir, wenn die Zeit dafür reif sei. Das würde sicher drei bis vier Monate dauern.

Mittlerweile war über ein Jahr vergangen – es war Anfang 2012 –, als ich das Bild auspackte und auf mich wirken ließ. Ich war tief berührt. Ashanar war nicht nur eine wundervolle Malerin, sondern auch ein hervorragendes Medium. Sie hatte mir zu dem Bild einen langen Brief geschrieben, in dem sie mir die Bedeutung der einzelnen Elemente erklärte. Als ich den Brief las und die passende Stelle dazu auf dem Bild suchte, wurde ich an ein altes Versprechen erinnert, das ich bisher nicht eingelöst hatte.

Im Kapitel »Das Medizinrad und Gaias Schätze« habe ich von meinem Jakobsweg im Jahr 2009 erzählt, auf den ich trotz starker Hüftschmerzen gegangen war, weil mir gesagt wurde, es sei ein Weg des Glaubens und Vertrauens. Damals wurde ich angewiesen, Pflanzen zu pflücken, um später daraus Essenzen herzustellen, die den Menschen helfen sollten. Ich hatte seinerzeit Sadhu und damit auch Gaia versprochen, diesen Auftrag auszuführen, doch bislang hatte ich mich immer wieder durch Hindernisse und Ängste davon abhalten lassen. Nun machte mich Ashanar mit ihrem Bild darauf aufmerksam und erinnerte mich an mein Versprechen. Diesen Anstoß hatte ich wahrscheinlich noch gebraucht und so setzte ich mein Wissen in die Tat um und energetisierte in 10-ml-Fläschchen die Essenzen der Pflanzen, die ich auf dem Jakobsweg sammelte. Es entstanden zuerst folgende neun Essenzen:

1. Kraft – aus der Pflanze, die mir auf dem Jakobsweg den steilen Berg hinaufhalf.

2. Linderung und Wohlbefinden – aus der Pflanze, die mir die starken Hüftschmerzen von jetzt auf gleich heilte.

3. Hoffnung – für alle, die sich in einer schwierigen Situation befinden und den Ausweg suchen.

4. Reinigung und Entgiftung – für alle, die sich von energetischer Verunreinigung genauso wie von Süchten trennen wollen.

5. Vergebung – hilft, anderen und sich selbst zu vergeben.

6. Vertrauen – für alle, die daran arbeiten, sich selbst mehr zu vertrauen und dadurch mehr positive Erfahrungen für sich erschaffen wollen.

7. Lebensfreude – für diejenigen, die aus dem Tal der Trübsal und Trauer wieder in ein fröhliches Leben wollen.

8. Konzentration – sie hilft Menschen bei jedweder Form von Prüfungsstress sowie Menschen, die Schwierigkeiten haben, sich zu konzentrieren.

9. Fülle – für all die Menschen, die sich aus den verschiedensten Mangelprozessen, wie zum Beispiel finanziellem Mangel oder einem Mangel an Liebe und Zuneigung, lösen wollen.

Als ich Anfang November 2012, einige Tage vor dem Ende des Mayakalenders und dem Beginn des Wassermannzeitalters, endlich die neun Essenzen auf meiner Homepage vorstellte, bekam ich in der nächsten Nacht im Traum die Information, an einer bestimmten Stelle in der Natur eine weitere besondere Pflanze zu finden. Sie bekam den Namen **Inneres Kind**, weil ihre Schwingung über die besondere Qualität verfügt, Menschen zu unterstützen, die mit ihrem inneren Kind arbeiten. Die Essenz hilft, erlebtes Leid und Verletzung sowie Entbehrung an Geborgenheit und Liebe zu transformieren.

Kurze Zeit später begann ich damit, auch individuell für den Menschen energetisierte Essenzen herzustellen. Sie unterstützen bei persönlichen Problemen oder wenn Menschen an ihrem eigenen Schwingungsaufstieg arbeiten. Hierzu empfange ich als Medium aus der geistigen Welt selbst oft Botschaften, die ich dann für den Menschen aufschreibe. Die Essenzen können bei mir in der Praxis, im Onlineshop und bei den offenen Behandlungsabenden erworben werden.

Foto meines Seelenbilds

Botschaft zu meinem Seelenbild

Lieber Michael,

die Grundfarbe deines Seelenbildes ist Orange. Diese Farbe symbolisiert für dich Lebendigkeit, Dynamik und Energie, die sich in Form von Lebensfreude ausdrückt.

Dein Bild zeigt eine weit geöffnete Lotusblüte. Es finden sich hier unterschiedliche Farben, die jeweils eine besondere Bedeutung für dich haben. In der Mitte zeigt sich Weiß, umschlossen von der Farbe Gelb. Sie steht für das Licht, die Wärme und Offenheit. Sie ist dein Mittelpunkt. Du bist dir der Gegenwart des Gotteslichtes in dir voll und ganz bewusst und setzt es bei allem ein, was du tust.

Links und rechts fügen sich hellgrüne Blütenblätter an. Die Farbe Grün steht für Wachstum und Heilung auf Herzensebene. Hellgrün steht für ganz frische, neue Entwicklungen, die sich gerade auf der Ebene zwischen Himmel und Erde für dich auftun. Die waagerechte Position der Blätter verrät, dass an der Schnittstelle zwischen der menschlichen und der himmlischen Ebene etwas ganz Neues gedeiht.

Links und rechts unten sind türkisfarbene Blätter sichtbar. Sie stehen für die Kommunikation und den Austausch, der bei dir sehr wichtig ist und bei den Menschen, mit denen du in Kontakt bist, tief einwirkt. Sie nehmen nicht nur das auf, was du ihnen verbal mitteilst, sondern ebenso deine Schwingungen, die mit deinen Worten verbunden sind. Diese wirken und hallen in ihnen weiter wie Schallwellen, die noch lange nachklingen.

In der Mitte befindet sich die Farbe Hellblau. Diese steht für das Kehlkopfchakra und damit für das gesprochene Wort. Dieses ist von sehr großer Bedeutung, auch für dich selbst. Nur durch das Reden kann man Gedanken für andere zugänglich machen, Gefühle ausdrücken, Dingen einen Ausdruck geben, die ansonsten nur fühlbar oder über andere Sinneseindrücke wahrnehmbar wären. Da wir als Menschen noch sehr auf diese Form des Ausdrucks angewiesen sind, nutze deine Gabe, mit deiner Stimme Menschen zu erreichen. Gib deiner Stimme den Raum, den sie einnehmen möchte, sie ist dein Kommunikationsmittel, um deine Erfahrungen und dein Wissen weiterzugeben.

Im oberen Bereich des Bildes zeigen sich links und rechts pinkfarbene Blütenblätter. Sie bedeuten deine bedingungslose, alles umfassende, tiefe Liebe zu Gott und allem Sein. Sie ist dir von höherer Stelle geschenkt und ermöglicht es dir, sowohl dich selbst immer wieder innerlich zu heilen als auch anderen Menschen den Anstoß zu ihrer eigenen Heilung zu geben. Jeder Mensch wird im Laufe seines Lebens mit Disharmonie, Stress, Verletzungen und Zurückweisungen konfrontiert. Niemand ist ständig und allzeit glücklich und heil. Daher ist es so immens wichtig, die eigene Gesundwerdung, Heilwerdung und Erneuerung immer wieder bewusst zu aktivieren.

Dies ist deine Bestimmung und Aufgabe. Du übernimmst sie in einer wunderbaren, hingebungsvollen Weise. Es wäre dir nicht möglich, etwas anderes zu tun, ohne dabei unzufrieden zu werden. Hierin findest du auch immer ein sehr fein eingestelltes Messinstrument für deinen eigenen Weg. Immer dann, wenn du Unzufriedenheit und Missstimmung in dir spürst, bist du von deinem dir vorbestimmten Weg abgewichen und tust nicht mehr das, was in Wahrheit für dich richtig wäre. Folge diesen inneren Empfindungen sehr sorgsam, dann wirst du auf immer neue, höhere Ebenen der Weisheit und des Wissens geführt.

In der Mitte zeigen sich in den Farben Violett und Ultramarinblau die Öffnung für die Eingebungen und Informationen der höchsten Ebene.

Du kannst all das einsetzen und nutzen und kennst sämtliche Anwendungsbereiche. Du hast schon viele Leben als Heiler, Arzt und Medizinmann durchlebt, so dass dieses Leben nun die Krönung und der Abschluss deiner irdischen Lebenszyklen darstellt. Dies zeigt sich durch die Farbe Gold, die immer den Weg der Meisterschaft symbolisiert.

*In der Farbe Gold sind auch sechs Symbole dargestellt, die für dich wichtig sind. Es ist einmal das Herz, das dir zeigt, dass man am leichtesten über das Herz heilen kann. Nur dort erreicht man die Menschen. Der Verstand oder das Unterbewusstsein sind ebenfalls beeinflussbar, jedoch sind sie Umwege, die doch zurück zum Herzen führen müssen. **Der Tropfen steht für Tränen, die geweint werden müssen, aber auch für heilende Essenzen, die in geringer Dosis Großes bewirken. Die Schlange steht für die Wichtigkeit der richtigen Dosis. Die Menge ist ausschlaggebend, um Heilung schnell und leicht zu ermöglichen. Gerade auch die richtige Menge an Einflussnahme, die richtige Menge an der benötigten Energie bewirken große Fortschritte. Zu viel kann manchmal das Gegenteil auslösen. Das Blatt steht für die Heilkraft der Natur und für ihre Möglichkeiten, selbst die Balance wiederherzustellen, wenn man ihr Gelegenheit dazu lässt.** Der Stern bedeutet, dass jedem Menschen die Möglichkeit gegeben ist, seiner eigenen inneren Stimme zu folgen, und steht somit für die Öffnung gegenüber der eigenen Intuition. Die Brücke steht für Verbindung, dafür, wieder zusammenzuführen, was zusammen gehört. Indem ein Weg bereitet wird, der beschritten werden kann, ist Annäherung und Rückverbindung möglich.*

Außerdem winden sich rechts im Bild Wurzeln, die ebenso bedeutungsvoll sind, wie die links im Bild dargestellten Ranken, die die Leichtigkeit symbolisieren. Ohne eine gute Erdung ist kein gutes

Wachstum möglich. Und ohne Leichtigkeit ist alles schwer und fließt nicht.

Um die Lotusblüte zeigen sich acht weitere, hellblaue Blätter. Sie stehen für die Außenwirkung, für die Entfaltung in der Öffentlichkeit. Die Acht bedeutet Vollkommenheit und Ewigkeit.

Alles ist bereits vorhanden, alles ist schon da und wartet nur darauf, gleich einem Schatz, gehoben und genutzt zu werden.

Lieber Michael, auch du hast noch verborgene Schätze in dir, die dich noch weiter wachsen lassen. Deine Entwicklung ist noch nicht zu Ende. Nutze alle deine göttlichen Geschenke nicht nur zum Wohle anderer, sondern wende sie auch für dich selbst an. Immer dann, wenn du für andere mehr tust als für dich, gerät auch hier etwas ins Ungleichgewicht, was nach Ausgleich strebt. Achte auf dich, auf deinen Körper und höre auch auf deine eigene innere Führung, die dir Informationen zu deinem eigenen Besten gibt.

Gottes Segen ist mit dir!

In Liebe
Ashanar

Besuch bei João de Deus in Brasilien

Im Jahr 2012 kam ich über Peter Michael Dieckmann in Kontakt mit Thomas, einem Arzt, der genau wie ich bei Peter die Seminare besucht hatte. Er interessierte sich für João de Deus und spielte schon länger mit dem Gedanken, dort hinzufahren. Nachdem wir uns etwas näher kennengelernt hatten, planten wir, im Jahr darauf zusammen mit unseren Partnerinnen nach Brasilien zu reisen und die Casa de Dom Inácio des Heilers João de Deus zu besuchen, den ich ja schon bei seinem Besuch in Deutschland 2011 kennengelernt hatte.

Am 16. Februar 2013, es war ein Sonntag, war es so weit und wir flogen von Düsseldorf über Lissabon nach Brasilia, der Hauptstadt Brasiliens. Von dort waren es noch knapp zwei Stunden mit dem Taxi, bis wir am frühen Montagabend in Abadiânia ankamen. Wir hatten uns einer Reisegruppe mit Guide angeschlossen, weil keiner genau wusste, was uns dort erwartet. Die meisten Teilnehmer unserer Reisegruppe hatten wir bereits auf dem Zwischenstopp in Lissabon kennengelernt. Unseren Guide Mareike trafen wir im Hotel Encantado. Sie war Deutsche, lebte jedoch schon einige Zeit in Abadiânia.

An diesem Abend wollten wir alle nur noch kurz etwas essen und dann ins Bett, weil wir völlig übermüdet und geschafft waren von der langen Reise.

Mareike klärte uns am nächsten Tag nach dem Frühstück über die aktuellen Regeln der Casa de Dom Inácio auf und würde uns auch an den weiteren Tagen in die Casa begleiten und abends beim Abendessen auf Wunsch weitere Fragen beantworten.

Die Casa konnte man jeden Tag besuchen und dort in Ruhe meditieren, Kristallbettbehandlungen machen oder auch einen reinigenden Wasserfall besuchen. Bei den Kristallbettbehandlungen werden die sieben Chakren durch farbiges Licht, das durch ansonsten lupenreine Bergkristalle fließt, gereinigt. Es erzeugt ein wundervolles Gefühl der inneren Reinigung und Ruhe.

Wir alle freuten uns auf den Mittwoch, weil dann die Behandlungen mit dem Medium João de Deus begannen.

Von João de Deus wusste ich, dass er ein Mann in den Siebzigern war, der seit seinem 16. Lebensjahr bereits hunderttausende Menschen behandelt hatte. João de Deus, was in Deutsch so viel heißt wie ›John von Gott‹, ist ein bekanntes Medium und heißt mit bürgerlichem Namen João Teixeira de Faria.

Während der Behandlungen in Volltrance inkorporierten verschiedene Wesenheiten in seinen Körper. Das bedeutet, dass der bewusste Mensch João Teixeira de Faria nicht mehr wahrnehmbar war und stattdessen verschiedene Geistwesen vorübergehend seinen Körper in Besitz nahmen und durch ihn sprachen und heilten. Dabei veränderte er oft seine Erscheinung. Manchmal wirkte er ruhig und gelassen, manchmal wie ein Gardeoffizier, je nachdem welche Wesenheit gerade in ihn inkorporiert war.

Von Mittwoch bis Freitag gab es jeweils morgens und nachmittags kostenlose Behandlungsrunden. Jede Runde dauerte so lange, bis alle Menschen, die gekommen waren, behandelt waren.

Am Dienstagnachmittag setzte sich Mareike mit jedem aus der Gruppe einzeln zusammen, um zu besprechen, um welche drei Dinge man die Wesenheit bitten wollte. Die meisten aus unserer Gruppe wünschten sich Heilung von verschiedenen Krankheitssymptomen. Da es mir, seitdem ich Menschen behandelte, gesundheitlich recht gut ging, entschied ich mich, nur um eine Sache zu bitten. Zu dieser Zeit kamen in meiner Praxis sehr viele Menschen, die lebensbedrohliche Krankheiten wie z. B. Krebs im Endstadium hatten. Ich konnte ihnen zwar oft helfen, indem ich ihnen die Angst vor dem Tod und die Schmerzen deutlich lindern konnte, die Krankheit selbst ließ sich leider nur selten in Gesundheit verändern. So machte ich in dieser Zeit häufig Sterbebegleitung. Ich entschied mich deshalb, um

Hilfe in meiner Praxis zu bitten. Mareike notierte meine Bitte in portugiesischer Sprache auf einem Zettel.

Mit dem Zettel in der Hand stellte ich mich am Mittwochmorgen in die ›First Line‹. Diese Reihe war für die Menschen reserviert, die zum ersten Mal vor die Wesenheit traten. Als ich vor João de Deus stand und ein Helfer ihm meinen Zettel vorlas, passierte etwas anderes als bei den anderen, die vor mir zum Medium gingen. Es war üblich, dass die meisten nur einen sehr kurzen Moment vor das Medium traten und dann direkt weggeleitet wurden. Manchmal dauerte es nur wenige Sekunden und die Behandlung war erfolgt. Mich schaute João de Deus sehr lange an. Er musterte mich von Kopf bis Fuß, bis er dann auf Portugiesisch sagte: »Ab heute helfe ich dir.« Norberto, ein Weggefährte von João de Deus, übersetzte es mir voller Freude und klopfte mir auf die Schulter. Er meinte, ich müsse hier neben dem Medium meditieren. Das geschah dann an allen drei Tagen. Ich ging in den großen Meditationsraum und meditierte mit geschlossenen Augen über Stunden. Auch am zweiten Tag meditierte ich wieder in dem Raum, wo die Behandlungen stattfanden. Während des Meditierens bekam ich eine Vision:

Ich hatte das Gefühl, an einem mir unbekannten Ort zu sein, auf einer einfachen Steinbank im Nirgendwo. Neben mir erkannte ich so etwas wie einen Altar, der ebenfalls aus Stein bestand, und direkt mir gegenüber war ein riesiges Dreieck, aus dem extrem helles Licht schien. Ich wurde angezogen von diesem Leuchten, konnte mich jedoch nicht bewegen, als aus dem Licht ein mit einem weißen Umhang bekleideter Mann hinaustrat, der genauso hell strahlte. Er war geschätzt zwischen 50 und 60 Jahre alt und hatte eine starke Ähnlichkeit mit einem Musketier aus Historienfilmen. Ich blickte in ein freundliches Gesicht. Der Mann schien sich zu freuen, mich zu sehen. Er setzte sich zu mir auf die Bank und ich konnte nichts anderes, als ihn anzusehen. Aus ihm strömte eine solch energetische Kraft, dass ich eine Gänsehaut am ganzen Körper bekam. Wir schauten uns in die Augen und als er seinen Arm um mich legte, explodierte im nächsten Augenblick die Energie in mir und ich fing haltlos an zu weinen. Plötzlich fühlte ich die väterliche Liebe, die ich mir immer so sehr von meinem Vater gewünscht hatte. Dicke Tränen rannen über meine Wangen, bis mein Hemd klatschnass war. Ich schaute ihn nur an und weinte vor tiefer Berührung und Glück. Ich konnte, während dies passierte, weder etwas sagen noch machen. Als die Behandlungen zu Ende waren und die Meditation aufgehoben wurde, löste sich auch die Vision auf und ich kam wieder in der Realität zu mir.

Abends bat ich um ein Gespräch mit Mareike. Sie schien gar nicht so überrascht und fragte mich, wie die Wesenheit, der ich begegnet war, denn heiße. Ich wusste es leider nicht, denn ich konnte sie während der Vision nicht fragen. Mareike riet mir, auch Freitag wieder in die Meditation zu gehen. Außerdem gab sie mir den Hinweis, dass es im casaeigenen Bookshop ein Buch mit den Bildern von einigen der Wesenheiten, die in João inkorporierten, gab. »Vielleicht ist dein Musketier ja dabei«, meinte sie freundlich.

Freitag ging ich, gleich nachdem die Casa geöffnet hatte, direkt zum Bookshop und fand mein »Musketier«. Man sagte mir, der Mann auf dem Bild sei die Wesenheit Dr. Jose Valdevino. Der Mitarbeiter erklärte mir, er sei wie ein liebevoller Vater zu den Menschen. Als ich anschließend im Meditationsraum war, ging alles ganz schnell und ich war in meiner Meditation mit Dr. Jose Valdevino verbunden. Jetzt fiel es mir auch nicht mehr schwer, mit ihm zu kommunizieren. Es war eine Unterhaltung in meinen Gedanken. Er sagte, er werde mir ab jetzt in der Praxis helfen und er äußerte auch eine Bitte an mich: »Ich möchte, dass du Menschen kostenlos behandelst. Such dir einen Raum und lade die Menschen alle sechs Wochen zu kostenlosen Behandlungen ein. Ich werde durch dich als Medium für die Menschen da sein und ihnen helfen.«
Ich berichtete ihm, dass ich mich gerade mit meiner Praxis selbstständig gemacht hätte. »Das ist sehr gut«, freute er sich. »Es ist ein wichtiger Teil deiner Lebensaufgabe, Menschen als Medium

starker Heilenergien zu helfen, damit sie selbst an ihrer Heilung mitarbeiten können. Du bist außerdem jemand, der die innerliegende Kraft der Transformation lehren wird, die im Frieden und der Liebe entsteht. Es werden viele Menschen von überall her kommen und dich um Hilfe, Behandlung und Lehre bitten. Dabei wirst du viele Wunder sehen.«

Ich war durch die Visionen und den Kontakt zu ihm total berührt, und wollte so viel wie nur möglich von Dr. Jose Valdevino erfahren. Später erzählte mir ein anderer, enger Mitarbeiter von João de Deus mit Namen Noberto, Dr. Valdevino sei in seiner letzten Inkarnation ein Richter gewesen und dass eine weit zurückliegende Inkarnation die des heiligen Franz von Assisi gewesen sei.

Dr. Jose Valdevino

Nachdem am Freitagnachmittag die Meditationsräume geschlossen wurden, versuchte ich über das Wochenende in meinem Zimmer in der Poussada zu meditieren und hierbei mit Dr. Valdevino in Kontakt zu kommen. Obwohl ich mich sehr anstrengte, konnte ich die Verbindung immer nur kurz halten. Es war oft zu laut draußen und die Gespräche der Leute, die an meinem Zimmer vorbeiliefen, holten mich ständig aus der Meditation. Später versuchte ich es im Garten der Casa erneut, wo es mir immer besser gelang. Und je öfter ich mich mit Jose verband, desto stärker wurde die Verbindung. Ein Band der Liebe entstand daraus, denn oft saßen wir in meinen Visionen nebeneinander, während er seine Hand um meine Schulter legte und ich in diesen Momenten dieses unbeschreibliche Gefühl der väterlichen Liebe genoss.

Nachdem ich aus Brasilien nach Hause zurückgekehrt war, versuchte ich während meiner Behandlungen, mit Jose Kontakt aufzunehmen. Dies gelang auch mit der Zeit immer besser. Ich lernte schnell, dass meine Ungeduld den Kontakt zu ihm deutlich behinderte oder sogar unmöglich machte. Es ging darum, ohne ein Gefühl des Mangels in Ruhe und Gelassenheit zu bleiben und dem Drang, auf Biegen und Brechen heilen zu wollen, zu widerstehen. Wenn ich in der Akzeptanz blieb und ruhig und gelassen, wurde er in den Behandlungen mein ständiger Begleiter. Ich spürte seine Präsenz und energetische Kraft, die sich offenbar mit meiner verband. Dr. Valdevino gab mir Hinweise und manchmal beantwortete er meine Fragen durch meine eigene Intuition. Er unterstützte mich auch, den Punkt zu finden, an dem der betroffene Mensch arbeiten könnte, um seine eigene Heilung zu erschaffen.

Obwohl die Einzelbehandlungen energetisch nun deutlich stärker waren und ich Jose immer leichter erreichte und verstand, brauchte ich noch einige Monate, bis ich all meinen Mut aufbrachte, um einen offenen Behandlungsabend durchzuführen. Doris, die eine Praxis für Podologie im Krankenhaus in Greven hatte, erzählte ihren Patienten von mir und so fanden sich 13 Menschen im Herbst 2013 in ihrer Praxis ein. Diese Art der Behandlung war ganz anders als das, was ich bisher kannte. Die Energie von Jose strömte zeitgleich durch mich zu allen Anwesenden und ich hatte das Gefühl, sie würden mit Liebe und Licht geflutet. Ich war noch sehr unsicher, was mir sogleich von einem Pärchen gespiegelt wurde, die noch vor dem Ende der Behandlung den Raum verließen. Natürlich bekam ich das mit, es ließ mich aber nicht wanken, denn ich hatte bei der Behandlung, die gerade einmal 30 Minuten dauerte, so viel Liebe gespürt und einige der Teilnehmer berichteten mir am Ende des Abends, dass sie ähnlich empfunden hatten.

Sechs Wochen später waren es bereits 20 Anmeldungen, weshalb ich mit meinem offenen Behandlungsabend in ein Seminarhaus nach Emsdetten umzog, in dem wir 20 bis 25 Menschen unterbringen konnten. Nachdem ich dort einige Male den Behandlungsabend durchgeführt hatte, wurde auch dieser Raum langsam zu klein. Aus Mangel an ausreichend Stühlen saßen die Leute einfach auf dem Boden. So zogen wir weiter und ich buchte einen großen Seminarraum, der locker 80 Menschen Platz bot. Hier hat sich mittlerweile eine Gruppe gebildet, die für die Teilnehmer und für mich in Meditation gehen und dadurch die Energie der Liebe in dem Raum erhöhen. So kann ich den Schmerz der Menschen, die behandelt werden, leichter durch mich ableiten. Denn die Energie, die ich dabei erfahre, ist oft schmerzhaft und wundervoll zugleich. Ich bekomme zwar die negativen Energien der Krankheiten, Verletzungen, Probleme und Ängste der Menschen ab und fühle sie oft auch körperlich, gleichzeitig fühle ich jedoch auch die Heilung, die durch Dr. Jose Valdevino geschieht. Je mehr Menschen aus Liebe für mich und die Teilnehmer meditieren, desto mehr verringert sich mein gefühlter Schmerz. Mit der Zeit veränderten sich bei mir viele Gefühle und Wahrnehmungen. Mittlerweile sind manchmal auch andere Wesenheiten da und Jose tritt zeitweise in völligem Frieden zurück, um ihnen den Vorrang zu lassen. Dabei bleibe ich immer bewusst und in mir und mit mir verbunden, was damals mein ausdrücklicher Wunsch gewesen war. Sie wirken durch mich, ohne dass ich einen Moment das Gefühl habe, die Kontrolle über meinen Körper zu verlieren.

Die Schule der Nacaal

Im Mai 2014 flog ich wieder mit Thomas und Gabriela nach Brasilien. Beate blieb wegen der Kinder zu Hause, dafür begleitete uns mein Freund Georg. Da wir uns schon etwas auskannten, verzichteten wir dieses Mal auf einen Guide. Wir wohnten alle im selben Hotel und besuchten während unseres Aufenthaltes so oft wir konnten die Casa. Für eine Nacht verließen wir Abadiânia, um uns in Salto Corumbá die wundervollen Wasserfälle anzusehen. Ansonsten nutzte ich so viel Zeit wie möglich, um für mich zu meditieren, in mich zu hören und auch, um mich auszuruhen.

Während der Nächte träumte ich die ganze Zeit sehr intensiv. Ich begegnete vielen Wesenheiten, die mich schon lange begleiteten. Sie halfen mir wie immer, einige meiner Probleme und belastende Gefühle besser zu verstehen und die Herausforderungen anzunehmen. Ich hatte von ihnen schon vor längerer Zeit gelernt, dass zum Abgeben und Loslassen zuvor das Annehmen der Situation und des Gefühls wichtig ist. Wer eine belastende Situation nicht vollständig angenommen hat, kann schwerlich das, was ihn bedrückt, abgeben. Sadhu lehrte mich in diesen ersten Nächten in Brasilien, dass die ganzheitliche Betrachtung von Lebenssituationen oft eine Öffnung der belastenden Gefühle nach sich zieht bzw. die Öffnung und Transformation der belastenden Gefühle möglich macht. »Vergiss nie«, sagte er, »der Mensch besteht in seinen höchsten Schwingungen aus Gefühl und Verstand. Der Mensch nutzt beide Fähigkeiten für seine Schöpferkraft.« Er bereitete mich darauf vor, immer mehr vom Verständnis um die Geistigkeit und ihre Gesetze zu lernen, damit ich dieses Wissen dann auch an andere weitervermitteln konnte. Er deutete an, dass sich eine neue Gruppe von Lehrern mit mir verbinden würde, um mich in großer Liebe und Ehre zu schulen und zu lehren. In der dritten Nacht in Brasilien begegnete ich dann in meinen Träumen einer Gruppe mir völlig unbekannter Wesenheiten. Sie stellten sich mir als das Volk der Nacaal vor. Diese Wesenheiten waren völlig anders als alle Wesenheiten, die ich bislang kennengelernt hatte. Bis auf Gaia, die ich als überlebensgroße Blume wahrnahm, hatten bisher alle einen menschlichen Körper. Das Aussehen der Nacaal entsprach einer völlig anderen Erscheinung. Sie bestanden aus reiner Energie und Schwingung und zeigten sich mir in wenigen, jedoch riesigen tiefblauen, geschlechtslosen Körpern, in denen sich die gesamte Energie ihres Volkes manifestiert hatte. Ich selbst reichte nur bis zu ihren Zehen. Der Teil des Volkes, der sich der höchsten Schwingung der Liebe zuwandte, hatte sich über unzählige Generationen so weit entwickelt, dass letztendlich ihre Schwingung so weit angestiegen war, dass sie mit Körperlichkeit in unserem menschlichen Sinne nicht mehr in Einklang zu bringen war. Das ganze Wissen, ihre Energie der bedingungslosen Liebe und die schöpferische Kraft des Volkes hatten sich in diesen Wesen vereinigt.

Sie luden mich ein, Teil einer besonderen Schule zu sein, in der ich in meinen Träumen geistig mit anderen real lebenden Personen gemeinsam arbeitete. Dabei sollte ich lernen, mich selbst und andere von Verletzungen zu heilen. Verletzungen, die jeder auf verschiedene Art und Weise in sich trägt – durch eigene Lebenserfahrungen, durch die eigene Historie der vielen Inkarnationen und durch die Vererbung der eigenen Vorfahren und Ahnen. Ich war dermaßen beeindruckt, dass ich mich sofort bereiterklärte.

So wurde ich Teil einer Gruppe, in der wir uns gegenseitig halfen, unsere eigenen belastenden Erfahrungen und Gefühle zu heilen und darüber hinaus die Zusammenhänge des Universums und seiner Gesetze zu lernen. Diese Träume sind immer wieder eine wundervolle Erfahrung. Allein schon deshalb, weil wir alle – wir sind sechs Frauen und sechs Männer – aus unterschiedlichen Ländern sowie aus unterschiedlichen Zeitepochen stammen und völlig unterschiedliche Sprachen sprechen, uns aber dennoch auf tiefste Art und Weise verstehen. Das Beeindruckendste dieser Kommunikation ist, dass sie nicht nur auf Sprache ausgelegt ist, sondern jedem der Gruppe ermöglicht, die Gefühle des anderen hautnah zu fühlen und zu verstehen. In diesen Träumen, die in unregelmäßigen Abständen geschehen, leitet uns die Energie der Nacaal liebevoll an.

Schon während meines Aufenthalts in Brasilien wurde ich genauso wie die anderen meiner besonderen Schulklasse eingeladen, diese Art der Gruppenbehandlung auch in unser reales Leben zu integrieren. Die Nacaal würden unsere Gruppen mit ihrer Energie anleiten und das heilende Schöpfertum der Teilnehmer mit ihrer höchsten Transformationsschwingung unterstützen.

Ich entschloss mich sofort, solch eine Gruppe zu gründen, und nannte sie fortan Energietherapeut II. Hier arbeiten maximal 12 Teilnehmer, die wahrhaftig real etwas für sich verändern wollen, in einer festen Jahresgruppe an ihren Herausforderungen, Enttäuschungen, an Verletzungen, Blockaden und Verstrickungen, um sich zu befreien und sich selbst in Harmonie und Frieden zu bringen.

Ich bin in diesen Gruppen sowohl Seminarleiter als auch Teilnehmer, der ebenfalls an seinen eigenen Themen arbeitet. Ich fungiere darüber hinaus auch als Medium, um die Verbindung zu den Nacaal für die Gruppe fühlbar und zugänglich zu machen.

Als die erste Gruppe im Januar 2015 begann, fühlte ich sofort, dass dieses Seminar die ideale Ergänzung und finale Vervollständigung meiner Seminare zur Bewusstwerdung und Erweiterung von spirituell interessierten Menschen war.

Uns so entschied ich mich, meine verschiedenen Seminare und Workshops unter das Dach der »Schule des Lebens« zu stellen. In dieser Schule sollen fortan Menschen Zugang zu dem universellen Wissen bekommen, das mir geschenkt wurde.

Die hermetischen Prinzipien

Dass nichts still steht, sondern alles fortwährend fließt und schwingt, und dass alles, was mir die Wesenheiten beigebracht hatten, nicht nur spiritueller Glaube ist, sondern klaren Prinzipien und Gesetzen unterliegt, lernte ich von einem bedeutenden Meister, der mir zum ersten Mal in meinen Träumen in der Nacht des 18. September 2017 begegnete. Ich war in dieser Nacht seit längerer Zeit mal wieder in meinen Träumen mit Sadhu verbunden. Wir saßen irgendwo an einem Lagerfeuer in unberührter Natur und Sadhu reinigte mich mit einer Energie, die mir gefühlt unter die Haut ging und alles in mir kribbeln ließ.

Ich fühlte mich in seiner Gegenwart immer äußerst wohl und empfand sehr viel Zuneigung und Vertrauen zu diesem äußerlich verwegenen Einsiedler. In dieser Nacht bereitete er mich auf eine ganz besondere Verbindung vor, die mir ermöglichen würde, die Dinge des Lebens noch besser zu verstehen. »Um dies ganz annehmen zu können, ist es jedoch wichtig, deine eigene Einschränkung, dass du komplizierte physikalische Vorgänge nur unzureichend begreifen kannst, loszulassen. Dieser Glauben wurde dir in deiner Schulzeit vermittelt, und obwohl du oft genug bewiesen hast, dass du durchaus neue Dinge lernen und anderen weitergeben kannst, steckt immer noch etwas davon in dir. Bitte erlaube mir, auch diese Einschränkungen bei dir zu transformieren.« Natürlich erlaubte ich es ihm. Dann bereitete er mich darauf vor, dass es nun an der Zeit war, einem neuen Lehrer zu begegnen.

Obwohl sein irdisches Leben bereits vor ca. 2 300 Jahren endete, sind Teile seiner Lehren noch heute in allen Weltreligionen zu finden. Da er sowohl in der griechischen Antike als auch in der ägyptischen Antike den Status eines Gottes erreichte, wurde sein griechischer Name Hermes mit dem griechischen Ehrentitel Trismegistos (der dreimal größte Hermes) wie auch mit dem Namen des ägyptischen Gottes Thot verbunden. Hermes Trismegistos Thot gilt auch heute noch als der größte Lehrer der hermetischen Weisheit und der Alchemie.

Sadhu sagte zu mir: »Du willst immer so viel wissen. Jedes Mal stellst du Fragen über Fragen, versuchst zu ergründen, warum etwas geschieht, wie es geschieht und wie sich Dinge ändern lassen. Von diesem Lehrer Weisheit zu empfangen ist ein Geschenk der geistigen Welt für deine Bereitschaft, dich immer weiterzuentwickeln und andere daran teilhaben zu lassen.«

Von diesem Hermes Trismegistos Thot hatte ich schon zuvor gehört. Mein Freund Christian hatte schon oft voller Begeisterung von ihm und seinen Lehren über die hermetischen Gesetze erzählt. Manches fand ich damals schlüssig und interessant, ich musste mir jedoch eingestehen, dass ich vieles nicht verstanden hatte. Was ich jedoch verstanden hatte, war, dass durch dieses Wissen Menschen große Macht bekommen können. Die Macht der Veränderung und des Erschaffens.

Und ich sollte diesen besonderen Lehrer nun in meinen Träumen treffen, von ihm genauso Lehren erfahren wie von den anderen geistigen Wesen, die mich schon seit Jahren begleiteten.

Auf der einen Seite freute ich mich, auf der anderen Seite war ich mir gar nicht sicher, ob ich dieses geheime Wissen auch an jeden einfach so weitergeben dürfte.

Sadhu beruhigte mich: »Sei dabei unbesorgt. Dieser Lehrer kommt niemals zu einem Menschen, um ihm Wissen ungefragt anzubieten. Diese Lehre kann nur erfahren und verstanden werden von demjenigen, dessen Ohr bereit ist zu hören. Nur der wird die Lippen finden, die das universelle Wissen um die hermetischen Prinzipien weiterzugeben in der Lage sind.«

Das ganze machte mich schon sehr neugierig und ich war bereit zu lernen. »Schließe deine Augen und du wirst ihm begegnen. Nur wenn du es aus tiefstem Herzen wirklich willst, wirst du in der Lage sein, zu hören und zu lernen. Wenn es dein Wunsch und Wille ist, werde vom Schüler zum Adepten, einem in die hermetischen Weisheiten Eingeweihten. Dann wirst du die Wahrheit verstehen, die geschrieben steht: Derjenige, der die hermetischen Prinzipien und Gesetze versteht und anzuwenden weiß, hält den Schlüssel in Händen, der alle Tore des Tempels öffnet.«

Ich war bemerkenswerterweise sehr ruhig und fast schon sachlich, als ich meine Augen schloss, um mich im selben Moment auf Marmorstufen zu Füßen eines sehr alten schlanken Mannes wiederzufinden. Hermes schaute mich gütig und voller Liebe an. Wie ein liebender Großvater. Er hatte kristallblaue Augen und ich hatte das Gefühl, dass sein Blick tief in mich hineinsah und ihm nichts verborgen blieb. Es machte mir jedoch nichts aus, denn er strahlte ein riesiges Vertrauen aus, was wiederum in mir selbst ein riesiges Vertrauen erzeugte. Er hatte eine sehr ungewöhnliche Kopfform, sein kahler Hinterkopf war lang nach hinten gezogen.

Meine erste Lektion begann und Hermes sprach zu mir über alles, was ist und was alles trägt. Er sprach über die Prinzipien der Geistigkeit. In vielen weiteren Nächten mit ihm allein oder später auch mit meiner Gruppe in der Schule der Nacaal lernte ich an meinen realen Lebenserfahrungen die Auswirkungen der von mir bewusst und leider auch oft unbewusst eingesetzten Prinzipien. Heute weiß ich, sie sind die Grundlage meiner Schöpfung.

Später lernte ich auch von Fall zu Fall die anderen Prinzipien kennen, die da heißen:

das Prinzip der Entsprechung,
das Prinzip der Schwingung,
das Prinzip der Polarität,
das Prinzip des Rhythmus,
das Prinzip von Ursache und Wirkung,
das Prinzip des Geschlechts.

Auch heute noch, im Mai 2019, bin ich ein dankbarer Schüler, der in manchen Nächten zu seinen Füßen sitzt und zuhört bzw. in der Schule der Nacaal gemeinsam mit den anderen zuhört und lernt. Dieses Wissen ist so umfangreich wie das Leben und die Schöpfung selbst. Ich habe einige Dinge dieses hermetischen Wissens bereits in meine Seminare eingebunden.

Und ich freue mich, wenn in manchen meiner Seminare sich Teilnehmer finden, die auch das Ohr haben zu hören. Die bereit sind zu lernen und zu verstehen. Ich bin fest davon überzeugt, diese haben die Chance, das ganze Potenzial der Transformation zu nutzen und alle Veränderungen zu erreichen.

Wer nicht an Wunder glauben kann –
kann auch nicht an Gott glauben!

Zitat: Christel Schräder in den Morgenstunden des 9. Mai 2005

Nachwort

Liebe Leserin, lieber Leser,

danke, dass du das Interesse hattest, einem Teil der Erfahrungen meines Lebens beizuwohnen. Ich glaube heute felsenfest, alles ist möglich im Leben eines jeden Menschen. Es gibt nichts, was unveränderbar ist, nichts, vor dem wir gramerfüllt resignieren müssen. Das war natürlich nicht immer so.

Früher, also in den ersten 16 Jahren meines Lebens, machte ich typische Erfahrungen wie wahrscheinlich viele Jungs dieser Zeit. Ich lebte mit meiner Familie, mit Papa, Mama und einem älteren und einem jüngeren Bruder, zusammen. Wir waren einfache Leute und wir fühlten uns auch so. Papa kannte ich fast nur arbeitend. Er rackerte sich für uns und für das Haus ab, das Mama und er bauten als ich ca. 5–6 Jahre alt war. Mama, die mit uns dreien, der Oma, die bei uns manchmal lebte, und dem Haus sicher genug zu tun hatte, nahm auch noch Putzstellen an und half für einen Hungerlohn in der Altenpflege. Ich ging nach der Grund- in die Hauptschule, was zumindest bis zum 7. Schuljahr ohnehin für mich schon schwer genug war. Erst danach bekam ich Lehrer, die Lust auf Schule machten und mir das Gefühl gaben, besondere Dinge erreichen zu können.
In meiner Kindheit litt unsere ganze Familie eigentlich immer unter Geldnot, was wir Kinder leider häufig mitbekamen, obwohl Mama und Papa oft verzichteten, damit wir, ihre Kinder, mehr bekamen. Das Leben zeigte uns oft die Schattenseiten. Durch eine chronische Krankheit meines Bruders, durch Kurzarbeit und Angst vor Verlust des Arbeitsplatzes von Papa, durch Zeiten, wo eigentlich alle irgendwo in der Schule oder im Beruf gemobbt wurden. Ich erwartete trotz meines noch jungen Alters eigentlich nichts Bahnbrechendes mehr in meinem Leben. Ich ging davon aus, dass letztendlich die Schwere so blieb, wie ich sie ja mehr oder weniger kannte.

Meine Ziele waren eher klein und unscheinbar. Ich war zudem extrem schüchtern und meistens ein unbedeutender Mitläufer.

Durch meine Veränderung, durch meine neuen Fähigkeiten und Talente und vor allem durch die geistige Ausbildung in meinen Träumen und Visionen habe ich mittlerweile den festen Glauben, dass es viel, sehr viel mehr gibt, als wir real wahrnehmen und sehen. Vieles ist immer noch verdeckt durch die Kleinheit, die uns vielfach im besten Glauben, uns vor Enttäuschungen zu bewahren, von den Eltern vorgelebt und beigebracht wurde. Durch Schuld, die wir oft in uns fühlen, und für Dinge und völlig normale Gefühle, für die wir uns immer noch verurteilen und schämen. Dazu kommen auch noch die Gefühle aus belastenden Erfahrungen unseres Lebens, die wir lange verdrängt und oft zugedeckt haben.

Wenn dich meine Geschichte berührt hat, wenn du auch schon lange eine positive Veränderung deines Lebens möchtest, dann lade ich dich ein, dir selbst nahezukommen und mit der Unterstützung der geistigen Welt, des Schöpfers oder wie immer du es nennst, die Verantwortung für die Veränderung deiner persönlichen Problematik zu übernehmen. Erkenne, warum Dinge in deinem Leben immer wieder schieflaufen, und verändere die Dynamiken, damit du harmonische Erfahrungen anziehst. Oder vielleicht quält dich eine chronische Krankheit, dann beschreite zu dem medizinischen Weg zusätzlich deinen mentalen Weg und verändere deine Gefühle und Bewertungen, um wieder glücklich und gesund zu werden.

Du bist deines Glückes Schmied, und dabei bist du nicht allein. Die Göttliche Quelle wohnt in dir.

Verspürst du jetzt das Bedürfnis, anzufangen, dein Leben zu verändern, Belastungen loszulassen und glücklich zu werden, dann lade ich dich ein, in der »Schule des Lebens« in einem Team von Gleichgesinnten zu lernen und zu erfahren, wie deine Veränderung funktioniert. Ich lade dich ein, in den für dich passenden Workshops und Seminaren für Anfänger und Fortgeschrittene dabei zu sein.

Wenn du bei akuten Problemen Hilfe benötigst, dann besuche mich in meiner Praxis.

Eine Übersicht über die Seminare der »Schule des Lebens« findest du in der beiliegenden Broschüre.

Ich freue mich, dich kennenzulernen und mit dir an deinen Zielen zu arbeiten.

Dein
Michael Schräder

Danksagung

An erster Stelle möchte ich der allumfassenden universellen Quelle aller Energie danken, die ich »Schöpfer von allem was ist« oder auch oft einfach nur »Gott« nenne. All seinen geistigen Helfern, Engeln und Wesenheiten, aufgestiegenen Meistern, die mir in meinen Träumen, in Visionen und in medialen Verbindungen halfen, meinen Weg zur Heilung und letztendlich zu meiner Lebensaufgabe zu finden.

Zweitens möchte ich all meinen spirituellen Lehrern danken, die mir mit ihrer Weisheit und mit ihrer Verbindung zur allumfassenden Energie gerade auch in Zeiten der Herausforderung oft mit ihrer mitmenschlichen Liebe halfen.

Da war als Erstes Heike Kersting, die mich durch liebevolle Beständigkeit an spirituelle Dinge und Sichtweisen heranführte, die ich nie für möglich gehalten hätte. Bei Heike erfuhr ich mit Reiki meine erste körperliche Heilung. Sie öffnete bei mir Horizonte und ist ohne Zweifel die Geburtshelferin meiner spirituellen Veränderung. Ohne sie wäre ich nie meinen neuen Weg gegangen.

Kurz darauf lernte ich Christiane Waldermann kennen, die mir half, die mir geschenkten Fähigkeiten zu verstehen und anzunehmen. Die mich mit ihren medialen und heilerischen Fähigkeiten liebevoll unterstützte, und mir Mut gab, als ich in Angst vor den Dingen, die mir passierten, schon glaubte, meinen funktionalen Halt zu verlieren. Sie hat mir oft geholfen, meine Probleme tiefer zu verstehen, sie in Akzeptanz anzunehmen, damit ich sie verändern konnte. Bei vielen Gelegenheiten bildete sie mich in spirituellen Sichtweisen aus und ermutigte mich, meine Gabe in Liebe anzunehmen. Bis heute ist sie für mich eine liebevolle und helfende Ratgeberin.

Etwas später traf ich Peter Michael Dieckmann, der mich durch seine Reiki-Seminare aus meiner Angst vor notwendigen Veränderungen befreite. Er lehrte mich nicht nur, in der Meditation mir und meinen Wahrheiten zu begegnen, sondern auch anderen Menschen als Meditations- und Reiki-Lehrer zu helfen, damit auch sie durch Meditation und liebevolle Nutzung der allumfassenden Lebensenergie den eigenen Weg in ein erfülltes und glückliches Leben finden.

Ganz besonders möchte ich mich bei Christel Schräder, meiner ersten Partnerin und Ehefrau, bedanken, mit der ich über 20 Jahre verheiratet war. Sie gab mir durch ihren Glauben immer wieder den Mut, an Gott als etwas wirklich Gutes zu glauben. Sie unterstützte mich mit ganz viel Verständnis, meinen Intuitionen zu vertrauen und Veränderungen real anzugehen. Sie hatte die Liebe, trotz unserer Trennung, mir immer Verbundenheit und später eine ganz neue Art von liebevoller Freundschaft zu schenken.

Ein ganz großer Dank geht auch an Sandra von Ipoly die mir bei der Umsetzung des Buches half. Ohne ihr liebevolles Engagement wäre dieses Buch nie entstanden.

Bedanken möchte ich mich auch bei vielen anderen Helfern und Begleitern, denen ich in den vielen Jahren begegnete. Menschen, die mich teilweise aufrüttelten, die mir halfen, meine belastenden Dinge und Disharmonien zu erkennen. Menschen, die mir in Wertschätzung und Liebe begegneten und meinen Weg ein Stück weit begleiteten. Sie alle aufzuzählen und dabei keinen zu vergessen ist mir leider aus meiner Erinnerung nicht mehr möglich.

Stellvertretend für alle diese lieben Menschen möchte ich hier einem ganz besonderen Menschen danken, den ich erst in späteren Jahren kennenlernte und in dessen Herz ich die gleiche Heilenergie fühle, wie ich sie in mir fühle. Christina Martini behandelte mich mit ihrer wundervollen kraftvollen Energie und half mir, tiefsitzende Verletzungen der Vergangenheit anzunehmen und zu heilen. Sie half mir, mich mit meinem Selbstvertrauen ganz neu zu verbinden.

Ich bedanke mich an dieser Stelle auch bei all den Menschen, die mir aus Liebe negative und oft für mich auch verletzende Verhaltensweisen zeigten. Ich bin mir heute bewusst, dass ich diese selbst angezogen und erschaffen habe, und dass ihr aus der inneren Liebe eurer Seele bereit wart, mir diese Dinge zu zeigen. Nur so konnte ich erkennen, wo ich selbst Disharmonien in mir hatte und aussandte.

Heute weiß ich, dass ich in vielen Momenten in meinem Leben in der Spiegelung und Resonanz auch anderen Menschen bewusst oder unbewusst Unrecht tat und sie verletzte. Ich entschuldige mich bei euch allen und ich hoffe, dass das Licht der Liebe in euren Herzen euren Schmerz heilen möge.

Über den Autor

Michael Schräder arbeitete als Tischlerlehrling, als ihn die erste übernatürliche Erfahrung heimsucht. Sie verändert sein Leben derart, dass er die ihm hierbei zuteilwerdenden Fähigkeiten für seine Karriere nutzt. So wird aus dem Tischler, der im Baumarkt Holz zuschneidet, ohne weitere kaufmännische Ausbildung ein Abteilungsleiter und schon bald ein erfolgreicher Kaufmann in der Industrie. Hier steigt er schon bald in die Geschäftsleitungsebene auf, wird Prokurist und später Geschäftsführer eines international tätigen Industrieunternehmens.

Mit 40 Jahren fühlte er sich fast nur noch gestresst und aufgebraucht, ist überdies ständig krank. An dieser Stelle macht er in einer spirituellen Reiki-Behandlung eine fantastische Heilerfahrung. Er entscheidet sich, zu verstehen, was ihm da passiert ist, und mehr von Energiebehandlungen erfahren zu wollen. Einige Monate später bei seiner Suche nach Antworten bekommt er fantastische Heilenergien geschenkt.

Heute widmet sich Michael Schräder ganz der Arbeit als energetischer Heiler und Coach. Er gibt außerdem Workshops im freien systemischen Aufstellen, Meditationsworkshops und Seminare, in denen er Menschen sein von den Wesenheiten erlerntes Heilwissen und das Wissen um die universellen Gesetze vermittelt. Er unterstützt Menschen, mediale Fähigkeiten und liebevolle Heilenergien in sich zu öffnen und diese im Sinne des Ganzen zu nutzen.

Aus Dank für die ihm aus der geistigen Welt geschenkte mediale Verbindung und die durch ihn fließenden Heilenergien bietet er mehrmals im Jahr kostenlose öffentliche Behandlungsabende an, an denen er größere Gruppen von Menschen gleichzeitig behandelt. Michael Schräder lebt heute am Rande des Teutoburger Waldes in Ibbenbüren / Deutschland.

Kontakt

Als die Zeit meiner wundersamen Veränderung begann hätte ich niemals für möglich gehalten, dass mein ganzes Leben sich von Grund auf ändern würde und ich schon einige Jahre später mehr und mehr mit totaler Freude in Behandlungen, Workshops und in Seminaren Menschen helfen darf.

Informationen zu persönlichen Terminen in meiner Praxis, Vorträgen, offenen kostenlosen Behandlungsabenden, Workshops im Freien systemischen Aufstellen sowie Meditationsabenden und zu den Seminaren finden Sie unter:

www.michael-schraeder.de

Wenn sie mit mir in Kontakt kommen wollen, schicken sie mir doch eine Mail an:

michael.schraeder@email.de